Trois océans pour une victoire

Philippe JEANTOT

Trois océans pour une victoire

Arthaud

Conseiller technique :
Jean-Charles Durand

ISBN 2-7003-0445-4 – ISSN 0224-5108
Imprimé en France.

Si j'apprends un jour que la lecture de ce livre a donné à quelqu'un envie de larguer les amarres, et qu'il y est parvenu, j'aurai la certitude d'avoir réussi quelque chose de bien.

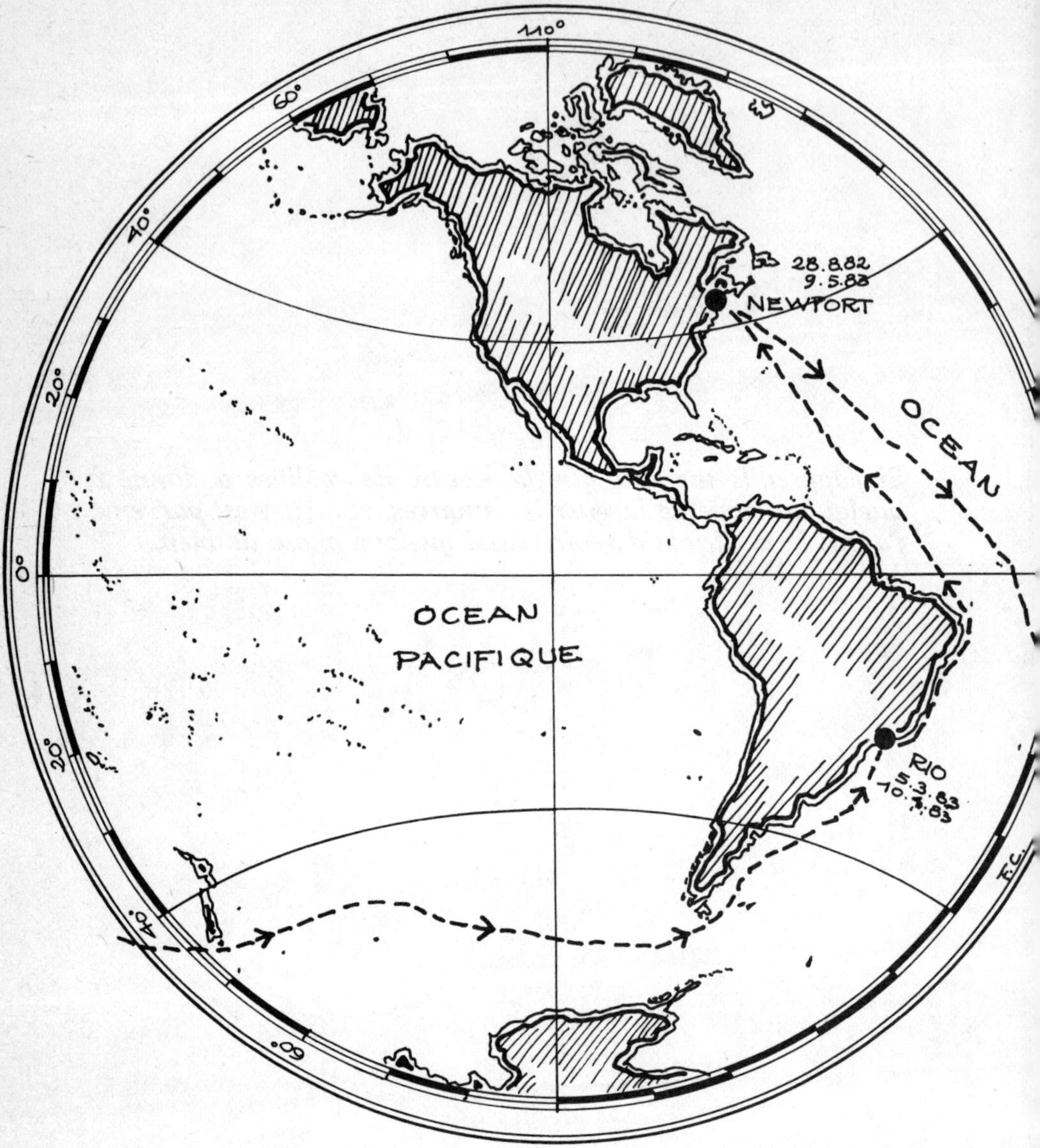

Route suivie

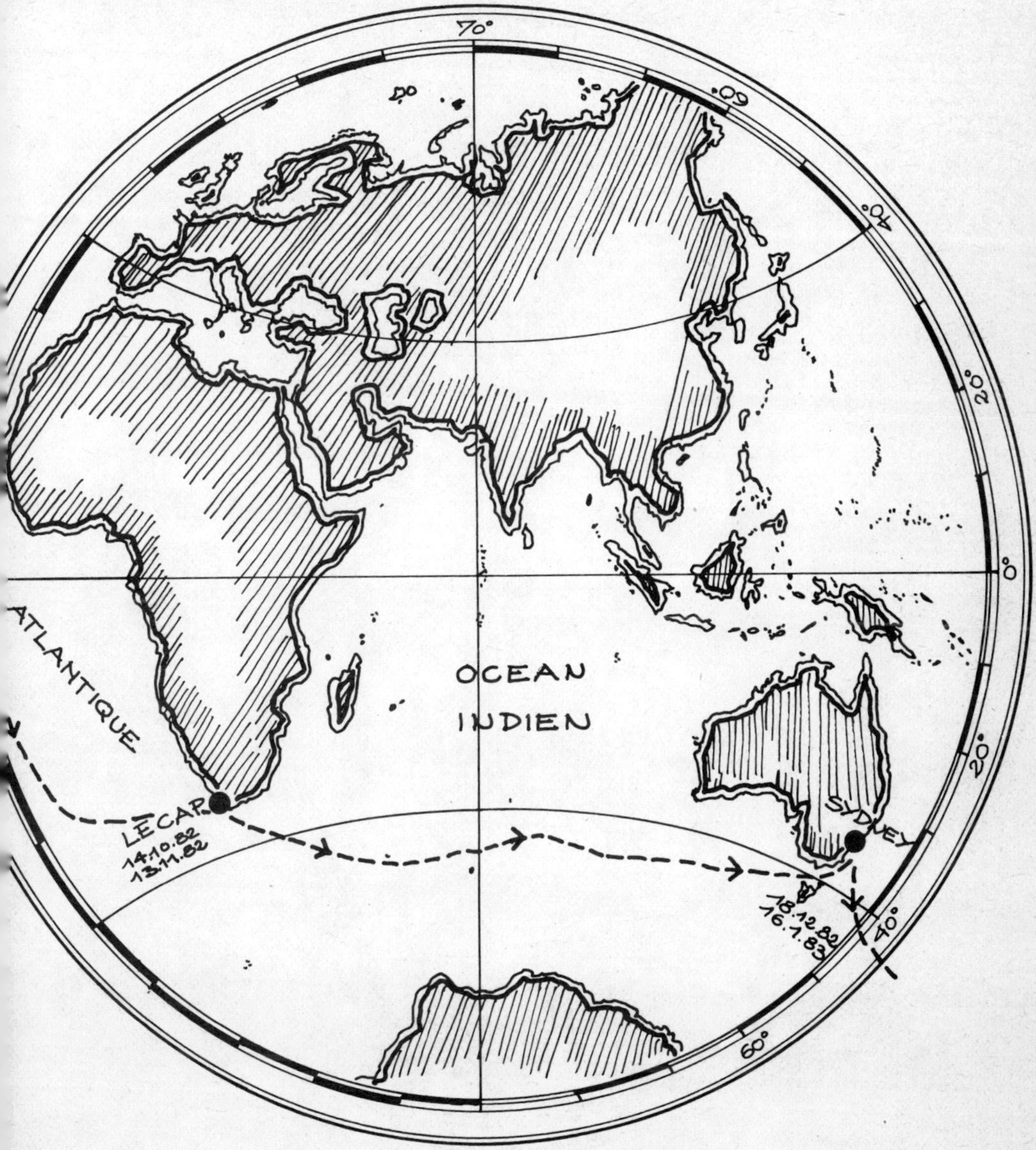

par *Crédit Agricole*

PREMIÈRE PARTIE

Objectif Newport

Du rêve à la réalité

« Philippe, le “ti punch” est servi !

– Oui, attends deux minutes, je finis de lire un article !

– Bon, alors, je te l'apporte ! »

Allongé dans le hamac suspendu sous la bôme de grand' voile, je regarde le soleil se coucher sur la mer des Caraïbes, alors que mon voilier, *Kreiz an Avel,* tire doucement sur son mouillage, dans une petite crique de l'île Blanquilla, la plus au nord des îles vénézuéliennes. Nous sommes là depuis quinze jours, à vivre des heures paisibles. Nous avons l'île pour nous tout seuls ! La Blanquilla n'est habitée que par des chèvres sauvages et par des iguanes. De temps en temps, nous allons à la chasse, Colette et moi. Sinon, toute notre nourriture provient de la mer : poissons, langoustes à volonté.

Voilà deux ans que nous sommes partis de France, et notre route doit nous conduire, à travers Panama, dans le Pacifique. Mais nous avons le temps. J'ai déjà lu deux fois cet article dans une revue de voile américaine, et pourtant je le relis une troisième.

Le Royal Yacht Club de Goat Island, à Newport, organise une course autour du monde en solitaire par les trois caps : escale à Cape Town – Sydney – Rio – retour à Newport –, course réservée aux monocoques entre 9,40 m et 17,06 m. Le règlement est on ne peut plus simple. Le premier qui franchit la ligne a gagné. À la fin des quatre étapes, on additionne les temps de chacun des concurrents ; le plus rapide a gagné la course.

Ce soir, en buvant mon « ti punch », mes pensées sont du côté des « quarantièmes rugissants » et des mers du

Sud. Je ne dis rien à Colette, et pourtant elle remarque que je ne suis pas vraiment près d'elle en mangeant ce délicieux mérou au four.

Les jours passent tranquillement entre les plongées, les balades sur l'île, la planche à voile, les divers petits travaux du bord... et, tout en bricolant, je pense à ce qu'il faudrait modifier sur mon bateau pour le rendre performant pour une telle course. Les « quarantièmes » continuent de me travailler et, en course, en plus !...

Je sais qu'un jour je ferai le tour du monde en solitaire, peut-être même sans escale. Je n'y peux rien : c'est au fond de moi – j'avais quinze ans quand on m'a offert *La Longue Route* de Bernard Moitessier *. Bien qu'habitant Quimper et aimant depuis toujours la mer, je n'avais jamais de ma vie mis les pieds sur un voilier. Dans la même nuit, j'ai lu deux fois *La Longue Route,* et j'ai su que je venais de trouver ma voie. Depuis lors, tout a été orienté vers ce but. J'ai d'abord appris à faire de la voile ; trois mois plus tard, j'étais moniteur dans une école de voile pendant mes vacances. Je ne ratais pas une seule occasion d'embarquer pour un convoyage, une course ou une balade. Après deux ans de faculté, où j'avais l'impression de perdre mon temps, j'entrais à la Comex comme élève scaphandrier. Là aussi, ce fut une révélation. Je ne voyais au début, dans ce métier, qu'un moyen rapide de gagner de l'argent pour construire mon bateau. Et puis, au fil des plongées, j'ai aimé ce travail qui m'a beaucoup apporté.

Le métier de scaphandrier est difficile, mais exaltant. Pendant mes temps de repos à terre, je construisais mon bateau. Un ketch en acier de 13,50 m. Lorsque tout fut près, je décidai de partir avec Colette, qui m'avait aidé pendant toute la construction. D'abord, je partais me faire la main pour un tour du monde par les alizés – juste pour se donner un peu de bon temps. Au retour,

* Paris, Arthaud, 1971.

j'embarquerai en solitaire pour ma « longue route sans escale ». Tout était bien programmé, tout était clair dans mon esprit. Il y eut Madère, les Canaries, le Sénégal, la Casamance, les Antilles, les U.S.A., Haïti, le Venezuela. Dans deux ou trois mois, ce serait Panama et le Pacifique. Mais maintenant il y a cet article, et cette course qui part dans un an et trois mois des U.S.A. Pourquoi ne pas finir le voyage commencé et prendre le départ de la deuxième édition, si deuxième édition il y a ? Non ! il n'y a rien à faire, c'est celle-là qu'il faut que je fasse. J'en parle à Colette, qui ne sait pas quoi répondre tant cette nouvelle la surprend ; et puis, elle me comprend. Elle me dit que si j'en ai vraiment besoin il faut rentrer en France et préparer le bateau. Merveilleuse Colette ! Je reconnais bien là son grand cœur, malgré la désillusion que cela doit être pour elle. Adieu la vie sur l'eau, il va falloir retrouver la vie en France ! C'est alors que tout se précipite. Abandonnant Panama et le Pacifique, on rentre sur la Martinique pour préparer le bateau pour le retour en Europe – grand carénage. On fait les vivres. Colette part en avion et moi en solitaire, Fort-de-France – Bénodet sans escale et en poussant le bateau à fond.

Pendant le retour, je fais la liste des modifications et des travaux : j'enlève les deux mâts, j'en mets un plus grand ; je démonte tous les aménagements intérieurs, je rajoute l'électronique, des winches, du plomb dans la quille, je change tout le jeu de voiles. Bref, ça ne me coûterait pas plus cher de faire un nouveau bateau ! Je pouvais faire mon tour du monde n'importe quand. Je suis rentré en France pour me préparer pour cette course, alors c'est pour essayer d'obtenir un résultat. Mais construire un nouveau bateau... ça coûterait combien ? Et puis après tout, en poussant encore le bouchon, autant faire un maxi pour la circonstance, soit 17 mètres, et pourquoi ne pas partir pour gagner en plus de participer ?

Les idées se bousculent dans ma tête, je suis encore à une semaine de Bénodet. Je vais arriver au début de l'été. Retrouver la France après deux ans d'absence me fait soudain un peu peur. Mon projet est-il vraiment raisonnable alors que j'étais si heureux ? J'ai l'impression, en voyant le phare d'Ouessant, que des moments difficiles m'attendent. J'ai pris la décision, plutôt que de modifier mon bateau pour en fin de compte obtenir un résultat moyen pour un prix élevé, de le vendre, ainsi que mon appartement, et de chercher un parrainage pour ce qui manquera. Je ferai alors construire un bateau de course de 17 mètres en aluminium dans lequel je mettrai toutes mes idées et mon expérience de navigation en solitaire – j'allais donc me mettre à la recherche d'un sponsor.

Le fait d'avoir pris cette décision, d'avoir franchi ce premier pas, me donnait l'impression d'avoir déjà l'argent dans ma poche ; et je commençais à dessiner le plan du bateau. J'en ai barbouillé du papier pendant ces derniers milles ! Des emménagements intérieurs très simples. Une grande timonerie intérieure avec barre à roue, une cuisine, une couchette, un cabinet de toilette et une soute à voiles ; ça, au moins, c'était facile et fonctionnel ! En revanche, je passais des heures à dessiner le plan de pont. C'était à mes yeux le plus important. L'architecte aurait toute liberté pour dessiner la coque la plus rapide possible pour 17 mètres, mais sans rogner sur la solidité. Il faudrait une coque ayant une bonne stabilité de route. Dans les mers du Sud, ce facteur prend toute son importance quand le bateau court sous pilote au vent arrière. Ces « quarantièmes rugissants », je les entendais déjà... Alors qu'après avoir passé le raz de Sein je me déhalais avec peine contre vent et courant sur mon dernier bord vers Bénodet.

Était-ce Éole qui mettait de la mauvaise volonté à me faire arriver, pour bien me laisser le temps de réfléchir une dernière fois à ce que j'entreprenais et à ce qui m'attendait, ou bien était-ce mon bateau, qui, sentant notre séparation imminente, voulait faire durer ces derniers instants de communion, afin que je m'en imprègne bien ? Oui, mon vieux *Kreiz an Avel,* tu m'as procuré des joies intenses, peut-être les meilleurs moments de ma vie, et maintenant, toi, mon fidèle compagnon, je vais te vendre pour faire construire un bateau plus léger, plus grand, plus rapide. Mais je vais te trouver un nouveau propriétaire qui prendra bien soin de toi, qui te fera encore porter toute ta toile et courir de nombreux milles. Je te le promets, et puis si, par malchance, je ne trouve pas de sponsor, et bien, je t'apporterai toutes les modifications nécessaires et nous ferons cette course ensemble, non plus pour gagner, mais juste pour nous deux, pour nous bagarrer. Tiens regarde, là-bas, le phare de Penfret ; dans deux heures, on est au port !

La recherche d'un sponsor

Une fois la joie de retrouver ses amis, sa famille, et un coin du monde qu'on aime bien passée, il me faut commencer à m'occuper du financement de mon futur bateau. L'appartement mis en vente chez un notaire, je mets des petites annonces pour vendre mon bateau, avec quand même un pincement au cœur.

Pour faire une estimation du coût de mon futur bateau, je fais des listes de matériel, que je chiffre. J'écris aux chantiers, aux fournisseurs, pour avoir des devis. Résultat de mon estimation, il me manque la moitié du budget soit 800 000 F. Bon, eh bien, qui va pouvoir me donner cette somme ? On est début juillet, pendant deux mois tout va être fermé, et rien ne pourra se faire d'ici la rentrée. Il me reste deux mois avant de lancer le projet et je décide de faire un peu de charter à Bénodet pour m'occuper. On ne peut pas dire que ce sont les clients qui m'ont fait perdre beaucoup de temps... ! Je n'ai pas vu grand-monde, mais en revanche, ça m'a permis de rencontrer François, Myriam, Pierre-Étienne et Christine. On est sorti trois fois en mer et nous avons sympathisé. Ils habitent Paris, ont énormément de relations, et Pierre-Étienne est directeur d'une agence de publicité. Mon projet les passionne, et ils m'aideront quand je viendrai à Paris. Mes sorties en mer ont toujours autant de succès (!), alors je décide de faire une belle balade et d'escorter les bateaux de la course du *Figaro*. Je me trempe un peu dans le milieu course ; les sponsors sont de ce côté. Cette expérience est enrichissante, mais je me rends très vite compte que je ne suis pas le seul à rechercher un financement et que c'est loin d'être facile. Autant le savoir tout de suite, ça m'évitera d'être déçu et découragé quand les premières réponses négatives arriveront !

La fin de l'été approche, les bateaux de la Whitbread vont partir. Allez, on va les voir au départ, les escorter un bout de chemin ! Ensuite, je passe aux choses sérieuses !

Et voilà comment je me suis retrouvé à Paris, sur le quai de la gare Montparnasse, avec un attaché-case d'une main et mon petit sac de l'autre, contenant juste du linge pour quinze jours. Car c'était sûr qu'en quinze jours j'allais réussir ! Je dois avouer que j'étais mal à l'aise dans mes chaussures neuves qui me serraient les pieds, avec mes cheveux coupés courts, mon blouson de cuir et mon pantalon chic. Je commençais déjà à regretter le temps des jeans et des pieds nus qui foulaient les plages chaudes des Caraïbes. Je trouve un petit hôtel, et, armé d'un annuaire, je commence à téléphoner à différentes sociétés pour obtenir des rendez-vous afin de leur expliquer mon projet et l'aide que j'attendais d'elles. Pendant une semaine, je n'ai pas arrêté de téléphoner de 8 heures du matin à 6 heures du soir. Bilan au bout d'une semaine : nul. Aucun rendez-vous. Je passais le week-end dans ma famille, au Havre, pour digérer ce premier constat d'échec. Visiblement, je m'y prenais mal. Il fallait en tirer des conclusions et changer de tactique.

Des gens rencontrés dans une ambiance de vacances, sur un voilier, qui vous proposent leur aide, c'est facile ; mais qu'en sera-t-il deux mois plus tard, les soucis de la vie quotidienne ayant repris le dessus ? C'est tout de même un peu inquiet que je tire la sonnette de l'agence Deltacom et demande à parler à Pierre-Étienne.

Il me reçoit dans son bureau, je lui explique mes expériences de la première semaine. Autant d'amateurisme l'amuse beaucoup, mais il doute de mes chances de succès si je continue ainsi.

« D'abord, il te faut un bureau. Alors, ici, il y a de la place. Tu peux donc t'installer. Ensuite, il te faut un dossier qui te présente, ainsi que ton projet, et qui explique ce que tu peux apporter en échange, et enfin il faut procéder avec méthode et par élimination. »

C'est là que Philippe entre dans le bureau. Philippe est un collaborateur de Pierre-Étienne qui connaît toutes les ficelles de la publicité et qui a un carnet d'adresses gros comme un annuaire. C'est lui qui va se charger de concevoir mon dossier. Combien de temps passera-t-il dessus, et combien de voyages aurons-nous fait chez Prestagence, la société qui réalisera cette magnifique brochure ! Et partout, dans ces deux agences, je ne trouverai que gentillesse, dévouement et intérêt pour mon projet. Que tous ces amis soient aujourd'hui remerciés de leur coopération. Je suis sûr que sans eux je n'aurais pas réussi.

La brochure est prête ; maintenant, on va pouvoir travailler. Le trajet de la course ne passe pas en France, il faut donc prendre contact avec des sociétés qui ont des intérêts dans les pays où l'on fait escale. Les produits qui s'exportent le mieux et pour lesquels la France est réputée mondialement sont les produits de beauté, les parfums, les alcools, la couture et les produits de luxe. Ce sont ces sociétés qui auraient intérêt à ce qu'un bateau porte leur nom, et c'est par là que je commence. Avec les conseils de Pierre-Étienne et de Philippe, j'ai donc maintenant un carnet de rendez-vous bien rempli et je traverse Paris de long en large, allant expliquer mon projet à des gens qui sont autant intéressés par les bateaux que moi par les parfums et la haute couture. Il y en a quelques-uns que mon projet fait rêver. Un tour du monde à la voile, ils voient des cocotiers, du sable chaud, là où je parle de « quarantièmes rugissants », de cap Horn ! Mais ils m'écoutent tous jusqu'au bout, peut-être par respect devant la fougue que je mets à défendre mon projet. Les réponses sont diverses :

« Depuis le changement de gouvernement, les budgets publicitaires ont été réduits. »

« Les budgets pour l'année en cours sont déjà votés, revenez l'an prochain, un peu plus tôt. »

« La voile, ça n'intéresse personne (!). »

« Avec la nouvelle politique, moins on fait parler de nous, mieux ça vaut. »

Et jamais personne n'accroche au projet ; un des responsables d'une maison de couture à qui je parle image de marque et esprit jeune et dynamique (les concepts généralement associés à la voile) me répond que leur image de marque, ce sont les manteaux de visons, les Rolls Royce... et que pour eux la mienne est plutôt dégradante... Évidemment, vu sous cet angle, il n'y a plus rien à ajouter. Le temps passe et rien de sérieux ne s'est encore présenté. Mes amis, à Deltacom, m'encouragent, me réconfortent quand une réponse sur laquelle jc comptais arrive négative. Chacun se creuse la tête pour trouver la combine, la faille. On m'invite à droite à gauche pour me faire rencontrer des gens qui en connaissent d'autres.

Brigitte, Dany, Sophie, Nicole, Hélène, toutes essaient chacune de leur côté de m'aider. On déjeune souvent ensemble ; quelles parties de rigolades quand je leur raconte mes rendez-vous !

Noël approche, voilà trois mois que je suis à Paris. Je n'ai pas avancé. Mais je me suis rendu compte qu'en matière de sponsoring les sociétés se moquent de mettre de l'argent sur un bateau, une voiture ou une moto ; ce qui les intéresse, c'est qu'on parle d'eux. Voilà, je crois que j'ai trouvé la faille ! Il ne faut plus que je fasse rêver les gens avec mes histoires de bateau, mais que je leur garantisse des retombées publicitaires. Il est urgent de prendre contact avec les médias pour avoir une garantie de couverture si l'opération se fait. Et c'est par-là que j'aurais dû commencer !

Arriver dans un bureau en disant : « J'ai un projet dont

vont parler cinq quotidiens, trois hebdomadaires, dix mensuels, deux chaînes de télé et trois stations radios ; l'opération va durer un an, si vous aviez à payer cette campagne publicitaire, il vous en coûterait dix fois ce que je vous demande », voilà qui intéresse ! Et c'est seulement à partir de ce moment que je parle du bateau. Le changement est radical. Les gens m'écoutent désormais comme un professionnel de la publicité, et non plus comme un jeune aventurier plein de fougue. Il faut dire que je suis à bonne école à Deltacom pour apprendre vite. Un jour, en lisant une revue nautique, je vois une publicité du Crédit Agricole : « Si vous avez des projets, nous avons de l'argent » – « Faisons éclore vos idées » – « Encourageons les idées nouvelles » – « Défrichons l'avenir ».

Tiens, tiens... Eh bien, on va voir si c'est vrai ! De retour à Quimper pour les fêtes, je vais au Crédit Agricole, et leur parle de mon projet. La réponse est nette. C'est intéressant mais trop cher pour la seule Caisse du Finistère. C'est déjà un progrès : je n'obtiens pas un non catégorique. Bon, alors, il faut trouver d'autres départements. Pourquoi pas tous les départements côtiers de l'Ouest de la France, de la Vendée à la Normandie. J'envoie des dossiers dans toutes les Caisses, et j'attends que les fêtes soient passées.

Je commence par téléphoner en Vendée, et le directeur général, M. Legrand, me donne rendez-vous au Salon nautique. Nous sommes restés une heure ensemble, et le courant est passé tout de suite. On se comprend d'autant mieux que lui aussi fait de la voile. En tout cas, il est très favorable à mon projet et va le soumettre à son conseil d'administration le lendemain même. Le soir, j'ai la réponse. D'accord pour 100 000 francs. Ça y est ; je sais qu'il y a encore du travail, qu'il faut convaincre sept autres départements : le marathon commence. Fin février, l'accord doit être signé. Et il me reste sept mois pour faire construire le bateau, le régler, le mettre au point et le convoyer à Newport pour prendre le départ le 25 septembre. Ça va être juste. De Normandie, je me rends dans le Maine-et-Loire, dans les Côtes-du-Nord. J'en ai fait, des kilomètres, pour prouver aux différents départements que la presse locale s'intéressait au projet ! Je fais la tournée des journaux, leur expliquant mon projet et leur demandant s'ils ne peuvent pas faire passer un article pour appuyer en douceur ma demande – et à ce titre, je remercie *Ouest-France, Paris-Normandie, le Télégramme, Presse-Océan,* ainsi que les revues nautiques pour leur aide, qui aura été certainement déterminante. Je m'arrange alors pour revenir dans un département le lendemain du jour où est paru l'article. On commence à prendre mon projet au sérieux, puisqu'on en parle dans les journaux. Mais ça piétine tout de même.

J'apprends qu'à Paris se tient une réunion de tous les directeurs de l'Ouest. Aussitôt je téléphone à M. Legrand, lui proposant d'en profiter pour les rencontrer tous ensemble et leur demander de se prononcer. J'ai son accord, et en plus il me promet de se faire mon avocat auprès de ses collègues. En une demi-heure, grâce à cette réunion, mon projet a davantage avancé que durant les cinq derniers mois. En plus de la Vendée, j'obtiens l'accord de la Loire-Atlantique, du Morbihan, du Finistère, du Maine-et-Loire, de la Sarthe, de la Mayenne. Il reste encore beaucoup de détails à régler, mais cela aboutira. L'architecte peut commencer à dessiner le bateau. Le chantier est prêt à démarrer ; deux coups de téléphone et le projet est lancé. *Crédit Agricole* naviguera autour du monde. M. Chrétien prend le relais de M. Legrand ; ensemble, ils arrivent à convaincre le Calvados, la Manche et la Seine-Maritime. La Caisse nationale y participera. En une journée je passe du dossier sponsoring au dossier fournisseurs. La partie la plus intéressante de l'opération va commencer : la préparation du bateau.

Crédit Agricole en route vers Newport

Je reste à Paris, où je vois Guy Ribadeau-Dumas très souvent. Je lui parle longuement de ce que je désire, lui laissant mes croquis de plan de pont. Je lui fais entièrement confiance pour la coque. Il dessine, on se voit, il modifie, on discute, on se revoie ; petit à petit on arrive à un résultat. J'aime beaucoup ces entretiens autour de la table à dessin, où je vois le bateau prendre forme peu à peu. Au courrier, ce matin, une lettre du comité de course, une bonne et une mauvaise nouvelle. Les organisateurs de la course ont trouvé un sponsor, et Robin Knox Johnston, le seul à avoir terminé la première course autour du monde en solitaire sans escale, celle dans laquelle Bernard Moitessier alors en tête allait entamer une deuxième circumnavigation à bord de son *Joshua,* est nommé président du comité de course. C'est une bonne nouvelle, car le comité aura maintenant tous les moyens d'organiser une belle course. La mauvaise, c'est que Robin Knox Johnston estime que pour passer le cap Horn à la meilleure saison, il faut partir un mois plus tôt de Newport. Un mois de moins dans la préparation du bateau, alors que tout était minuté très serré. Daniel Rodrigues, le directeur du chantier Nautalu, vient à Paris et avec Guy Ribadeau-Dumas, on refait le planning. Daniel dit que c'est encore possible. Du coup, il repart avec les plans et commence tout de suite le traçage. Il aurait vraiment été rageant d'en être arrivé là et de tout abandonner à cause d'un contretemps ! Ce qui me rend confiant, c'est autant la motivation de l'architecte que celle du chantier. Avec des gens comme eux, on ferait n'importe quoi. Après avoir vu tous les fournisseurs et passé les commandes, je vais m'installer à Six-Fours, au chantier, et chez Nautalu on me fournit un bureau d'où je peux continuer à faire l'approvisionnement du matériel. Les derniers jours avant la mise à l'eau, il reste encore beaucoup de travail. J'appelle mes amis à l'aide. Tous répondront présents et viendront à la rescousse : Roger, Pierre, Philippe et Gildas Iauch, qui sera le skipper de rechange prévu par le règlement s'il m'arrive quelque chose. Le travail avance vite. On doit être, par moments, une quinzaine à travailler sur le bateau. Chacun gêne l'autre dans son travail, mais tout se passe dans la bonne humeur, malgré la fatigue des journées de quatorze ou quinze heures. Les peintres viennent la nuit faire l'enduit. Et c'est là que je dois féliciter Tito pour son travail. 25 kilos d'enduit sur la coque, et elle est nickel. Sur certains bateaux, pour rattraper les déformations et les défauts de chaudronnerie, on applique jusqu'à 800 kilos d'enduit.

Vraiment, *Crédit Agricole* a fière allure, suspendu au crochet de la grue qui le fait passer à 15 mètres de haut, par-dessus une ligne à haute tension pour le poser sur la remorque. Et c'est la mise à l'eau suivie du mâtage. Michel Gerbron, de Normast, est venu lui-même assurer la mise en place du mât, alors que la société Proengin m'envoie un de ses techniciens pour m'aider à installer les deux enrouleurs de focs. Toute cette aide et cette amitié spontanée développées autour de *Crédit Agricole* m'auront aidé à gagner la première étape de la course, à amener un bateau prêt pour un tour du monde, à temps sur la ligne de départ. Et cette première victoire, je la dois au travail de centaines de personnes qui ont relevé le défi d'un projet fou et qui, je le reconnais maintenant, avec le recul, avait peu de chances d'aboutir. *Crédit Agricole* flotte, navigue ! Je fais une qualification de 1 000 milles et, à Port-Grimaud, le bateau quitte la Méditerranée sur un camion pour traverser la France et faire connaissance avec son port d'attache – Les Sables-d'Olonne – où il sera baptisé en grande pompe. Mme Legrand, la marraine, casse la traditionnelle bouteille de champagne.

Le départ pour les U.S.A. approche. L'équipage qui m'aidera au convoyage est là, et tout le monde travaille d'arrache-pied : Max, Patrick, Bertrand, Jean-Luc, Paul Lhéritier, du Crédit Agricole de Vendée, qui sera ensuite responsable du projet en France. C'est lui qui m'enverra les pièces détachées de rechange aux escales et réglera tous les problèmes en France. Alain et Gérard, mon frère Laurent et Thierry viennent eux aussi aider aux finitions. Et le jour arrive où il faut larguer les amarres. Tout n'est pas fini. On verra ça en mer ou aux U.S.A. Au revoir, la Vendée ! Je reviendrai dans un an. Une courte escale à Concarneau, pour faire compenser le compas, et nous mettons le cap à l'ouest. La traversée se passe avec des vents faibles, ce qui permet de travailler sur le bateau. Un homme de quart à la barre, et le reste de l'équipage aux outils. Quelle curieuse expédition nous formons ! En plein Atlantique, on entend des « Passe-moi la perceuse », « Démarre le groupe, j'ai une planche à couper » ! On est parti de Concarneau, les bannettes n'étaient pas posées. Pour dormir, il faut d'abord commencer par construire son lit. La situation est tellement anormale que l'on n'en finit pas de rire et de plaisanter sur le sujet. La traversée est merveilleuse, et malgré le peu d'attention portée à la marche du bateau nous mettons vingt jours, ce qui est prometteur.

Arrivés à Newport, le travail reprend de plus belle, pour ne cesser qu'au moment du départ. C'est Jean-Luc qui entend le coup de canon, il me crie : « Philippe, dix minutes » ! Yvan, le voilier canadien qui s'est mis à couple de *Crédit Agricole* au ponton, pour, comme il disait, « augmenter la surface du chantier », m'emmène, toujours à couple, vers le point du départ. Au coup de canon, tout le monde saute sur le bateau d'Yvan, laissant les outils en plan, poignées de mains, embrassades, remerciements, ils larguent les amarres. Max tient à me hisser la grand'voile et saute au vol sur l'autre bateau. Le technicien d'Autohelm, qui vient juste de finir de m'installer les deux pilotes électriques 5 000 et 3 000, me donne les conseils d'utilisation alors que j'essaie de repérer la ligne de départ.

Avec tous les bateaux accompagnateurs, je ne vois rien. Coup de canon des cinq minutes. Je demande à Yvan où est la ligne. Je n'ai même pas eu le temps de lire les instructions de course, je n'ai pas écouté la météo, ni préparé la moindre tactique de navigation. Coup de canon du départ...

[illegible] toute [illegible] [illegible] [illegible] [illegible] [illegible] [illegible] [illegible] [illegible] [illegible] [illegible] [illegible]

[illegible] la grande [illegible] [illegible] [illegible] [illegible] [illegible] [illegible] [illegible] [illegible] qui veut [illegible] [illegible] de [illegible] [illegible] installer [illegible] électriques [illegible] [illegible] [illegible] [illegible] [illegible] [illegible] [illegible] [illegible] [illegible] [illegible] [illegible] ligne de départ.

Avec tous les [illegible] canon [illegible]

DEUXIÈME PARTIE

Newport – Cape Town

Le grand départ

Je n'arrive pas à croire que je pars pour 7 000 milles de course vers Cape Town, en Afrique du Sud. Physiquement, je suis épuisé, je n'ai pratiquement pas dormi ces dernières quarante-huit heures. A l'intérieur, *Crédit Agricole* ressemble à un bateau en travaux, où les ouvriers auraient tout laissé en plan pour la pause casse-croûte. Les caisses de nourriture sont au milieu de la cuisine. Il faut enjamber des sacs, des cartons pour atteindre la cuisinière ou l'évier. Je repère un bateau avec un numéro sur les voiles. Apparemment, il est seul à bord. Ah oui ! c'est *Lady Pepperell !* Bon. Eh bien, je vais le suivre, il doit savoir où est la ligne. Comme départ raté, on ne fait pas mieux ! Mais en dix minutes il faut que j'oublie tout ce qui trottait dans ma tête, pouvoir faire le vide et penser à la course. Tiens ! on dirait que je remonte mieux que lui ! Je vais le passer au vent. Et, bien que parti dans les derniers à la sortie du chenal, je suis en troisième position. J'ai réussi à sortir sur un seul bord alors que tout le monde a viré au moins deux fois.

Il y a tellement de bateaux accompagnateurs, que je suis obligé de rester à la barre. Je ne sais pas quel cap il faut prendre. En gros, c'est du sud-est. Dès que je peux virer, j'envoie et je remonte vite sur *Gladiator,* le bateau américain de 17 mètres dont le skipper disait à tout le monde qu'il allait gagner.

Je commence à le marquer, et, au près, je le passe au vent. Je fais presque un nœud de plus que lui. En le passant, je lui crie que je l'attends à Cape Town et que je lui garde de la bière au frais. Ça n'a pas l'air de l'amuser. Je ne sais pas si c'est la plaisanterie ou le fait que je le double aussi facilement. Ou peut-être les deux ! Devant il y a encore *Voortrekker,* que je grignote insensiblement. Je modifie sans arrêt les réglages, et trois heures après le départ je me retrouve en tête, cap au sud-est. Cape Town, c'est 7 000 milles plus loin. Les derniers bateaux accompagnateurs ont fait demi-tour. Devant, l'horizon est vide. Derrière, je vois encore cinq bateaux. Je pourrais brancher le pilote et commencer à faire du rangement, mais je reste à la barre, remontant cette petite brise. Je me sens bien, heureux. Je prends conscience que cette sortie n'est pas juste un petit tour pour me permettre de tester un appareil ou essayer une voile. Non, je réalise que maintenant je suis seul, pour longtemps et que je vais commencer à vivre mon rêve. J'ai faim, mais je suis tellement heureux à la barre que je vais y rester encore. Je respire à pleins poumons ce bon air du large, et essaie de faire le vide en moi.

La fatigue et la faim sont tout de même les plus forts et je descends prendre un casse-croûte. Je remonte aussitôt sur le pont. La vue de la cuisine, où les cartons se sont renversés, ne me donne pas envie d'en voir plus, et ce soir il faut que mon bonheur soit total. Je veux sentir la nuit, sentir mon bateau, entrer en communion avec lui.

Le vent forcit, je démarre la pompe électrique pour remplir d'eau de mer le ballast au vent. Une demi-heure plus tard, je ne vois toujours pas le niveau monter dans le ballast. La pompe ne tourne pas. Ça y est, ça commence ! Bon, alors je vais prendre un ris. La nuit est tombée, le phare de Nantucket est dans le sillage et je suis toujours à la barre. Malgré la tension des derniers jours, le manque de sommeil, je suis bien. Mais je sais aussi qu'il faut que je commence à prendre mon rythme de vie tout de suite. Ne jamais aller jusqu'à l'épuisement. D'accord, on commence demain.

Soudain, je sens une odeur de brûlé monter de l'intérieur. C'est curieux ; je penche ma tête par la descente, et je vois une fumée qui envahit toute la timonerie : il y a le feu !... Non, ce n'est pas possible, je n'ai pas fait de cuisine. Le gaz est fermé. Le tableau électrique : c'est ça ! Quelque chose brûle dans le tableau électrique ! Je coupe tous les disjoncteurs, déconnecte toutes les batteries et remonte sur le pont prendre la barre.

Nous naviguons dans une zone de pêche ; il y a des bateaux partout. Je n'ai plus de feux de navigation, plus de pilote. Il faut donc que je barre à la main et assure une veille visuelle permanente, puisque les autres bateaux ne me verront pas.

Et là, en deux minutes, toute la fatigue des derniers mois me tombe sur les épaules. Je suis découragé ! À peine huit heures que nous sommes partis, et la liste des pannes et des ennuis est déjà ouverte.

Et me voilà harassé de fatigue, ne goûtant plus du tout la clarté de la nuit comme tout à l'heure. Je sais que je suis bloqué à la barre au moins jusqu'au jour, et cela devient vite une corvée. Je descends dans la cuisine attraper deux tubes de lait Nestlé. Ce sera mon repas. Tout en barrant je parle à *Crédit Agricole.* Je lui explique que jusqu'à aujourd'hui tout ce qu'il cassait pouvait être modifié, renforcé. Mais à partir de maintenant c'est différent. J'ai fait mon maximum pour qu'il soit le mieux préparé, le mieux armé pour ce « tour du monde » ; maintenant, les dés sont jetés, et il doit commencer à être coopératif. Tous les deux, on va passer de longues heures ensemble, on va partager des moments difficiles, mais aussi des moments merveilleux, alors il faut qu'on soit copains. Je lui promets de bien le soigner, d'être toujours attentif à ses messages, mais lui aussi doit y mettre du sien. Marché conclu. Il arrête de me faire des ennuis ! Le jour se lève, voilà trois jours que je n'ai presque pas fermé l'œil. Je règle l'Aries ; les bateaux de pêche sont derrière, et je vais me reposer.

Il me faut absolument redevenir maître de la situation. Pour cela, je dois d'abord dormir, récupérer des fatigues du départ. Ensuite manger. Et, pour que le moral remonte au maximum, ranger le bateau. Voilà les trois choses prioritaires. *Crédit Agricole* continue à avancer, bien sûr ; mais même si on perd un peu de vitesse mon premier objectif est de retrouver ma force et de prendre le rythme. Après, on rattrapera le temps perdu.

Heureusement les vents sont assez faibles et on tient bien le cap sous pilote. Il n'y a pas beaucoup de manœuvres à faire.

Une chose m'inquiète : cette fumée, hier soir, dans le tableau électrique. J'ouvre le panneau et réalise que deux fils sont complètement brûlés. La gaine isolante a fondu et est carbonisée. Ce sont les deux fils d'éclairage du compas. Au travers de la colonne de barre à roue ils frottaient sur la chaîne ; ils ont fini par se dénuder et faire court-circuit. Comme par hasard, c'étaient les deux seuls fils de tout le circuit électrique qui ne passaient pas au travers d'un disjoncteur mais étaient branchés directement aux bornes de la batterie. Ce n'est pas trop grave. Évidemment, l'ampoule du compas est grillée et je n'en ai pas de rechange. Il faudra donc aller jusqu'au Cap sans éclairage compas, mais c'est un moindre mal. Comme quoi, sur un bateau, tout doit être parfait, toutes les sécurités doivent être pensées, car la moindre panne ou le plus petit incident peut entraîner une cascade de catastrophes. Je coupe les deux fils maintenant inutiles, et je rebranche le circuit électrique.

La journée est belle et je range le bateau. Le soir, tout a trouvé sa place et je peux enfin me préparer mon premier vrai repas depuis le départ et ensuite aller dormir. Je mets le réveil toutes les heures. Je fais juste un tour dans le cockpit, où je vérifie le cap, le compas, la vitesse du bateau, la force du vent, un petit coup d'œil à l'horizon pour voir s'il y a des navires et aussitôt je replonge dans mon duvet. Ma petite inspection me prend deux minutes et il m'en faut deux autres pour retomber dans un sommeil profond ; si profond que cette nuit *Crédit Agricole* a viré et s'est mis à la cape. Je ne me suis pas réveillé. On a dû rester ainsi trois-quarts d'heure.

Le troisième jour de course, je vois par le travers à 800 mètres les deux mâts non haubannés de *Lady Pepperell ;* je suis assez surpris, mais, en fin de compte, très content ; c'est un des bateaux les plus rapides, particulièrement à l'aise dans le petit temps que nous avons depuis le départ, et si je suis bord à bord après trois jours c'est que je n'ai pas perdu trop de terrain sur les bateaux de tête. Et pourtant, nous aurions pu aller plus vite. Je suis content. Cette nouvelle remonte mon moral d'un degré vers le beau fixe. Je pensais avoir pris du retard. En attendant, cette nuit-là, je n'entends pas mon réveil et je dors cinq heures de suite. Quand je me réveille, on est à la cape. En regardant le loch, je me rends compte que ça doit faire un moment qu'on n'avance plus. Hier soir, à cause de la faiblesse du vent, j'avais branché le pilote électrique Autohelm 3000, et cette nuit la courroie s'est cassée. Le soleil, en se levant, nous apporte du vent et j'affale le génois léger. J'ai beau scruter l'horizon à la jumelle, je ne vois plus *Lady Pepperell.* Il a dû faire de la route pendant que nous étions à la cape. Je m'en veux terriblement, mais d'un autre côté ces cinq heures de sommeil consécutives m'ont fait beaucoup de bien. Ce matin, je me sens en pleine forme, et après un bon petit déjeuner je vais prendre une douche d'eau de mer sur la jupe arrière. Ensuite je me rase. Je me sens de mieux en mieux. Il fait un beau soleil. On marche bien. Je vais m'occuper un peu de la navigation et de la météo.

Je reçois des cartes sur le Nagrafax et une météo par une station américaine. Ils annoncent deux tempêtes tropicales qui sont en train de se transformer en cyclones. Ils partent des îles du Cap-Vert et vont vers les Antilles. En plein sur le travers de ma route. Pour le moment, j'en suis encore loin, mais il faudra surveiller ça. Évidemment, c'est la période des cyclones – et il fallait un peu s'y attendre. Je passe toute la matinée à la table à cartes, à relire les instructions nautiques, regarder les routes conseillées par *Ocean Passage for the world* et les comparer sur la *Pilot Chart. Ocean Passage* recommande de passer par l'est pour éviter la zone du triangle des Bermudes et d'aller presque aux îles du Cap-Vert. Ça rallonge beaucoup la route. Je trace les différentes possibilités sur les *Pilot Charts,* compare les diverses forces et directions du vent par des calculs, des pourcentages ; je trace également une ligne droite entre Newport et Cape Town, et étudie les probabilités de vent sur cette route la plus courte jusqu'à l'équateur. La différence de vent ne justifie pas le détour par le Cap-Vert. J'apprendrai au Cap que tous les bateaux ont suivi à la lettre les recommandations de *Ocean Passage.*

Ce livre, s'il est plein de renseignements très précieux, a été écrit il y a fort longtemps, d'après les observations des capitaines de clippers. Ces bateaux étaient lourds, ne remontaient pas au près ; rien à voir avec nos voiliers modernes qui continuent de bien marcher dans le petit temps et qui remontent au moins 20° de mieux au vent que leurs ancêtres. Alors, je pense qu'il faut tenir compte de ces éléments avant de suivre à la lettre les routes prises par ces fiers navires. Les clippers se livraient aussi une course sans merci. Le premier arrivé au port vendait sa marchandise au prix fort, alors que le dernier arrivé voyait les cours s'effondrer et avait même bien du mal à couvrir les frais du voyage. Il est certain que, dans ce contexte, les capitaines gardaient pour eux certaines informations, et pouvaient même en déformer d'autres pour être sûrs qu'au cours d'un prochain voyage un concurrent ne viendrait pas leur prendre la première place. Et la balise Argos n'existait pas encore à l'époque. Je décide donc de prendre la route directe. Le seul problème est de voir comment vont évoluer les deux dépressions tropicales.

Quand on prend une option qui vous écarte de la route directe et que, pour aller chercher des vents plus favorables ou plus forts, on se déroute de 300 ou 400 milles, on prend le risque de ne pas trouver ces vents. Par contre, les 400 milles supplémentaires, il faudra bien les faire. Alors que sur la route directe, même si les vents sont un peu moins puissants au moins on économise le détour. Et, pour le moral, il vaut mieux savoir qu'on est sur la route la plus courte. J'imagine la tête des copains quand ils ont appris que j'avais trouvé sur la route directe des vents plus favorables. Le moral devait se trouver en « fond de cale ». Bertie Reed, sur *Voortrekker,* dira en arrivant que j'ai fait « tout le contraire de ce qui est marqué dans les livres, et choisi la route la moins recommandée ». Eh oui, Bertie ! Mais je suis arrivé au Cap une semaine avant toi.

Le moment critique de mon option est le passage dans la zone de haute pression des Bermudes. *Crédit Agricole* est léger ; il marche bien dans le petit temps. Il me faudra exploiter le moindre souffle d'air et certainement manœuvrer très souvent. Mais j'ai déjà récupéré de mes fatigues et suis prêt à passer des heures à la barre s'il le faut. *Crédit Agricole* glisse sans bruit, laissant à peine quelques tourbillons sur l'arrière, un peu appuyé sur sa hanche tribord. Le génois léger en mylar travaille remarquablement bien. File, mon bateau ! Nous avons encore de longs milles à parcourir, et je sens que tous les jours tu allonges un peu ta foulée !

Dans la soirée, l'horizon se couvre et le vent fraîchit. J'affale le génois et déroule le yankee 1. Quelle merveilleuse invention que ces enrouleurs de foc ! J'ai beaucoup misé sur les deux miens, puisque j'ai limité le nombre des voiles d'avant. J'envoie le génois léger sur un étai larguable, sinon je n'ai qu'un yankee 1 et un yankee 2, et je compte aller au Cap avec le n° 1. Pour les deux étapes des mers du Sud, je gréerai le n° 2. En tout cas, je n'ai pas l'intention de changer de voile sans arrêt. J'espère que cette mécanique Proengin tiendra la distance. Ne pouvant me passer des voiles d'avant en cas de rupture des enrouleurs, j'ai demandé à la voilerie Hood de prévoir sur la ralingue des focs, des œillets régulièrement espacés, de façon à pouvoir y fixer des mousquetons Wichard. En cas de panne d'un enrouleur je n'aurai qu'à les démonter récupérant ainsi l'étai, et je pourrai à nouveau envoyer mes focs comme des voiles classiques. Je serai évidemment pénalisé, car leur nombre sera limité, mais j'aurai quelque chose à envoyer à l'avant.

Je ne crois pas que dans une course aussi longue on puisse se permettre de se fier à un seul système. Tout peut casser, et il ne faut pas être arrêté pour autant, donc le *nec plus ultra* de la préparation serait de prévoir une solution de rechange pour tout. Dans cette optique, j'avais noté les avaries et les ennuis survenus aux bateaux des dcux dernières Whitbread, puis analysé leurs causes, pour essayer de les supprimer. Ensuite, j'ai embarqué de quoi réparer. C'est ainsi que je possède à bord du câble et des ridoirs de rechange. En prévision d'un bris de bôme ou de tangons j'ai des manchons tout prêts. Il ne reste plus qu'à les riveter ; j'ai aussi des plaques d'alu prêtes à être posées pour obturer un trou dans la coque, du joint d'étanchéité, des résines à prise sous-marine, une caisse à outils bien garnie et un échantillonnage de visserie et rivets. Bref, je suis bien équipé pour réparer à peu près tout. Mon frère m'a offert avant le départ une perceuse Makixta avec batteries cadmium-nickel. Leur autonomie est surprenante, et sur un voilier cela s'avère très utile.

Le vent continue à forcir, et je voudrais ballaster plutôt que de réduire la voilure. Il est tard, mais je décide de démonter la pompe pour voir ce qui ne va pas. Je passe deux heures à nettoyer l'intérieur, les clapets, les joints ; tout me parait normal. Mais au moment de refixer l'ensemble je m'aperçois que c'est la vis d'accouplement entre le moteur électrique et l'arbre de la pompe qui est dévissée. Dire que j'ai tout démonté alors qu'il n'y avait que trois coups de clef à donner ! La pompe démarre et n'est pas longue à remplir le ballast. Les 1 500 litres diminuent la gîte d'à peu près 7° et nous font gagner en puissance. *Crédit Agricole* passe au travers des vagues sans s'arrêter. Le pont est recouvert par les embruns, mais quel spectacle ! On cravache à pleine puissance, et, du coup, plus besoin de réduire.

Toute la nuit va se passer ainsi, et au petit matin je suis réveillé par une voile qui claque. C'est la chute du yankee qui s'est décousue sur une dizaine de mètres et qui bat au vent. Ça commence mal ; si au bout de quatre jours des voiles faites pour un tour du monde commencent à lâcher, je ne sais pas comment je vais arriver à Cape Town. J'affale le yankee pour le réparer, et, comme les vents ont bien adonné, j'envoie le booster en simple d'abord, puis tangonné des deux côtés un peu plus tard. Il fait un soleil magnifique et je commence à recoudre à la main le yankee. Je finirai à la machine. Cette réparation m'a pris du temps et j'aurais préféré l'utiliser à faire autre chose. D'autant que la cause de la déchirure est trop bête. Le fil utilisé pour la couture était trop fin et n'a pas résisté à la tension de la chute ; à moins que ce ne soit le nerf de chute qui ait ragué ; en tout cas, le résultat est là. Le booster travaille si bien que je le laisse.

Dans la première étape, je ne m'attends pas à avoir beaucoup de vent portant, aussi, de voir cette voile tangonnée me fait plaisir. Elle offre beaucoup d'avantages par rapport au spi classique. Dans le petit temps, une fois tangonnée des deux côtés, elle n'a pratiquement plus de débattement, et ne risque pas de s'enrouler autour de l'étai. Elle équilibre très bien le bateau et soulage beaucoup le pilote, et de plus elle évite tout départ au lof. Pour les manœuvres, ce n'est pas difficile, mais les spis dans leur chaussette sont aussi très pratiques.

Ce soir, j'ai eu mon premier contact radio avec mes amis radio-amateurs français, et c'est avec joie que j'entends leur voix. Je n'ai pu venir sur la fréquence les jours précédents. Excusez-moi, les amis, je voulais me retrouver avec moi-même et mon bateau ! Il fallait faire un peu le vide. Maintenant que tout est en ordre, ce contact me fait du bien. Je leur donne des nouvelles, leur raconte un peu mes journées. La vacation dure entre vingt minutes et une demi-heure. Nous avons parlé tous les jours jusqu'au Cap, à part de rares fois où les conditions de propagation étaient mauvaises. Tous les soirs à la même heure, j'entendais Jacques, Pierre, Prosper, égrener leurs incantations qui me permettaient de régler mon poste sur la même fréquence qu'eux et ensuite de parler. « Fox 9 Mexico Japon, Fox 8 India Papa, Fox 6 Bravo X Ray yankee appellent Echo Lima O Papa-Japon Maritime Mobile. Attention Philippe, attention, la Vendée t'appelle et passe à l'écoute » ; et le miracle se produisait chaque jour. C'était très souvent de la « qualité téléphone » et Jacques a pu faire des enregistrements qu'il envoyait à mes amis ou à ma famille. Tous pouvaient ainsi vivre mon voyage, et, moi, ça me faisait du bien. Les jours où ça n'allait pas, ils me remontaient le moral, et une fois passé l'équateur ils avaient les positions de quelques bateaux à me communiquer.

Le règlement de la course impose que chaque concurrent ait à bord un moyen radio autre que la V.H.F. La radio amateur ou la B.L.U. conviennent parfaitement, et nous devons au moins une fois par semaine communiquer notre position au comité de course américain. C'est à double sens. D'abord, ils vont pouvoir faire vivre la course auprès du grand public. Ensuite, c'est important pour des raisons de sécurité ; on nous avait prévenus avant le départ qu'en cas de silence-radio supérieur à quinze jours les organisateurs déclenchaient les recherches, les bateaux n'étant pas, dans la première étape, équipés de balise Argos. Le temps que tout se mette en place et s'organise, je n'ai pu avoir les positions des copains avant l'équateur, et là encore les positions étaient assez anciennes quand elles arrivaient. De plus chaque bateau était pointé à des jours différents, ce qui rendait assez difficile tout classement.

La préparation du bateau, et les dernières mises au point à Newport m'avaient tellement occupé que je n'avais pratiquement pas eu le temps de rencontrer les autres concurrents ni de visiter leur bateaux. Il régnait à bord de *Crédit Agricole* une telle effervescence que personne n'osait approcher, de peur d'interrompre cette animation. Plus d'un concurrent a dû sourire à la vue de ce bateau-chantier, alors que sur certains, visiblement, on était prêt à partir. C'était notamment le cas des deux autres bateaux français, *Ratso II* et *Skoiern III,* qui attendaient le départ avec impatience ; tout à bord était nickel. Ils avaient en outre l'avantage de connaître parfaitement leur voilier pour l'avoir mené en solitaire sur de nombreux milles, notamment une transat pour Guy Bernardin et une Twostar pour Jacques de Roux.

J'ai fait connaissance avec mes concurrents en course, à travers les contacts radios que j'avais avec la France. Je voyais leur progression. J'arrivais à mettre parfois un visage derrière un nom de bateau et je notais sur ma grande routière leurs positions quand elles me parvenaient. On ne pouvait pas dire que les concurrents manquaient d'imagination. Il y en avait partout. La flotte était complètement éclatée. Par moments, des routes se croisaient. Certains tiraient des bords à l'opposé de la route... ! C'était assez surprenant et n'avait rien à voir avec les routes comparées des voiliers de la Whitbread, où pratiquement tous, à 100 milles près, suivaient le même chemin.

En faisant mon petit tour sur le pont, cette nuit, je remarque que le booster est déchiré le long de la ralingue sur 3 ou 4 mètres. Je l'affale vite avant que ça n'aille plus loin et renvoie un spi. La voile, en fasseyant, s'est accrochée dans les mousquetons Wichard et s'est déchirée. Je savais que ça arriverait. J'avais demandé à Hood

U.S.A. de me mettre des renforts pour éviter ce type de pépin, mais le travail n'avait pas été fait. Résultat : le booster est inutilisable jusqu'au Cap... Décidément, c'est trop rageant... et je suis d'autant plus en colère que je l'avais prévu. Il est vraiment très difficile d'obtenir ce que l'on veut, et j'ai l'impression que les maîtres voiliers se font toujours tirer l'oreille quand il s'agit de mettre des renforts. On dirait que ça les traumatise, de voir une voile bardée de renforts aux points de raguage, aux endroits sensibles. Une voile faite pour un tour du monde se doit d'être plus solide et plus renforcée qu'une voile qui va courir la semaine de Marseille. Cela paraît évident à tout le monde, et pourtant, pour obtenir ces renforts, il faut en perdre, du temps en discussion !

La nuit se passe bien sous spi, mais j'ai dû rebrancher l'Autohelm 3000, car le vent apparent reçu par l'arrière n'était plus suffisant. Il est curieux de constater le peu de différence de puissance entre le spi et le booster. On gagne 2/10 de nœud, mais j'attribue cela à la différence de surface. Le spi fait 50 mètres carrés de plus. Je suis réveillé par la voile qui bat. La courroie de l'Autohelm a encore cassé. C'est une catastrophe, ces deux courroies cassées en une semaine ; j'en ai trois à bord. Il m'en reste une pour faire 6 000 milles alors que j'en ai consommé deux en 1 100 milles. Il va falloir que je trouve la cause de cette hécatombe, et, en recollant les deux courroies cassées ensemble, je pourrai en faire une de rechange. Ma route, sur la carte, continue à s'allonger ; je suis presque sorti de cette zone de calme, et je commence à recevoir une petite brise de sud – sud-est, hum... ! Du sud – sud-est, ça sent l'alizé, c'est encore un peu sud, mais je sens que c'est le début. Je surveille toujours l'évolution des deux tempêtes tropicales, et je suis sûr de pouvoir passer entre les deux. Je reçois deux cartes météo par jour. Leur progression est bien régulière, et je décide de tenter le coup. Je passe entre les deux. Je n'ai toujours aucune nouvelle des autres bateaux.

Le comité de course avait donné à chaque skipper une liste de fréquences pour contacter un réseau de radio-amateurs transatlantiques. Pas moyen de retrouver cette feuille. J'apprendrai au Cap que les quatre cinquièmes des bateaux étaient équipés de radio-amateur et que tous les jours, sur cette fameuse fréquence, tous les skippers rentraient en liaison, chacun donnant sa position, ses conditions météo, et racontant un peu sa vie. Le tout dans une ambiance de camaraderie. On m'a un peu reproché de faire bande à part et de ne communiquer qu'avec la France. Mais c'est sûr qu'au cours des prochaines étapes je viendrai sur ce réseau retrouver les copains. Ce genre de vacation aura été révélateur de l'état d'esprit de chaque concurrent. Dans aucune autre course, on ne verra jamais un gars donner à son concurrent le plus proche sa vraie position ainsi que les conditions de vent. Mieux encore, *Lady Pepperell,* qui était équipé d'une radio fac-similé, recevait des cartes météo qu'il lisait et interprétait à la radio à *Gipsy Moth.* Résultat : *Gipsy Moth* est arrivé avant *Lady Pepperell,* Desmond Hampton ayant tiré un meilleur parti de ces informations que Tony Lush. En tout cas, l'esprit d'amitié, d'entraide régnait sur toute la flotte, la compétition n'en n'était pas oubliée pour autant, chacun se démenant pour grignoter quelques milles aux copains.

Voilà une semaine que nous sommes partis, et je crois être définitivement sorti de la zone de haute pression. Cette brise de sud – sud-est qui s'était timidement annoncée hier commence à prendre de la puissance. La houle se gonfle, s'allonge. La respiration de la mer devient plus régulière, et je ne vois plus ces algues qui dérivent toujours dans la mer des Sargasses. Allez, mon vieux *Crédit Agricole,* maintenant ce sont de bons vents, bien réguliers, bien francs ! Tu vas voir, ça va forcir encore un peu en même temps que ça va adonner ! On va avoir du sud-est et puis dans quelques jours ça va passer à l'est, on pourra alors choquer les écoutes et abattre des milles. Allez, mon vieux, allonge la foulée ! Pour garder le plein de vitesse, je ne serre pas trop le vent, je reste à 45°. Le gain de puissance est sensible, on fera de l'est plus tard. Je suis tout heureux d'être sorti des calmes aussi facilement et rapidement, et puis je retrouve des eaux que je connais.

Les alizés, ça veut dire les Antilles. Tiens, regarde, aujourd'hui on vient de couper la route que j'avais prise seize mois plus tôt quand je rentrais en France avec mon *Kreiz an Avel.* Tu n'existais pas encore, bien sûr, je rentrais pour te faire construire. Toi, la croisière, tu ne sais pas ce que c'est. Depuis ta mise à l'eau, ça a été la course en permanence. Pas un moment de repos. Évidemment, pour toi, les Antilles ça ne veut rien dire. Tirer doucement sur la chaîne de mouillage dans une petite crique d'eau claire, tu n'y as pas encore eu droit ; mais ça viendra plus tard. Pour le moment, il faut courir, sauter chaque vague, allonger ton sillage tous les jours... Tu te reposeras quand tu auras les trois grands caps derrière ta jupe.

Nous arrivons à la latitude de Saint-Barthélemy. Du coup, je ressors la carte des détails de toutes ces îles des Antilles qui s'égrènent comme une traînée de poussière, du Venezuela jusqu'aux U.S.A. Avec, depuis les Antilles, les îles Vierges, les Bahamas ; je les connais presque toutes, du sud au nord. Chacune évoque pour moi des souvenirs différents, un mouillage, un parfum, une ambiance, un bon restaurant, une belle plongée ou des amis rencontrés. Je passe deux heures devant la carte, et mon bateau me sent devenir nostalgique, cafardeux. Aussi me tire-t-il de ma rêverie en faisant fasseyer le yankee. Oui, mon vieux, je viens, tu as raison, il ne faut pas non plus que je me pose des questions ; savoir si j'ai eu raison de rentrer ou pas. Je suis en train de vivre mon rêve, de concrétiser mes espérances des quinze dernières années ; alors, pourquoi être cafardeux, pourquoi être mélancolique ? Je repensais juste aux copains qui boivent en ce moment le « ti punch », alors que le soleil se couche sur la mer des Antilles. Bon, allez, on va le régler, ce yankee ! Je vais me faire un bon repas, et, quand la nuit sera bien tombée, j'irai dormir.

J'aime bien voir le soleil se coucher, surtout quand il teinte le ciel de mille dégradés de jaune, d'orange, de rouge, et puis, après, la nuit commence à venir, les étoiles se découpent nettement sur le ciel. Je les reconnais. Ce serait le moment de faire un point astro, l'horizon est encore bien net. Ce moment dure à peu près quinze minutes ; après, l'horizon se perd, mais c'est largement suffisant pour viser quatre étoiles.

Je n'ai pas fait un seul point sextant depuis mon départ. On vit à l'heure de l'électronique, des satellites, et mon Shipmate sort comme un automate des points d'une précision déconcertante toutes les deux ou trois heures. En plus, il maintient l'estime et calcule la loxodromie, l'orthodromie et encore un tas d'autres choses dont je ne me sers pas. Je n'avais sur mon premier bateau qu'un compas, un sextant, une gonio et un sondeur. Pas de loch, pas de Nagrafax ; je sentais davantage la mer, je passais plus de temps à observer les nuages, et chaque jour, à l'heure de la méridienne c'était un peu une cérémonie où le navigateur, par l'intermédiaire de son sextant, amorçait un dialogue avec les astres pour leur demander sa position. Parfois c'était acrobatique, parce que la mer était grosse, qu'il fallait être sûr qu'on avait bien pris l'horizon et non pas le sommet d'une vague, il fallait jongler avec les nuages. C'était un contact avec les éléments, et avec l'habitude je savais si ma visée était bonne. « Celle-là, je ne la sens pas bien. Je vais en faire une autre. » J'étais attentif au mouvement du soleil, de la lune en faisant route vers l'ouest ; tous les jours, l'heure de ma méridienne avançait, je la calculais en fonction de la façon dont on avait progressé, et puis tous les trois ou quatre jours on gagnait une heure. Je suivais la déclinaison du soleil, qui, du sud, était repassé au nord, et puis quelle acrobatie le jour où le soleil était juste à la verticale ! Je ne savais plus sur quel côté de l'horizon il fallait le descendre.

Tout ça est bien loin. Shipmate affiche la position avec l'heure du dernier point ; en appuyant sur une touche, j'ai la position estimée ; sur telle autre, le cap à suivre en ortho ou loxo pour le point de destination ; sur une autre, la distance, et le temps pour y arriver en fonction de la vitesse actuelle. Tiens, je suis à huit cent quarante heures de Cape Town, si je continue à marcher à 8 nœuds. Plus aucune poésie, et j'ai même un sentiment de culpabilité devant cette facilité. J'étais fier, un peu inquiet à chaque atterrissage ; je disais dans trois heures, au 280 va apparaître la pointe de telle île. Et à chaque fois le miracle avait lieu. De l'horizon sortait la terre vers laquelle on faisait route depuis trois semaines. Quelle fierté à chaque fois de réussir un atterrissage parfait !

Aujourd'hui, je ne regarde plus le soleil de la même façon. Il est juste là pour me réchauffer, pour rendre la journée plus agréable, et pour charger mes batteries à travers les panneaux solaires. Des tâches bassement matérielles. Soleil, les satellites ont détruit ta légende et ton côté mystique ! Mais continue toujours de briller, beaucoup de marins te descendront encore sur l'horizon. J'ai gardé à bord mes deux sextants. Tu sais, l'électronique, c'est plus facile, c'est plus rapide, mais parfois ça tombe en panne. Avec un sextant, il n'y a pas de surprise.

Et bien, si tu veux, demain, pour voir si je n'ai pas trop perdu la main, je ferai quelques visées. Et, régulièrement, je reviendrai sur le pont pour te demander ma route. Je vais aller me coucher en abandonnant mon bateau à la lune.

Ce soir, c'est un vrai régal. La mer est presque plate, la houle est très longue et on passe dedans sans ralentir, sans même une éclaboussure. Les mouvements sont presque imperceptibles et pourtant le vent est bon, régulier, chaud, et il nous gonfle gentiment les voiles, nous faisant faire un sillage phosphorescent bien rectiligne. Je suis debout à l'arrière entourant d'un bras le pataras et je n'arrive pas à m'arracher à ce spectacle. Voilà bien deux heures que je suis là sans bouger, détaillant tantôt le passage de cette longue coque noire bordée de jaune qui ouvre en douceur son passage, ou tantôt la chute des voiles, qui impeccablement coupées ne fasseyent pas du tout, et le sillage où des tourbillons marquent notre passage pour quelques secondes encore. Je regarde l'horizon, le ciel, les quelques nuages très haut dans le ciel et maintenant les étoiles qui ont pris possession de mon univers. J'ai sommeil, mais je voudrais encore rester là des heures à contempler ce merveilleux spectacle.

On m'a souvent demandé si au bout d'une longue traversée je n'en avais pas un peu marre d'avoir tous les jours une mer vide pour tout horizon. Mais comment expliquer que tous les jours c'est totalement différent. Que la mer n'est jamais deux fois pareille. Que cette vision est toujours un émerveillement. Il faut peut-être apprendre à la regarder. C'est vrai que la mer vue de terre n'est pas la même. Chez certains, elle évoquera le voyage, l'aventure, des terres lointaines. Le vent leur apportera des parfums exotiques, ceux-là vibreront à l'appel du large, et, je leur souhaite, finiront par partir un jour. Chez d'autres au contraire, ce sera l'inconnu, la peur et le néant. Comment expliquer que la mer est tantôt douce, tantôt cruelle, toujours plus forte que le marin et son bateau qui réussiront quand même à passer s'ils savent bien manœuvrer et courber l'échine. Comment expliquer cette communion d'un homme et de son bateau avec les éléments. Il n'y a pas de mots pour cela. Il faut partir, perdre la terre de vue et sentir avec ses fibres tous ces messages. Alors, on découvre les différents visages de cette mer devenue maîtresse, et on apprend à les aimer tous.

Je me réveille en pleine nuit, le bateau est encore à la cape. Une des drosses de l'Aries a cassé. En regardant le loch je constate qu'on a fait 2 milles en une heure. Cela doit donc faire au moins trois quarts d'heure qu'on n'avance plus. Depuis le départ, j'ai perdu beaucoup de temps de cette façon.

Sur le petit ordinateur de bord qui regroupe tous les paramètres extérieurs : vitesse du bateau, distance parcourue, vitesse du vent, angle du vent, cap compas, heure et profondeur, je peux programmer des alarmes basses et hautes. Si un des paramètres sort de la fourchette rentrée en mémoire, une sonnerie se met en route pour me prévenir de l'anomalie. Le Danavigate 7000 est livré de série avec une sonnerie si faible que ça ne me réveille pas. Ce buzzer n'est peut-être pas fait pour tirer quelqu'un de son sommeil, mais plutôt pour attirer l'attention de l'homme de quart.

En lisant le dossier technique, je constate que deux petites prises sont prévues pour brancher un klaxon extérieur plus puissant. Demain, il faut que je pense à le faire. J'ai justement une alarme à bord qui est encore plus puissante qu'un klaxon de voiture. Ça, au moins ça me réveillera ! Malheureusement, le branchement en direct n'est pas possible, mon alarme consommant trop de courant. Il faut donc passer par un relais. J'essaie de brancher l'auto-radio sur cette alarme, je me ferai ainsi réveiller en musique. Ça ne marche pas non plus ! À Cape Town, il faudra absolument faire le nécessaire. Je n'avais pas eu le temps à Newport. J'ai perdu au moins cinq heures, et nous ne sommes pas arrivés ! C'est vraiment dommage d'avoir un appareil aussi merveilleux et de ne pas pouvoir en exploiter toutes les possibilités. Je crois que c'est l'ordinateur de bord le plus performant du marché. Sur la table à carte, il y a le boîtier de connexions et le clavier central et à l'extérieur j'ai les six répétiteurs. Avec cet appareil, je contrôle tous les éléments de la marche du bateau, et j'ai même les indications sur le pourcentage de rendement. Une vraie merveille pour faire les meilleurs réglages.

Cela fait trois fois depuis le départ que les drosses du pilote Aries cassent. Je déplace les poulies, regarde les points de raguage, modifie l'ensemble et change les cordages. Si je ne me réveille pas quand le bateau est à la cape, il faut que je l'empêche de s'y mettre.

Je me sens en pleine forme, mais je n'arrive pas à rester à l'écoute du bateau quand je dors. C'est bien la preuve que j'ai du sommeil en retard. Je suis toujours un peu en colère quand je me réveille pour trouver *Crédit Agricole* à la cape. D'abord, je perds beaucoup de temps et, ensuite, la communion n'est pas parfaite car le dialogue est interrompu pendant mon sommeil. Il va falloir que je dorme un peu plus. Le rythme que j'avais déjà testé dans mes précédentes navigations en solitaire était de six heures de sommeil avec un réveil toutes les heures ou heures et demie. Mais c'était de la croisière et le rendement n'avait pas la même importance. En course, je me réveille tous les trois quarts d'heure. Je vais donc pendant encore une semaine dormir une ou deux heures de plus par jour.

La navigation en solitaire est très enrichissante car elle demande de la part du marin une bonne connaissance de soi et une grande discipline. Je navigue par plaisir, je suis heureux sur l'eau quand mon bateau avance bien, quand je me sens en communion avec lui. Mais un tel bonheur, pour être intense, doit être absolu et passe par de nombreuses conditions. Il est curieux de voir comme le moral évolue rapidement en fonction d'événements parfois mineurs. C'est le deuxième baromètre du bord. La vie, sur un bateau qui navigue, doit être un mode de vie et non pas la survie qui consisterait à vouloir arriver quelque part par n'importe quel moyen. J'ai trop vu de ces bateaux dont les équipages, après une traversée, arrivaient épuisés, malades, sales, à bord d'un navire où tout était à l'abandon et où plus rien ne marchait. Je n'arrive pas à croire que ces gens aient pu ressentir quelque bonheur en mer.

Une croisière ou une course réussie dépendent en grande partie de l'état de préparation du bateau et de sa conception. À Newport, nous avons travaillé jusqu'à la dernière minute sur des détails qui pouvaient paraître insignifiants. À Cape Town, j'ai visité les bateaux de mes concurrents, et j'ai été surpris de constater que ceux qui se disaient les plus affinés et les mieux prêts au moment du départ souffraient en fait d'un manque de préparation pour une course en solitaire. *Crédit Agricole,* dont certains parlaient avec humour, au départ de Newport, faisait l'admiration à Cape Town. Chacun notait des petits détails, des astuces qui rendent une manœuvre plus rapide, plus facile ou moins dangereuse.

Il est certain que mon bateau a le plan de pont le plus efficace de toute la flotte. Ce qui me permet de porter plus de toile plus longtemps, sachant que pour la rentrer il n'y aura pas de problème. Une course comme le tour du monde en solitaire peut se gagner ou se perdre ne serait-ce qu'à cause de la conception du plan de pont sur la planche à dessin de l'architecte. Je dois dire que Ribadeau-Dumas a réussi, à partir d'un cahier des charges très strict, à faire quelque chose de parfait.

J'avais malheureusement très peu navigué avec *Crédit Agricole,* et c'était, au départ, un gros handicap. En fait, je ne connaissais pas mon bateau. Tout avait été pensé, calculé. J'avais répété dans ma tête toutes les manœuvres. La place de chaque poulie, coinceur, winch avait été méticuleusement pensée. Sans avoir encore navigué, je savais exactement le déroulement de chaque manœuvre, et il me restait à m'entraîner pour acquérir la rapidité. Au cours de ma qualification et de la traversée de l'Atlantique, je n'avais pas eu les vents nécessaires pour faire cet entraînement. Je pensais profiter de la présence de mes copains à bord pour me chronométrer, voir où je perdais du temps et apporter des solutions plus rapides.

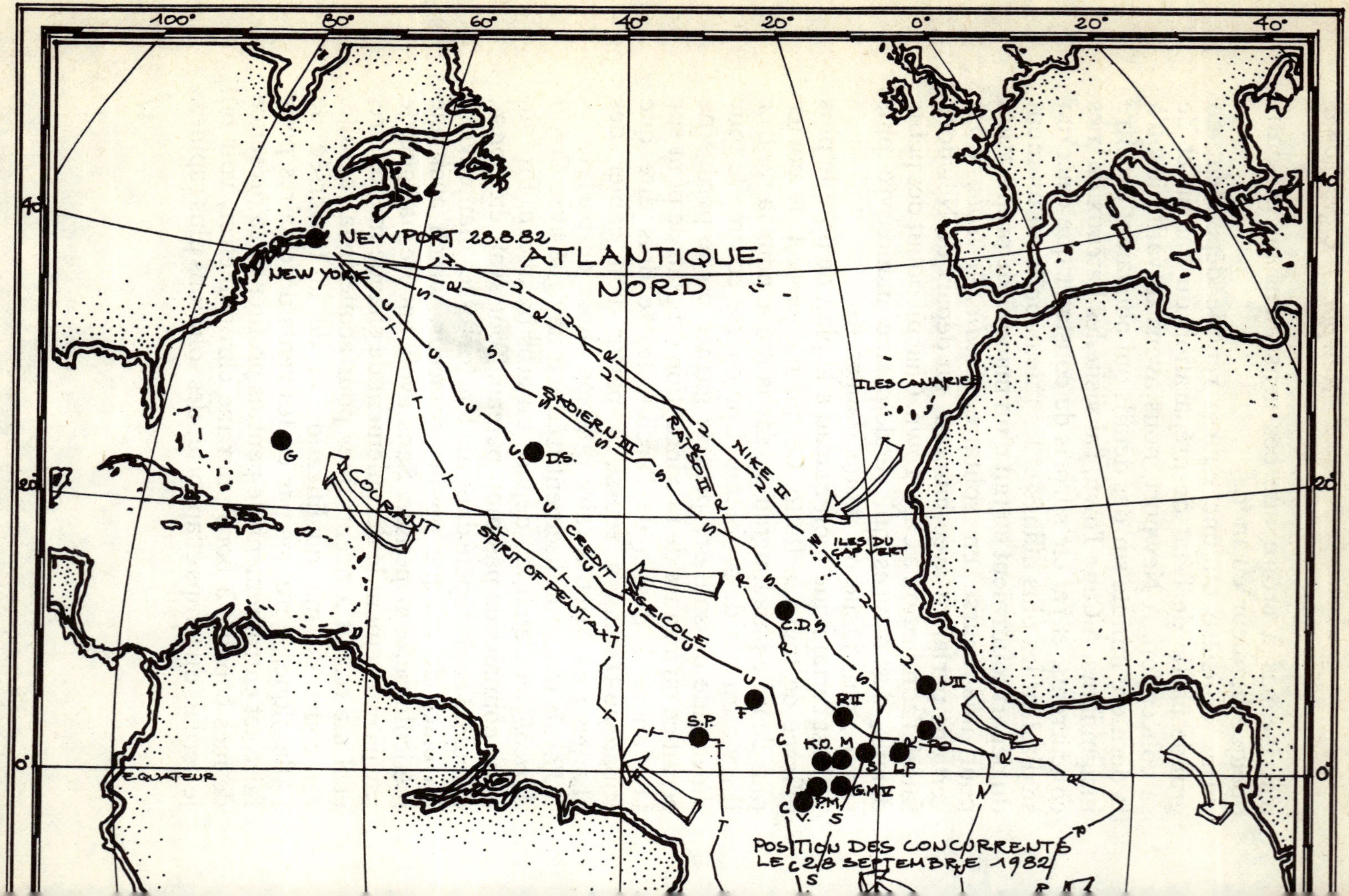

ATLANTIQUE NORD
NEWPORT 28.8.82
NEW YORK
ILES CANARIES
ILES DU CAP VERT
COURANT
NIKE II
RAT SO II
SADIERN III
CREDIT AGRICOLE
SPIRIT OF PENTAXT
EQUATEUR
POSITION DES CONCURRENTS LE 28 SEPTEMBRE 1982
100°
80°
60°
40°
20°
0°

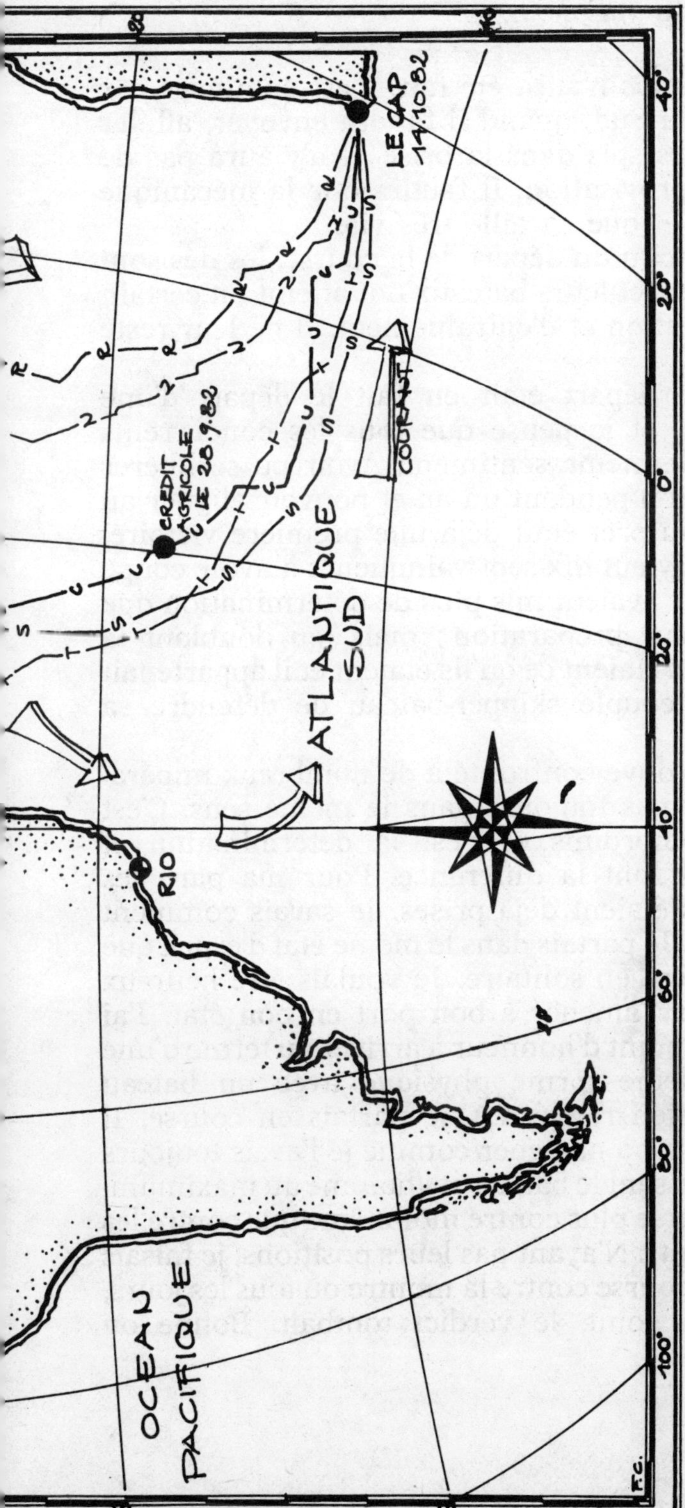

PREMIÈRE ÉTAPE
NEWPORT – CAPE TOWN

Classement général après la première étape

CLASSE I :
1. *Crédit Agricole :* 47 j. 0 h. 01 mn
2. *Altech Voortrekker :* 53 j. 15 h. 54 mn
3. *Gipsy Moth V :* 56 j. 5 h. 5 mn
4. *Perseverance of Medina :* 56 j. 18 h. 51 mn
5. *Lady Pepperell :* 58 j. 21 h. 47 mn
6. *Spirit of Pentax :* 58 j. 23 h. 30 mn
7. *Leda Pier One :* 62 j. 17 h. 14 mn
8. *Gladiator :* 76 j. 20 h. 42 mn.

CLASSE II :
1. *Skoiern III :* 58 j. 19 h. 38 mn
2. *Koden Okera V :* 59 j. 22 h. 52 mn
3. *Mooneshine :* 60 j. 21 h. 29 mn
4. *Nike II :* 65 j. 3 h. 38 mn
5. *Fantasy :* 65 j. 12 h. 24 mn
6. *Ratso II :* 68 j. 17 h. 06 mn
7. *City of Dunedin :* 73 j. 10 h.
8. *Datsun Skyline :* 90 j.

(Abandon de *Driftwood*).

Aucun de ces essais n'aura été fait. C'est dommage car dans les mers du Sud, quand il faudra envoyer, affaler ou empanner des spis dans la brise, il n'y aura pas de place pour l'improvisation. Il faudra que la mécanique soit bien rodée et que ça aille très vite.

Au coup de canon du départ de la course, les dés sont jetés. Les skippers et leurs bateaux ont atteint un certain degré de préparation et d'entraînement. Il ne leur reste qu'à s'exprimer.

Pour moi, ce départ était en fait le départ d'une deuxième étape, et je pense que tous les concurrents devaient avoir le même sentiment. Avoir pu se libérer de toute obligation pendant un an et pouvoir aligner au départ un bateau prêt était déjà une première victoire, et à Newport, il y eut dix-sept vainqueurs à avoir coupé la ligne. Certains avaient mis plus de détermination que d'autres dans leur préparation ; mais, en doublant la ligne, les bateaux étaient ce qu'ils étaient et il appartenait maintenant au couple skipper-bateau de défendre sa chance.

Le marin se trouve confronté à de nombreux impératifs qui ne vont pas toujours dans le même sens. C'est toujours un compromis et c'est la détermination et l'expérience qui font la différence. Pour ma part, les grandes options étaient déjà prises. Je savais comment j'allais naviguer. Je partais dans le même état d'esprit que pour une croisière en solitaire. Je voulais être heureux sur mon bateau, l'amener à bon port en bon état. J'ai toujours mis un point d'honneur à arriver au terme d'une traversée en pleine forme physique avec un bateau impeccable et bien rangé. Là, je partais en course. Il fallait donc réussir à naviguer comme je l'avais toujours fait, mais en poussant le bateau et l'homme au maximum. Je partais en course plus contre moi-même que contre les autres concurrents. N'ayant pas leurs positions, je faisais ma course, une course contre la montre où tous les jours, au moment du point, le verdict tombait. Bonne ou mauvaise journée, il fallait bien tirer les conclusions. Le plus difficile était de trouver le juste milieu entre pousser le bateau jusqu'à casser du matériel pour gagner quelques milles par jour, quitte à en perdre beaucoup si une avarie survenait, et passer du temps à la barre ou en manœuvre pour profiter d'un bon vent, quitte à dépasser un seuil de fatigue dont il serait long de se remettre. Tout est une question de dosage, de bonne connaissance de soi, et parfois aussi de volonté pour réussir à reculer ses limites. Mais, cet aspect de la compétition est formidable car stimulant. Il m'oblige à rechercher sans cesse le moyen d'aller plus vite. J'ai là une motivation essentielle à faire le mieux possible. En croisière, la recherche de la tranquillité ou de la facilité domine. Dans la course, il faut trouver le meilleur compromis entre aller vite, ne rien casser, ne pas dépasser ses limites physiques : une triple équation à laquelle chacun apportera une réponse différente. Le résultat : dans huit mois au retour !

Pour le moment, je suis heureux de vivre. On marche bien. J'ai réussi à sortir des calmes et à donner à mon bateau de bons vents. Tous les jours je le découvre un peu mieux. Je sais qu'il est heureux, lui aussi, de naviguer. Je passe beaucoup de temps sur le pont à observer, à sentir ; chaque jour notre dialogue devient plus facile. J'en ai encore, des choses à lui dire, mais nous avons le temps. La route est loin d'être finie. Je reste de longues heures dans le balcon avant à le regarder défoncer les vagues. Je l'écoute. Je sais qu'il a un tas de messages à me communiquer ; alors, j'apprends son langage. Parfois, quand la mer est dure et qu'on tape fort, je le sens souffrir. Le mât ramasse des chocs terribles. Je viens en pied de mât, je pose la main sur lui et essaye de comprendre son message. Parfois il me dit « C'est dur, mais je suis costaud et je tiens bon », ou, au contraire, s'il fatigue, il me demande de le soulager. Trouver le dosage, aller vite sans rien casser, j'aurai toujours ce leitmotiv en arrière-plan.

Je pense que ce n'est pas la peur de casser du matériel qui doit commander le fait de réduire ou pas la voilure. Un mât doit pouvoir coucher son bateau sans problème. C'est un des points importants du cahier des charges que j'ai donné à Ribadeau-Dumas. Un bateau solide sur lequel je pourrai tirer sans craindre de voir les cadènes s'arracher du pont ou la coque se déformer. C'est à l'habileté de l'architecte de s'exprimer, en se souvenant qu'une chaîne casse par son maillon le plus faible. Je lui fais parfaitement confiance sur ce point, et je suis sûr de la solidité et de l'homogénéité de *Crédit Agricole*.

Je porte donc le maximum de toile tout le temps, mais parfois, comme aujourd'hui, quand on remonte une mer formée et courte, que le bateau se bagarre contre chaque vague, il ne sert à rien de fatiguer l'ensemble pour gagner un dixième de nœud. Ma main sur le mât me retransmet les vibrations, les chocs qu'il encaisse, et j'essaie de trouver comment le soulager sans diminuer la vitesse. Ce peut être en modifiant l'équilibre de la voilure, ou en prenant les vagues sous un meilleur angle. Je suis en permanence à l'écoute des bruits et des messages qu'il me transmet. Je n'ai pas allumé une seule fois la radio depuis le départ, juste pour les bulletins météo. Je n'ai pas mis de cassettes non plus. Le chant de la mer me suffit. J'ai l'impression qu'une musique extérieure viendrait rompre le dialogue et qu'elle serait même nuisible. Pour le moment, ça ne me manque pas du tout. Je n'ai aucune nouvelle du monde. À part cette voix neutre qui lit sans chaleur les bulletins météo, et les copains radio-amateurs à qui je parle plus qu'ils ne me parlent. En dehors de ça, je suis coupé de tout et j'en suis très heureux.

J'ai recréé mon univers, qui est fait de soleil, de vent, d'embruns et tout le reste n'existe plus. Je me sens chaque jour de mieux en mieux. De plus en plus heureux. J'ai retrouvé ma pleine forme physique. J'arrive à me réveiller tous les trois quarts d'heure sans alarme, et pendant mon sommeil je reste à l'écoute du bateau. Mon oreille s'est faite aux bruits, au sifflement, au chant de la coque sur l'eau. Souvent, en me réveillant, je reste allongé quelques minutes pour écouter avant de sortir sur le pont. Je suis heureux car j'ai réussi à atteindre mon objectif : récupérer de la fatigue du départ et redevenir maître de la situation. À bord, tout fonctionne parfaitement. Je n'en suis plus au point de réparer au fur et à mesure que ça casse, mais je devance l'incident, en vérifiant et entretenant le matériel.

Je me suis forcé à cuisiner, à faire des repas équilibrés si possible à heure fixe, et pourtant plus d'une fois j'ai eu envie d'aller me coucher sans manger tant j'étais fatigué. Je savais que je retrouverais tous mes moyens si je respectais à la lettre cette discipline. Tous les matins, je commençe par un bon petit déjeuner à l'anglaise, avec jus de fruit naturel, œufs au plat, corn-flakes, porridge. C'est un vrai repas. Je ne mange rien entre les repas. Grignoter sans arrêt est une solution de facilité ; on n'a jamais suffisamment faim pour un bon déjeuner, mais toujours assez pour un bout de chocolat ou des biscuits. Le résultat est que le rythme de l'alimentation est rompu, pouvant entraîner des troubles et en tout cas des carences alimentaires. Je pense qu'il est anormal, avec les moyens modernes, d'avoir des problèmes d'alimentation. On peut, même sans posséder le moindre moyen de réfrigération, avoir une nourriture équilibrée, saine et riche en vitamines et sels minéraux.

J'essaie donc de prendre des repas complets, deux fois par jour avec une salade en entrée. Certains légumes comme le chou, les pommes de terre, les oignons se conservent très longtemps. Je saupoudre toujours mes salades avec du germe de blé. N'ayant ni frigo ni congélateur, et un penchant pour la cuisine plutôt peu développé, je préfère, pour le plat de résistance, faire confiance aux spécialistes, et j'ai embarqué toute la gamme de produits William Saurin. En tout, une dizaine de combinaisons. La variété a aussi son importance. Je mange pour me nourrir, mais si, en prime, je peux en retirer un plaisir, ce n'est pas plus mal. À chaque repas, j'ouvre une boîte, et je suis sûr du résultat ; ensuite, du fromage et des fruits. Je ne mange pas beaucoup, mais bien. Je garde les biscuits ou les fruits secs pour la nuit, si j'ai un petit creux en me levant.

N'ayant pas de table, je m'alimente debout. C'est plutôt un besoin vital qu'une partie de plaisir ; plus vite c'est expédié, mieux ça vaut. Aussi, pendant que le plat de résistance chauffe, je mange l'entrée. Le repas, sa préparation et le peu de rangement qui s'en suit me prennent rarement plus de quinze minutes. En arrivant à Cape Town, je n'avais ni perdu ni gagné un gramme. Pour moi, c'est la preuve que j'ai su me nourrir correctement. Je n'ai pas trouvé aux U.S.A. de lait longue conservation ; j'ai dû acheter du lait en poudre. C'est dommage car habituellement je ne bois que du lait, et là, pour une fois, il a fallu que je boive de l'eau. Aucune goutte d'alcool à bord, si ce n'est une bouteille de champagne pour fêter le passage de l'équateur.

L'hygiène corporelle, elle aussi, a beaucoup d'influence sur le moral. Quand on navigue dans les alizés, c'est vraiment agréable de se jeter des seaux d'eau de mer sur la tête et de se savonner. Chaque matin, je prends ma douche sur la jupe arrière du bateau. Je me rase tous les deux jours. Dans les étapes du Sud, le froid posera un problème. Je ne sais pas encore comment je vais le résoudre, mais il faudra trouver une solution. Tout cela joue sur la forme physique et sur le moral. Pour le moment, je profite du climat, et dès qu'un grain s'annonce je me mets sous la grand'voile pour me rincer avec toute cette eau douce.

La descente des alizés

Au lever du soleil, en faisant mon rituel tour d'inspection sur le pont, je découvre, coincés dans les tangons, trois poissons volants. Le vent de sud-est était établi depuis quelques jours, mais encore si faible que je craignais qu'un système de vent plus fort le fasse disparaître. Cette fois, avec ces poissons, c'est sûr, je suis dans les alizés – et notre moyenne augmente chaque jour.

J'ai pu rester sur la ligne droite que j'avais tracée au départ : Newport – Cape Town. Je vais suivre cette route directe jusqu'au « pot-au-noir » 10° nord de l'équateur ; ensuite, je verrai en fonction de la position de l'anticyclone.

La houle s'est encore creusée, et cette fois je sais que pour au moins dix jours je n'aurai aucun problème météo, d'autant plus que les deux cyclones se sont comblés – laissant un ciel amical. Le risque que j'ai pris aura donc été payant. J'aurais également pu avoir moins de chance et me ramasser le cyclone, ou les deux !... Aujourd'hui, je me frotte les mains de n'avoir pas fait le détour pour contourner la zone de mauvais temps. La descente des alizés est un vrai plaisir. Le vent est stable, régulier en force et direction. C'est encore du sud-est force 5. Mais je sais que dans quelques jours il passera à l'est et finalement au nord-est.

Alors, je recherche plutôt la vitesse que le cap et je ne serre pas le vent à plus de 45°. *Crédit Agricole* abat des milles, chaque jour davantage, et il se débrouille tout seul. On porte fièrement toute la toile. Le ballast au vent rempli de ses 1 500 litres d'eau de mer nous donne une puissance extraordinaire, et sur le pont il n'y a rien à faire. J'essaie pourtant de reprendre une écoute, de déplacer un chariot, de titiller la grand' voile, pour finalement revenir au réglage initial. On marche à fond, on ne peut pas aller plus vite. Le pilote Aries fait des merveilles, et chaque jour on parcourt 180 milles, parfois 190. Aujourd'hui 200. Je me laisse vivre. Je barre plutôt par plaisir que par nécessité.

Au bout de trois ou quatre heures, par manque de concentration et par fatigue, je barre moins bien que l'Aries. Alors, je rebranche et reste dans le cockpit à rêver. Je n'ai pas envie de faire quoi que ce soit. Je regarde, j'écoute, je vis, je suis heureux.

Ce midi, je déguste mes trois poissons volants et je remonte sur le pont. Le vent a un peu adonné. Je vais pouvoir me rapprocher de mon cap. La journée est magnifique. Le pont est sans arrêt recouvert d'embruns. *Crédit Agricole* passe au travers des vagues à pleine puissance sans même ralentir. La vague explose sur le pont. Je retourne sur le balcon avant complètement nu, mais je mets quand même le harnais. Parfois, l'étrave plonge dans une vague plus grosse et je pourrais me faire emporter. Je passe des heures à l'avant. Je joue avec mon bateau et avec les vagues. Je suis surpris de voir avec quelle force les embruns m'atteignent. C'est vrai que nous marchons à 8,5 nœuds au près bon plein.

La deuxième semaine se termine et nous avons parcouru 1 255 milles, soit 179 milles par jour à 7,47 nœuds de moyenne. Je suis très heureux de ce résultat car j'allais contre le vent et la mer, et le vent était modéré. Ces milles gagnés sans fatigue, presque sans manœuvre, me rapprochent de Cape Town. Il me reste encore un mois de navigation, et j'approche à grandes enjambées de l'équateur. Dans quelques jours je vais tomber dans les calmes du « pot-au-noir » que je vais traverser bien à l'ouest dans sa partie la plus étroite.

J'espère que ça ira très vite. Cette zone située entre 5° et 10° nord sépare les deux systèmes climatiques de l'hémisphère Nord et de l'hémisphère Sud. C'est un no man's land où le vent fait n'importe quoi. C'est souvent le calme plat entrecoupé de grains violents. À l'époque de la marine à la voile, c'était une zone redoutée car on pouvait y rester planté des jours sans bouger. Je sais que ce passage va être difficile, car il faudra manœuvrer sans arrêt, barrer jour et nuit. Mais je suis prêt. Avec le bon temps que je me donne en ce moment j'arriverai au « pot-au-noir » en super forme, prêt à manœuvrer autant qu'il le faudra.

Pour le moment, les alizés continuent leur rotation vers l'est et notre vitesse augmente : 190 milles – 200 milles. Le trait sur la carte s'allonge. Les points sont de plus en plus espacés. Fonce, mon bateau, puisque tu aimes ça... Rien ne l'arrête, il escalade les vagues les unes après les autres ; quand l'une d'elles est trop haute, il passe au travers ; lui aussi a pris le mors aux dents et je le sens heureux à ce petit jeu. Un arc-en-ciel apparaît derrière l'étrave dans les embruns qu'il soulève ; c'est un spectacle magnifique. Le pont est trempé en permanence jusqu'au pied de mât. Le panneau de la soute à voile n'est pas étanche, et il embarque 2 ou 3 litres à chaque vague. J'essaie, avec des chiffons, de limiter les fuites, mais c'est peine perdue. Chaque jour je passe entre une demi-heure et une heure à la pompe de cale. Je pompe souvent, car avec le fond bien plat du bateau les planchers flottent très rapidement. Heureusement que la coque est coupée au milieu par une cloison étanche. L'eau s'écoule donc dans la soute à voile et dans la cuisine. Le reste du bateau est parfaitement sec.

Je passe quand même beaucoup de temps chaque jour à pomper, et tout l'avant est très humide. Un bateau sec est quelque chose de si agréable ! L'aération aussi est un facteur important, mais je ne connais aucun aérateur qui remplisse correctement son rôle. Il y en a quatre à l'avant, intégrés dans la baille à drisses, en pied de mât. Ceux-là aussi font de l'eau. Il faudra donc les condamner définitivement. La casquette de protection dans le cockpit par contre est extraordinaire. Même au près, dans le mauvais temps, je suis à l'abri tout en étant malgré tout sur le pont, et elle permet de laisser la porte de la descente ouverte quel que soit le temps ; cela suffit très largement à une bonne aération.

On approche à grands pas de l'équateur. La vie à bord a gardé le même rythme nonchalant. Je n'ai rien à faire ; je surveille, c'est tout. On approche si vite qu'il faut que je commence à me préparer et à choisir mon option de navigation.

Dans l'Atlantique sud règne un anticyclone qui se déplace beaucoup. Les vents tournent dans le sens inverse des aiguilles d'une montre autour de son centre. Il faut donc connaître sa position et savoir de quel côté on va passer. C'est une décision importante et, dans les dernières courses autour du monde en équipage, certains bateaux ont perdu toute chance de gagner en prenant la mauvaise option ou n'ont pas eu de chance sur celle qu'ils avaient prise. La météo n'est pas encore une science à la rigueur mathématique, et si l'on dispose d'une foule de renseignements pour faire son choix il y a une grande part de hasard et de chance... ou de malchance.

J'ai reporté, sur une grande routière, les routes suivies par les bateaux des dernières Whitbread. J'arrive des U.S.A. alors qu'ils venaient d'Angleterre. Donc, nos positions à l'entrée de l'Atlantique sont très différentes. Pour moi, laisser l'anticyclone à droite ou à gauche représente la même distance à parcourir jusqu'à Cape Town. Je recommence mes calculs de pourcentage de vent, évalue ma vitesse sur différentes routes ; c'est en laissant l'anticyclone sur bâbord que je dois aller le plus vite. Il faudra bien l'arrondir pour ne pas tomber dans les calmes et surtout descendre bien sud avant de prendre le virage sur l'Afrique du Sud, de façon à ramasser les vents d'ouest. J'ai passé de nombreuses heures à la table, devant mes *Pilot Charts* et les *Instructions nautiques.* Je relisais les passages plusieurs fois, les répétais en fermant les yeux pour bien m'en imprégner et aller au-delà des mots. Je voulais connaître, sentir cette région avant d'y être. Maintenant que ma décision est prise, je me sens parfaitement dégagé. On vient de rentrer dans la zone du « pot-au-noir », et le vent est stable de secteur est-nord-est. Encore une excellente journée à 180 milles.

Je suis par 6° nord et j'ai toujours un bon vent. Les cartes météo que je reçois par Nagrafax m'annoncent un anticyclone bien à l'est. C'est donc excellent pour mon option ouest. Dans la soirée, le vent mollit et tombe rapidement. Ça y est : les alizés m'abandonnent. Je vais essayer de profiter encore de cette petite brise jusqu'à ce qu'elle s'éteigne. Je passe toute la soirée à la barre. Le ciel s'est couvert de cumulus et la houle qui me berce depuis quinze jours diminue.

À 1 heure du matin, le vent est complètement tombé. La houle est encore présente. Les voiles battent, pendent. Je roule le yankee et la trinquette et borde la grand'voile bien dans l'axe. Je vais dormir. La vitesse est de 0 nœud. Pendant trois heures je n'aurai pas un souffle de vent, et puis ça revient lentement par sud-ouest. Tout doucement, j'envoie le génois léger en mylar qui réussit à nous faire repartir à 1,5 nœud. Je reste à la barre. Je sais que chaque mille vers le sud sera difficilement gagné, mais je suis préparé au pire. Au lever du soleil, le vent adonne un peu et je peux envoyer le starcut, vent de travers. Ça marche bien. Je m'allonge derrière la barre à roue, sur le banc de cockpit, et je barre aux instruments. Le spi porte bien, la houle est tombée et la mer est un vrai lac. Une houle revient par le sud-est. Je n'y crois pas. Ça ne peut pas être déjà les alizés de sud-est. Non ! Ils sont encore loin devant ! Mais c'est un signe. Deux heures plus tard le vent refuse, et il faut affaler le spi pour renvoyer le génois léger. C'est ma première manœuvre de spi depuis le départ, et tout se passe très bien. C'est vrai qu'il n'y a pas de vent. Il se met à pleuvoir. Le ciel est bas. Je change de cap et fais route plein sud. On avance à 2 nœuds. La mer est d'huile. Je branche le pilote Autohelm et vais dormir une heure. Au réveil, le vent a adonné. Je renvoie le spi, on gagne un peu en vitesse et ça continue à adonner. Une heure après, il faut empanner. Des grains s'annoncent à l'horizon. Je reste dans le cockpit prêt à manœuvrer. J'ai un peu sommeil ; je me serais bien allongé encore une heure ou deux, mais tant que je ne serai pas sorti de ce coin il faudra dormir par toutes petites bribes, de façon à exploiter au mieux le vent. Ça refuse et j'affale le spi pour renvoyer le génois léger.

Depuis hier je n'arrête pas de manœuvrer toutes les deux heures en moyenne ; il faut échanger le spi pour un génois. Quand je pense que ces dix derniers jours je n'ai pratiquement pas touché aux voiles ! Le grain se rapproche ; j'affale le génois léger et déroule le yankee. Je préfère être prudent, car ce génois en mylar ne supporte pas les surventes et il pourrait être défoncé. Cette voile est si extraordinaire dans le petit temps que je tiens à la garder.

Le vent forcit brutalement en amenant la pluie. On redémarre à 8 nœuds et il faut réduire. J'enroule le yankee de quelques tours et prends deux ris dans la grand'voile. Les manœuvres vont très vite. Je fais tout du cockpit. Je m'amuse à chronométrer chaque manœuvre.

Prendre un ris me demande quarante-huit secondes pour la manœuvre complète. Diminuer le yankee de 10 mètres carrés prend moins de trente secondes, et c'est encore plus rapide pour dérouler. Par contre, pour larguer un ris c'est plus long, car il faut que j'aille au pied de mât pour repasser les coulisseaux dans le mât.

Pendant le grain il pleut très fort et le pont est bien rincé. Il en avait besoin : tout était imprégné de sel ; il était impossible de toucher à quoi que ce soit sans en garder des cristaux sur la main. Les cordages sont un peu moins rêches. Le grain est passé ; le vent tombe ; la chaleur est très humide et l'atmosphère lourde. On n'avance plus du tout. Les voiles battent. Autant il peut être agréable de se retrouver sans vent sur une mer sans ride en croisière, autant en course c'est démoralisant.

La moyenne tombe et on pense aux copains qui, eux, peuvent avoir du vent et tailler de la route. Mais dans le « pot-au-noir » il n'y a rien d'autre à faire que de prendre son mal en patience. Je décide donc d'aller nager un peu. Le yankee et la trinquette sont roulés pour éviter de les laisser battre inutilement, la grand'voile est bien plate dans l'axe du bateau. Je vais me baigner et m'éloigne un peu du bord pour pouvoir contempler mon bateau. Voilà vingt jours que je le vois depuis le pont et cette vision que j'ai aujourd'hui, sous un autre angle, me paraît d'autant plus belle que je m'en étais déshabitué. En tout cas, je trouve *Crédit Agricole* magnifique dans son immobilité totale.

Je remonte à bord et m'allonge sur le pont en attendant que le vent revienne. Au point de midi nous aurons parcouru 50 milles en vingt-quatre heures, soit 2 nœuds de moyenne. En début d'après-midi, le vent revient et on redémarre doucement. Je passe mon après-midi debout à la barre, l'écoute de génois à la main ; il faut sans arrêt choquer, border.

Dans la soirée, ce petit souffle disparaît et c'est à nouveau le calme plat. Nous n'avons pas beaucoup avancé depuis la méridienne. Je décide de dormir pendant que je le peux. Pour me reveiller aussitôt que le vent reviendra, je m'allonge dans le cockpit et, malgré le sommeil, je détaille toutes les étoiles. Beaucoup me sont inconnues et je sais que je vais bientôt perdre tout le ciel de l'hémisphère Nord. Il faudra faire connaissance avec celui du Sud.

Au lever du jour, ça revient doucement, et je reprends

la barre. 33 milles parcourus dans les dernières vingt-quatre heures : record absolu de lenteur.

La houle de sud – sud-est est revenue et le vent est stable depuis quatre heures. Je ne me réjouis pas trop vite mais je me mets à espérer. Nous sommes par 5° nord. Ça pourrait être la fin du « pot-au-noir ». Je fais route au 15° au près serré. Je suis assez loin de mon cap. Mais ça avance peu ; après le vent refuse, et il faut virer. Cap au 220. Ça forcit encore ; j'ai l'impression que j'en suis sorti. Le vent reste stable tout l'après-midi et le ciel s'est dégagé. Ça ressemble à un ciel d'alizé. Je ne me réjouis pas trop vite, et j'évite de regarder derrière, de peur que le « pot-au-noir », trouvant que je l'ai traversé bien vite, ne me repose sa grosse main gluante sur le dos. Je file vers le sud sans demander mon reste. J'ai maintenant la certitude d'être tiré d'affaire. La descente vers le sud commence, et nous marchons bien.

Malgré la fatigue, mon moral remonte très haut. Ces deux journées auront coûté cher à la moyenne (83 milles en quarante-huit heures) et pour la troisième semaine 973 milles dans le sillage, soit 139 milles par jour. Mais devant il y a du vent et on va rattraper ça. Je branche l'Aries et vais dormir. Le vent est calme. Je mets un moment avant de régler correctement le pilote. Je retrouverai quand même *Crédit Agricole* à contre. Heureusement, on n'y est pas resté longtemps. Le changement d'assiette a réussi à me réveiller.

Je reçois bien Radio France Internationale et, depuis bien longtemps que je n'avais eu aucune nouvelle de France, ça fait plaisir. Enfin, c'est toujours la même chose : la guerre au Liban, les attentats terroristes, la politique. Et puis ça donne un peu le cafard. Jusque-là, j'étais dans mon petit monde : le ciel, la mer et mon bateau. Avec la radio, je sors de cette sphère et cependant je ne me décide pas à éteindre le poste. C'est peut-être une compagnie dont j'ai besoin.

Le vent vient d'adonner et on reprend notre cap direct

à 6 nœuds. La mer est plate ; c'est un vrai régal. Je prends une douche à l'arrière et m'allonge sur le pont pour me faire sécher au soleil. Je traîne un peu. Je mange. Je range le bateau. Bref, ce sont les vacances qui continuent, avec 150 milles de parcourus aujourd'hui.

En faisant du rangement, je trouve un paquet de Gauloises que Brigitte avait caché avant le départ de Newport. J'avais dit que j'arrêterais de fumer en partant et n'avais donc pas emporté de cigarettes. Deux heures après le départ, alors que le bateau canadien qui m'escortait allait faire demi-tour, Brigitte m'avait crié : « Si tu as trop envie de fumer, cherche bien partout et tu auras une bonne surprise ». Je pensais à une blague : la première semaine a été difficile et depuis je m'en passe parfaitement bien. Je regarde le paquet, perplexe, me demandant si je le jette à la mer tout de suite ou si j'en fume une. Je finis par en allumer une. Ce n'est pas très bon quand on recommence, et cependant jc la fume jusqu'au bout. Quand je vais avoir fumé le paquet, j'aurai encore du mal à m'arrêter !... La vie est ainsi faite d'illogismes et de contradictions.

L'Atlantique sud

Le vent de sud-est est bien accroché et, après ce petit ralentissement, *Crédit Agricole* reprend sa cavalcade vers le sud. 150 milles hier, 160 aujourd'hui. On doit passer l'équateur ce midi. Le vent forcit encore et la mer se creuse. C'est curieux : pour une même force de vent la mer est très différente de l'Atlantique nord. Elle est courte, plus hachée, ce qui fait que l'on mouille davantage et que la vitesse est moins bonne. J'ai l'impression qu'on se traîne, qu'on n'avance pas. Je touche sans arrêt aux réglages, modifie l'équilibre de la voilure ; rien à faire, c'est cette mer très courte qui nous freine. Dans le nord, on avait une houle et on passait bien dessus. Celle-ci, on a tendance à passer au travers. Ça mouille et tape davantage et le bateau n'a pas le temps de se relancer qu'une autre vague est déjà là.

Lundi 20 septembre : on coupe l'équateur à 17 heures. C'est un grand moment dans la vie d'un marin et d'un bateau. Il faut fêter ça dignement. Philippe m'avait offert une bouteille de champagne pour célébrer cet événement. Neptune, Éole ont été bienveillants ; alors, je leur sers une double ration. Je leur demande d'être cléments avec nous et de continuer à nous garder sous leur protection. *Crédit Agricole* s'est bien comporté. J'arrose le pont, le mât, les voiles. Il me reste un fond de bouteille : du champagne chaud, c'est pas terrible.

Peu après j'aperçois une grande cheminée à l'horizon. Je me demande si l'alcool ne me donne pas des visions.

1. Newport, 28 août 1982 ; plus que 159 jours de mer ! Sur la ligne de départ, alors que *City of Dunedin* semble avoir du mal à virer de bord, *Crédit Agricole* est sur le point de passer au vent d'*Altech Voortrekker.* 2. Après l'excitation du départ, il s'agit de se concentrer, d'établir le dialogue avec son bateau, la victoire est à ce prix. Notez l'imposante batterie de winchs ceinturant le cockpit ; le bateau en possède 16 qui ont chacun un rôle précis à jouer.

85

3. Tiré par son spi, *Crédit Agricole* file vers le sud.

Fragments de la vie d'un coureur de grand large.

4. Vérification régulière du gréement.

5. "Cueillette" des poissons volants dans les alizés.

6. "Echo Lima Papa Japon..."

7. La table à cartes, c'est là que se décident les options...

8. et 9. Arrivé une semaine avant Bertie Reed (2e de l'étape) à Cape Town, Philippe Jeantot en profite pour effectuer une sortie en mer et apaiser les instincts photographiques des journalistes. On distingue dans le fond la "Table" du Cap.

Mais non, la cheminée grossit rapidement et le cargo ralentit. Nos routes se croisent. Je les appelle à la V.H.F.. C'est un cargo américain. Ils me demandent si j'ai besoin de quoi que ce soit. Le récepteur Homer 5 du Nagrafax est tombé en panne, alors je leur demande de me donner la position de l'anticyclone et de communiquer la mienne au comité de course. On discute un peu. Ils me souhaitent la bienvenue de l'autre côté de la ligne, et ils s'en vont. Très sympas, les gars... Mon séjour dans l'hémisphère Sud s'annonce bien. Et, en plus, l'anticyclone est bien placé. Bien à l'est, ce qui me donne de bons vents. Le contact radio-amateur est excellent également et tout le monde partage ma joie.

La pompe de cale de la cuisine ne marche pas bien. Il faut la démonter. En fin de compte, je passe deux heures à bricoler. Il faut tout démonter, tout sortir pour remettre en place le clapet anti-retour. Et voilà, ça remarche. Il est 21 heures, je mange un bon repas et je vais dormir. La nuit est calme, le vent bien régulier et on taille de la route à 8 nœuds contre la mer dans l'alizé de sud-est, sur le bon cap.

Dans le « pot-au-noir », dans un grain, j'ai perdu deux lattes de grand'voile. Je n'en ai pas de rechange. Ce matin, je démonte un plafond de la cabine arrière pour tailler dedans des bandes de 7 centimètres de large que je colle et visse en trois épaisseurs. À midi, les nouvelles lattes sont posées et une heure plus tard elles sont déjà cassées. Il faut donc les faire plus solides et c'est au tour du plancher d'être sacrifié. Cette fois-ci ça marche et je couds les goussets pour ne pas risquer de les perdre encore. Le soir, par radio-amateur, je commande chez Hood des lattes et un jeu complet de rechange. Quand j'arriverai à Cape Town, tout sera là à m'attendre.

Le sillage s'allonge, *Crédit Agricole* dévale l'Atlantique sud à pleine puissance : 180 – 190 milles chaque jour. Ce matin, le pont était couvert de poissons volants. J'en trouve partout. J'en ramasserai seize en tout. Je les nettoie, les vide et prépare mon repas. Ces poissons sont un don du ciel. Inutile de traîner une ligne et de la surveiller pendant des heures. Ils arrivent sur le pont tout seuls. C'est un excellent apport en protéine et ça change un peu des conserves, d'autant que le goût en est délicieux.

Je viens de terminer mon premier réservoir d'eau douce de 100 litres. Nous sommes à mi-course et je passe sur le second, qui contient 200 litres.

Quand je veux pomper, rien ne se passe. L'eau n'arrive pas. Je vérifie la pompe, la tuyauterie. Tout est normal. Je tape sur le réservoir, qui me renvoie un son creux. Ce n'est pas possible que le réservoir soit vide. Je démonte le plancher, sors le réservoir... il est vide. Une soudure a lâché dans la partie inférieure, et toute l'eau s'est écoulée dans le fond petit à petit. Je suis sidéré. Il me reste à peu près vingt-cinq jours de mer et 20 litres d'eau dans un jerrican que je gardais près du radeau de survie. 20 litres d'eau pour vingt-cinq jours de mer ! Je ne sais pas si c'est suffisant pour l'organisme. Avant de partir, on m'avait recommandé de boire 1,5 litre à 2 litres par jour à cause de la déshydratation très importante en milieu marin et, là, je n'aurai même pas trois quarts de litre par jour.

Il faut prendre une décision rapidement. Soit continuer jusqu'à Cape Town avec aussi peu d'eau, soit m'arrêter quelque part pour refaire le plein. Il y a le Brésil sur tribord. Les îles Tristan Da Cunha, loin devant. Dans un cas comme dans l'autre ça me fait faire un détour et perdre beaucoup de temps : deux jours minimum. Le règlement de la course m'interdit de recevoir la moindre aide par un cargo. Cette possibilité est donc à écarter. Il reste la pluie, mais par ici il ne pleut pas souvent et le temps qu'elle rince la voile de son sel, pour recueillir de l'eau potable, le grain est passé. Je vais me coucher. La nuit porte conseil.

La nuit est calme, le vent tombe un peu mais nous

ralentissons à peine. Au cours de la quatrième semaine, 1 220 milles d'abattus à 174 milles/jour, soit 7,26 nœuds de moyenne, c'est bien pour un bateau qui remonte le vent. J'ai hâte de voir ce qu'il donnera dans les « quarantièmes » quand nous serons sous spi. Pour le moment, il faut arriver au Cap.

J'ai appris hier soir, par le contact radio, que j'avais une bonne avance sur le reste de la flotte. Je suis par 6° sud et je suis le seul à avoir traversé l'équateur. Les autres sont en ce moment plantés dans le « pot-au-noir ». Première fois, depuis le début de la course, que j'obtiens des positions. Et cette avance me tranquillise un peu. Si rien de grave n'arrive, je devrais remporter la première étape.

Le démon de la course contre les autres, qui m'avait laissé tranquille depuis le départ, se réveille et me fait prendre le risque de continuer jusqu'à Cape Town sans m'arrêter pour refaire de l'eau. Je vais me rationner à un verre et demi le matin pour le chocolat et trois quarts de verre à chaque repas. J'ai une semaine avant de doubler l'île Tristan Da Cunha. Si, d'ici là, j'ai des problèmes de santé, ou si je souffre trop, je m'arrête pour refaire le plein, sinon je continue.

Les premiers jours sont difficiles. J'ai toujours la gorge sèche et lourde. Il me reste des pamplemousses. Presque deux par jour. Ils sont très juteux, donc j'en mange un entre chaque repas. Je pensais boire un peu d'eau de mer mais rien que le fait de me laver les dents avec de l'eau salée laisse un mauvais goût dans la bouche. J'abandonne cette idée.

On continue à bien marcher. 170 milles, 180. Le vent est toujours sud-est. Dans la soirée, il tourne un peu à l'est. Ça y est, mon option était bonne. Le vent amorce sa rotation. Je vais pouvoir laisser filer un peu les écoutes et *Crédit Agricole* va encore accélérer tout en ayant des mouvements plus doux. L'anticyclone est toujours bien placé.

J'ai réussi à bricoler le Homer pour continuer à

recevoir des cartes météo. Mais je me rends compte que toute tactique et prévision sont pratiquement impossibles. Le centre de l'anticyclone se déplace si vite et sur de si grandes distances que je ne peux rien prévoir. De toute façon, le vin est tiré, il faut le boire et pousser son option jusqu'au bout. Il serait trop tard pour changer d'avis. Pour le moment, je me félicite de cette route. Les vents y sont excellents et on marche bien.

Le temps change, le ciel se couvre et la température diminue nettement. Le vent continue à adonner. Nous accélérons toujours – 190 milles aujourd'hui. Je suis en train de relire le tour du monde de *Pen Duick VI.* Il a mis quinze jours pour faire Rio – Le Cap. Vu ma position aujourd'hui, c'est à peu près le temps que je devrais mettre pour arriver, si les vents sont favorables. J'espère trouver rapidement les brises d'ouest et dépasser les 200 milles par jour.

La température s'est bien rafraîchie. Plus question de monter sur le pont en tenue légère ; il faut mettre un tee-shirt et un pantalon. Dommage, la chaleur, ça avait du bon. Et, ces prochains mois, je ne vais pas en rencontrer beaucoup. J'en ai bien profité et mon corps est gorgé de soleil.

Dans l'après-midi le vent forcit. Je démarre le moteur pour remplir le ballast. Si ça continue, il faudra réduire, l'anticyclone s'est déplacé vers le sud. Les vents dans la nuit vont adonner, puis être assez instables. Ça forcit, ça mollit.

Je passe ma nuit sur le pont à manœuvrer, et au petit matin ça tombe. Je vide le ballast. Le vent adonne et passe au nord-est. Quinze minutes après, le spi léger est en l'air et nous tire gentiment. L'horizon est noir et des grains nous arrivent dessus. J'affale le spi léger de 250 mètres carrés. Avec ça, je peux voir venir tranquillement. Je passe un moment avant de réussir à faire tenir le bateau sous pilote électrique Autohelm 3 000. Mais ça marche. Je reste quand même sur le pont prêt à intervenir. Dans un grain, cette nuit, une des drosses de l'Aries a cassé. J'en profite pour la changer et pour graisser tout le pilote avec de l'huile de vidange. Ce n'est pas beau, mais c'est efficace. Je discute souvent avec mon régulateur d'allure Aries. Il barre très bien, mais il faut que je lui laisse un bateau très bien équilibré sous voiles. Alors, il fait des merveilles. Parfois, je sens qu'il fatigue, comme cette nuit. Les articulations étaient un peu sèches. Il faut bien que je le nourrisse lui aussi. J'ai versé 2 litres d'huile de vidange. Il est tout noir mais tourne à nouveau parfaitement. La première vague ou le premier grain le rinceront comme il faut.

Voilà huit heures que le 3 000 tient le bateau sous spi sans problème. Je vais donc dormir comme ça. Pendant la nuit, le vent monte et je reprends la barre. Je vais rester toute la journée ainsi. Je découvre mon bateau dans la brise au portant et j'ai besoin de temps pour bien le sentir, étudier ses réactions et lui donner la meilleure voilure, les meilleurs réglages. C'est un long monologue. Je ne fais qu'écouter, regarder.

J'ai barré toute la journée, j'ai mal partout, je ne sais plus dans quelle position me mettre. Mes bras pèsent une tonne. J'ai juste avalé deux tubes de lait Nestlé à midi. Ce soir, aucune excuse pour ne pas manger un repas complet. Je rebranche le 3 000 et vais reprendre des forces. Il se débrouille parfaitement, alors je reste dans le cockpit. Il fait un peu frais mais je suis bien. Le vent forcit encore pendant la soirée et je dois reprendre la barre.

Le bateau a des réactions nerveuses, il devient dur à contrôler à la barre. Par moments, on prend des coups de roulis rythmique impressionnants, plus de 40° de chaque bord. La bôme traîne dans l'eau et fait une gerbe d'écume. Je suis très impressionné par le spectacle. Première fois que je ramasse 35 nœuds de vent sous spi avec *Crédit Agricole.* Ça va très très vite. Le speedo ne descend pas en dessous de 10 nœuds et on atteint parfois

15 nœuds. Je ne suis pas tout à fait maître de la situation. J'ai l'impression d'être le cocher qui dirigerait un attelage de huit chevaux emballés. Ce soir, c'est vraiment ça : *Crédit Agricole* s'est emballé ; en tout cas, nous n'avons jamais navigué aussi vite. Il va falloir que j'apprenne à canaliser cette puissance, cette fougue pour l'exploiter au mieux et la transformer en vitesse. En attendant, je suis bloqué à la barre sans pouvoir en bouger. Je sais que, dans les mers du Sud, je rencontrerai des vents encore plus forts et surtout une mer encore plus grosse. Je suis déjà très impressionné par les réactions du bateau et me demande comment je vais faire dans le Sud pour laisser le bateau seul sous pilote. Car en ce moment, c'est certain, aucun pilote ne tiendrait *Crédit Agricole.* Les mouvements sont beaucoup trop rapides et il faut toujours les anticiper très vite, sinon on part au lof ou à l'abattée. Visiblement, on porte trop de toile. Il va donc falloir réduire.

Je lâche la barre à roue deux secondes et attrape la barre franche pour y brancher l'Aries. Je ne sens aucune action du pilote. J'éclaire l'arrière pour constater que la pale sous-marine s'est cassée net et qu'elle flotte, rattachée à son bout de sécurité. Plus de pilote. Pour la manœuvre, je suis quand même obligé de lâcher la barre. Je reviens au cockpit, à la barre à roue. La dernière solution, c'est de brancher le 3000. Alors, je mets au clair les écoutes de spi, les hale-bas pour être sûr qu'il n'y aura pas de cafouillage pendant la manœuvre. *Crédit Agricole* semble s'arrêter net et sur l'avant le spi fasseye. La drisse du spinnaker vient de casser et la voile flotte quelques secondes à l'horizontale devant le bateau, finit par toucher l'eau. *Crédit Agricole* passe sur le spi, sans que je puisse l'éviter puisque je suis venu à l'avant. On marche encore, à 7 nœuds sous grand'voile seule.

Je largue le point d'écoute, en espérant que tout le spi viendra du même côté du bateau et que je pourrai le remonter à bord en tirant sur le bras. J'essaie de tirer sous différents angles ; rien ne bouge. Je tire au winch ; le spi remonte doucement. Hélas, ce ne sont que des morceaux. Le spi s'est déchiré quand la quille est passée dessus et au winch je ne fais qu'aggraver la situation. Seulement, c'est la seule solution ; je me bagarre pour essayer de sauver mon spi, mais, vu ce que je ramène sur le pont, je me dis qu'il sera irréparable. Au bout de deux heures, je suis épuisé, je décide de tout couper, de remettre en route ; le spi finira bien par se dégager tout seul. Perdu pour perdu, inutile que je continue à gaspiller mon temps.

Je renvoie le yankee tangonné et nous repartons à 12 nœuds. Ce qui est surprenant, c'est que *Crédit Agricole* marche aussi vite qu'avant en ayant un comportement beaucoup plus sain. Passé une certaine force de vent ça ne sert plus à rien de surtoiler le bateau. On ne gagne plus en vitesse et le bateau a un comportement très nerveux. Il est 3 heures du matin. Je suis épuisé. Je branche le 3000 et attends un peu dans le cockpit avant d'aller dormir. Malheureusement, vingt minutes plus tard, la courroie du pilote électrique casse. L'état de santé des pilotes est alarmant. L'Aries est cassé. Peut-être réparable, l'Autohelm 5000 n'a jamais fonctionné et si l'Autohelm 3000 marche bien, les trois courroies sont cassées et je n'arrête pas de les recoller. Jusqu'à présent, j'avais toujours des solutions de rechange. Maintenant je n'en ai plus. Au Cap, c'est ce qu'il faudra voir en premier, et surtout réparer l'Aries.

Pour le moment, la situation est critique car je suis bloqué à la barre, sans possibilité de m'en dégager, et pourtant je suis épuisé et affamé. La seule solution, c'est qu'en barrant j'arrive à recoller une des courroies du pilote et que je reste à la barre jusqu'à ce que la colle prenne et soit dure.

L'horizon commence à s'éclaircir. Le jour va bientôt se lever, et moi j'attends que la colle sèche pour pouvoir rebrancher mon pilote et aller dormir. A Cape Town, je vais acheter un stock de courroies ! Je vais en prendre au moins une trentaine... La chose qui me ferait le plus plaisir au monde en ce moment c'est une courroie pour mon pilote. Je ne demande que ça. Une courroie, cette étroite bande de caoutchouc qui me permettrait d'aller dormir et manger. S'il vous plaît, dieux de la mer, amenez-moi une courroie !

Mi-éveillé, mi-endormi, bloqué à la barre depuis hier soir, alors que maintenant le soleil se lève, je commence à délirer. Je rêve à ma courroie en attendant que la colle sèche. Encore une heure à attendre. La prochaine fois j'achèterai aussi une colle à prise rapide. Celle-là, il lui faut douze heures !

Dans cinq minutes je vais pouvoir rebrancher le pilote. Pour qu'il force moins, je prends un deuxième ris dans la grand'voile et j'enroule un peu le yankee. On perd en vitesse mais le pilote fatiguera moins pour conserver son cap. Je rêve aux œufs au plat que je vais me faire avant d'aller dormir. C'est en arrivant dans la cuisine que je me rends compte que les coups de roulis encaissés sous spi hier soir étaient vraiment importants. Tout est renversé, les casseroles, le beurre, le jambon de Bayonne, le saucisson, le pain d'épices, le sucre. Tout est par terre, bringuebalé d'un bord sur l'autre pendant des heures... ! Ce spectacle suffit à m'horrifier, et je remonte sur le pont avec encore deux tubes de lait Nestlé. Décidément, ces temps-ci, la solution de facilité des tubes de lait concentré sucré revient souvent comme plat du jour. Ils sont avalés en deux minutes et je me retrouve dans mon duvet : DORMIR !

Je me réveille toutes les heures pour vérifier que tout marche bien, et nous continuons à avancer correctement.

Je commence ma journée à midi et recolle la deuxième courroie. Toujours avoir un temps d'avance sur ce qui va casser pour ne pas être pris au dépourvu comme hier soir. Ensuite, je range la cuisine. Il me faut deux bonnes heures pour tout nettoyer et la remettre en état. J'ai dû sortir les planchers pour les laver à grande eau sur le pont.

Je vais pouvoir me faire un bon petit déjeuner, ce qui me met en pleine forme pour m'attaquer au pilote Aries. Il faut absolument que j'arrive à bricoler une réparation qui tienne jusqu'au Cap.

Au point de midi, 214 milles parcourus en vingt-quatre heures. Par rapport aux ennuis occasionnés, c'est cher payé du mille. Tout en démontant le pilote, je fais le bilan de ce premier coup de vent pris sur l'arrière. Une drisse de spi cassé. Un spi déchiré et abandonné, un pilote cassé, et vingt-quatre heures sans dormir... ! Quand je pense que dans l'océan Indien, puis dans le Pacifique sud, ce sera comme ça, ou pire, pendant trente jours d'affilée ! Je me rends compte que je ne suis pas tout à fait prêt pour aller dans ces coins-là. D'ici Cape Town, il faut trouver des solutions et les mettre en place pendant l'escale. J'ai encore dix bonnes journées pour y penser.

Je passe tout l'après-midi sur la réparation du pilote. C'est un tube manchon qui s'est cassé. J'avais des pièces détachées et le soir Aries est prêt à refonctionner. Seulement, c'est un avertissement sérieux. Quand on dépasse les 15 nœuds, ou même peut-être avant, ça casse. Il faudra tout renforcer pendant l'escale.

C'est tout de même l'esprit plus tranquille que je retourne me coucher. *Crédit Agricole* a retrouvé ses deux pilotes.

Pendant la nuit, le vent passe au sud-est en mollissant. Il faut amener le tangon et repartir au près serré contre une brise qui s'éteint de plus en plus. 85 milles parcourus en vingt-quatre heures. Le lendemain le vent sera aussi faible ; j'en profite pour grimper dans le mât pour repasser une autre drisse de spi, et essayer de comprendre où elle a pu s'user. J'avais vu au Salon nautique, à Paris, un gars qui montait et descendait à un mât, sans aide extérieure, grâce à une chaise style alpiniste. J'avais été emballé par ce système, car il permettait à un solitaire de monter dans son mât en toute sécurité, et de se passer de ces échelons de mât dans lesquels se coincent toutes les drisses. J'avais quand même pris la précaution d'essayer ma chaise Tracson, avant le départ. Mais, là, c'était la première fois que je montais en tête de mât en solitaire en mer.

Heureusement, la mer était calme, et j'ai réussi l'ascension de la face nord du mât de *Crédit Agricole* sans problème. Je replace la drisse et redescend. Ce n'est pas grand-chose, mais je suis content. Pouvoir réparer tout soi même, c'est une condition essentielle pour naviguer en solitaire, et jusqu'à présent tout ce qui avait été cassé ou endommagé avait pu être réparé ou remplacé, dans de bonnes conditions.

Crédit Agricole redémarre avec une brise d'est qui forcit petit à petit, en aussi bonne condition qu'au premier jour.

La température tombe chaque jour un peu plus. Nous sommes par 30° sud, et il faut vraiment se couvrir. L'anticyclone, qui a été bien placé pendant toute la descente de l'Atlantique sud, me joue maintenant des tours, en venant au sud de ma position et en m'envoyant des vents d'est.

Rien de plus démoralisant que de venir chercher les vents d'ouest dans le sud et, à cause d'un anticyclone capricieux, de trouver exactement le contraire et de devoir tirer des bords alors que normalement je devrais courir sous spi.

Néanmoins, le virage est pris sur Cape Town et au près ou au portant, je fais maintenant route sur le cap. Je sens que l'arrivée est proche, et ça me donne du courage.

J'ai finalement pris la décision de ne pas m'arrêter à Tristan Da Cunha pour refaire le plein des réservoirs. J'arrive à tenir. Je ne souffre pas trop de la soif, et avec cette température extérieure qui s'est bien rafraîchie la déshydratation est moins importante que dans les pays chauds.

En toute dernière extrémité, je sais que j'ai 5 litres d'eau dans le radeau de survie. Mais ça m'ennuierait d'avoir à les utiliser, car en cas de pépins je risque de me retrouver dans mon embarcation de sauvetage sans eau du tout.

Ma progression n'a pas été aussi rapide que je le pensais et j'ai consommé un peu plus d'eau que ma moyenne me le permettait. Me rationner davantage me semble difficile, et avec ces calmes j'ai toujours la hantise de rester planté et de mettre une semaine de plus pour arriver.

Je vais donc essayer, à partir de l'eau de mer, de faire de l'eau douce en utilisant le système de l'alambic. Faire bouillir l'eau de mer dans une cocotte-minute, récupérer la vapeur, en la refroidissant rapidement, elle condense et donne de l'eau douce. En fait, elle garde toujours un goût bizarre. Pour bien faire, il faudrait la faire évaporer deux fois. Le principe en lui-même est simple, mais comment condenser rapidement ma vapeur ? Je fais l'inventaire de tous les coffres du bord qui pourraient m'être de quelque utilité pour la confection de mon alambic. En fait, je n'ai pas grand-chose. En ouvrant un tube de lait Nestlé en deux, j'arrive à confectionner un tuyau que je fixe par un serflex sur la soupape de la cocotte. J'ai besoin d'un deuxième tube pour rallonger la partie horizontale, que je fais déverser dans une casserole. (Toutes les excuses sont bonnes pour vider un tube de lait Nestlé.) J'entoure avec un chiffon la partie horizontale, que j'arrose d'eau froide pour améliorer la condensation et perdre ainsi le moins de vapeur possible. Tout cela paraît bien compliqué, mais ça marche. Je réussis à récupérer de l'eau douce. Mais quelle corvée ! Pour un verre d'eau, j'y passe un temps infini. L'important, pour le moral, est de savoir que ça marche et que même si c'est fastidieux je peux, avec les moyens du bord, me faire de l'eau. Pour le moment, je ne l'utilise pas ; je continue à puiser dans mon jerrican. Mais si le vent ne revient pas dans la bonne direction, j'aurai à me servir de ce système pour arriver à Cape Town. Je pense être maintenant à huit jours de l'étape et mon jerrican est presque vide.

La carte météo que je reçois aujourd'hui place l'anticyclone encore au sud de ma position. J'ai toujours des vents d'est force 4 à 5, et en tirant des bords j'essaie de me rapprocher de Cape Town. Le vent est très variable, et je suis obligé de manœuvrer assez souvent pour être toujours sur le bord gagnant. Je sens de plus en plus l'écurie. Au contact radio-amateur, on ne me parle plus que de l'escale. Je suis en contact avec Jean-Claude, un radio-amateur français vivant à Johannesburg. Il me donne également des informations météo, me dit que les journaux locaux commencent à annoncer mon arrivée.

Hier, encore, je ne pensais pas à l'escale. Je vivais au rythme du bateau, de la mer, des manœuvres. Maintenant, j'imagine déjà ce que je ferai en arrivant. J'y pense de plus en plus. Voilà quarante jours que j'ai arrêté de fumer, et que je m'en porte très bien. Je me remets à penser aux cigarettes, à un bon steak ; à une nuit à l'hôtel dans un grand lit avec des draps secs, et surtout à une douche où l'eau coulera pendant des heures sans souci d'économie... Ah ! C'est un paquet d'embruns glacés qui me sort de ma rêverie comme pour me rappeler à la réalité ! Tant que tu n'es pas arrivé, tu continueras à manger des conserves, te rationner en eau et dormir dans ton étroite couchette-cercueil dans ton duvet humide !

Le temps s'est considérablement rafraîchi, il fait maintenant froid, j'ai sorti les combinaisons fourrées, le sac de couchage en duvet, les gants et les bonnets. Dehors, il fait 9 ° C. Mais après avoir traversé l'Atlantique du nord au sud avec au maximum des températures dans le bateau de 40 ° C, la différence a de quoi saisir. Quand je pense que dans les mers du sud il risque de geler ! J'en ai des frissons dans le dos d'avance. Je ne sais pas si c'est de froid ou de peur... Peut-être les deux !

Le vent forcit encore et la mer se creuse, mais elle est

très courte et le bateau tape. Je vais réduire. Lorsque je m'aperçois que la cage de ridoir de la bastaque supérieure est partie et que celle-ci pend lamentablement. Je n'en ai pas de rechange. La seule solution, c'est d'utiliser la cage sous le vent qui ne travaille pas, et à chaque virement de bord de faire le transfert. Bien du sport en perspective, mais sinon je risque de cintrer le mât...

Je ne sais pas si c'est le froid de plus en plus vif, la fatigue accumulée depuis quarante jours de mer ou le fait de savoir que j'arrive bientôt, mais je suis de moins en moins courageux. Je n'ai plus envie de faire grand-chose. Le fait de savoir que j'ai 1 000 milles d'avance sur le second ne doit pas non plus aider. Je me laisse un peu vivre.

Aujourd'hui, encore 182 milles. Le vent a adonné et ça permet de faire de la route un peu plus confortablement. Dans la soirée, ça refuse de nouveau. Il faut tout border plat et repartir contre le vent même pas sur le bon cap. Décidément, cette arrivée sur Cape Town est laborieuse. Il faudra se bagarrer pour grignoter chaque mille. Je veux démarrer le moteur pour remplir le ballast au vent. J'ai dû trop tirer sur les batteries : le moteur ne veut pas partir. Il faudra donc attendre demain, en espérant qu'il y aura un peu de soleil pour que les panneaux solaires puissent débiter. Ça serait quand même trop bête, si près du but, d'être privé de batterie. Ce qui voudrait dire plus de radios, pas de feux de navigation. Pour cette nuit, j'isole le circuit électrique pour ne rien consommer, on verra demain. Mais il faut que j'aille prendre un ris et rouler le yankee.

Pendant la nuit, je vais devoir virer deux fois pour rester sur le bord gagnant. Je me rapproche de plus en plus. Aujourd'hui, j'ai vu un cargo. Le premier depuis l'équateur. Il faudra ouvrir l'œil, car le trafic maritime autour de la pointe d'Afrique du Sud est important.

Toute la journée le ciel sera gris, couvert, il pleuvra

même par intermittence. Les panneaux solaires n'ont donc pas débité. Pas de contact radio ce soir. Les batteries sont toujours complètement à plat. Ce temps maussade, froid, pluvieux, ça sent l'hiver. Le contraste est important après cette chaleur et ce soleil des alizés. Je passe toute ma journée dans ma couchette, à lire ou à rêver. Première fois que ça m'arrive depuis le départ. J'ai l'impression que cet anticyclone m'en veut. Il me suit depuis une semaine, m'envoyant des vents qui m'empêchent d'arriver. Avec les vents normaux, je serais à Cape Town dans deux jours.

Je monte quand même sur le pont assez souvent pour tout vérifier et faire la veille aux cargos, car je navigue sans feux. La mer demeure courte et assez creuse ; on tape toujours autant, et à chaque vague c'est une gerbe d'écume qui monte sur le pont ou qui jaillit sur les deux côtés de l'étrave.

Un bruit sec, et la double bastaque au vent se libère. En une seconde je donne un grand coup de barre. *Crédit Agricole* se retrouve bout au vent, puis vire et se met à la cape sur l'autre bord. La poulie de bastaque vient de casser.

Je laisse *Crédit Agricole* à la cape pendant que je vais chercher une poulie neuve. Je la pose et remets le bateau sur son cap. Un vrai miracle que j'ai été sur le pont à ce moment-là et que j'ai pu réagir tout de suite ! Sinon, le mât aurait cassé. Dans la dernière course autour du monde en équipage, deux bateaux ont démâté sur rupture de poulie de bastaque. J'avais pris des poulies Lewmar n° 4, les plus grosses du marché. Ça a quand même cassé. Je pense qu'il devait y avoir une paille dans l'inox. Le concessionnaire Lewmar, à Cape Town, au vu de la poulie, me la remplacera sans discuter. Voilà une poulie qui aurait pu me donner plus de soucis.

Je commande le soir même par radio deux poulies plus solides. Le Crédit Agricole m'enverra deux poulies S.I.I., résistance à la rupture : 10 tonnes ; avec ça, je peux voir venir et j'aurai l'esprit plus tranquille.

Le peu de soleil que j'ai eu aujourd'hui a pu recharger suffisamment les batteries pour permettre au moteur de démarrer. Avec le courant électrique, la vie reprend sur *Crédit Agricole*.

Cette nuit, la température est plus clémente et les embruns ne montent plus sur le pont. Je reste à la barre davantage par plaisir que par nécessité. Le vent forcit brusquement, et j'allais prendre deux ris dans la grand'voile et enrouler le yankee quand celui-ci éclate en deux et se déchire jusqu'à la ralingue.

Je remets le bateau sous pilote et le laisse continuer sous grand'voile et trinquette pendant que j'affale les morceaux du yankee pour le remplacer par le yankee 2.

La manœuvre n'est pas facile, car le vent est assez fort et des grains se succèdent sans arrêt. Peu après, le yankee 2 est à poste et porte remarquablement bien. Dommage pour le yankee 1 ; c'était une bonne voile, qui tirait bien. Mais elle est bien amochée. En l'examinant, je me rends compte que ce sont les coutures qui ont lâché en premier, ensuite c'est la voile qui s'est déchirée. Tout ça à cause d'un fil de couture trop fin. Il est dommage que Hood, par négligence ou par faute de temps, n'ait pas utilisé le bon fil pour les coutures. Car c'est gâcher un travail par ailleurs remarquable. Les voiles sont impeccablement coupées, le tissu n'a pas du tout souffert de cette première étape. Si ce n'étaient les renforts insuffisants, ces voiles sont parfaites...

Je crains d'avoir à finir l'étape avec du petit temps, aussi je décide de réparer maintenant le yankee. Je vais y passer des heures, tantôt à la machine, tantôt à la main. Il me faudra deux jours. Et je peux renvoyer la toile, car le vent est encore tombé. Deux bonnes journées à 190 et 192 milles.

Le lendemain, 80 milles. Je me traîne à 2 nœuds tout l'après-midi. Je n'en peux plus. Je suis à 180 milles de Cape Town, je n'ai plus de vent. Moi qui pensais arriver demain soir ! Le vent revient doucement par le nord-est, et je tire encore des bords. Le temps est maussade, couvert, il pleut. Je peux récupérer un peu d'eau par la grand'voile. Avec cette faible visibilité, je préfère passer la nuit à la barre, car il y a de plus en plus de cargos.

Je barre encore quand le jour se lève. Je descends me faire un bon petit déjeuner et sors les cartes d'atterrissage pour Cape Town. La montagne de la Table se voit, par temps clair, à 50 milles au large. Je ne compte pas sur cette visibilité. Mais maintenant, j'en suis sûr, j'arriverai aujourd'hui. Je passe ma journée entre le pont et la table à carte. Je suis à 10 milles de la terre, et je ne vois toujours rien. Je n'ai pas vu le soleil aujourd'hui, donc n'ai pas pu faire de visée astro pour confirmer ma position... Je fais confiance au Shipmate, bien sûr, mais une bonne visée sextant pour confirmer, ça réconforte quand même. Je fais donc un contrôle à la gonio. Pas de doute, je suis maintenant à 6 milles de la côte ; je ne vois toujours rien. Je continue à m'approcher, et d'un seul coup, à moins de 2 milles de la côte, les lumières de Cape Town m'apparaissent. Je continue sur mon cap... Je vais atterrir exactement sur le phare de Green Point, que j'avais visé. On dira ce qu'on voudra de l'électronique, mais après quarante-sept jours de mer, un atterrissage réussi à 1 mille près, sans aucune visibilité, ce n'est pas un sextant qui l'aurait permis. Merci, Shipmate, tu as fait du bon boulot ! Je préviens, à la V.H.F., le comité de course que je pense couper la ligne dans deux heures.

Je profite des grains pour me déhaler jusqu'à la ligne, que je coupe à 20 heures. Coup de canon – des gens montent à bord, me félicitent, me prennent en remorque, affalent mes voiles, rangent le pont, sans que j'ai le droit de toucher à quoi que ce soit. C'est leur façon de me souhaiter la bienvenue. Ils me diront que j'ai assez travaillé comme ça.

Le consul de France est sur le quai avec une bouteille de champagne. Moi qui rêvais d'eau, voilà du champagne... !

Toute ma fatigue a disparu avec ce breuvage. Je retrouve en une seconde toutes les joies de la vie à terre. Mais cela donne à l'escale une saveur sucrée.

Cape Town

Crédit Agricole amarré à quai et mouillé sur l'arrière, on m'emmène au Yacht-Club pour le verre de bienvenue. Un Sud-Africain, se souvenant sans doute du passage des équipages français des dernières Whitbread, me demande, un peu anxieux, s'il y a beaucoup de Français inscrits dans cette course. Quand je lui dis que nous sommes trois, il a l'air un peu soulagé, mais ajoute quand même : « Avec un, il y en aurait eu assez. » Ce qui en disait long sur son amour pour les « froggies ».

Heureusement, ces paroles un peu amères ne reflètent pas du tout l'ambiance générale. Les Sud-Africains sont des marins qui naviguent dans des eaux difficiles, ils savent donc ce qu'« escale » veut dire ; leur sens de l'hospitalité et leur gentillesse font le reste.

Après quarante-huit jours de solitude et de silence, me retrouver devant tous ces gens amicaux et ces journalistes qui m'assaillent de questions pendant des heures, me donne un peu le vertige. Je suis bien heureux, quand, à 4 heures du matin, je me retrouve enfin dans une chambre d'hôtel qui me paraît immense. Je regarde ce lit qui doit être quatre fois plus large que ma couchette, et passe une demi-heure sous la douche en pensant aux copains qui sont encore en mer. C'est vrai que l'escale a du bon.

Le Crédit Agricole, pour m'aider dans la révision et la préparation du bateau pour la prochaine étape, m'envoie Bernard Jacquet, qui arrive de France avec toutes les pièces de rechange commandées.

Selon une check-list bien précise, nous vérifions tout. Le mât est passé au crible, les voiles portées à terre, tout l'accastillage et les winches Barbarossa sont démontés pour nettoyage, graissage. Les cinq winches de mât, exposés aux embruns, étaient remplis de sel ; je me demande comment ils fonctionnaient encore. C'est de la bonne mécanique !

La communauté française, très importante au Cap, est encore renforcée par la présence des techniciens qui travaillent à la construction de la centrale atomique de Kooberg. Ils viendront me voir, me proposer leurs services, et, petit à petit, plusieurs corps de métier prennent possession de *Crédit Agricole* pour des modifications, des perfectionnements ou des vérifications. C'est un électronicien de Kooberg qui m'installe une alarme puissante sur l'ordinateur de bord Danavigate.

Les travaux vont bon train sur *Crédit Agricole,* et une semaine après mon arrivée le « Tabarly Sud-Africain », Bertie Reed passe la ligne. Ensuite, chaque jour verra l'arrivée d'un autre bateau. Jacques de Roux, sur *Skoeirn III,* arrive vainqueur de la classe 2, et aussitôt les techniciens de Kooberg prennent possession de son bateau pour le remettre en état.

Quelle gentillesse, quel dévouement, quelles marques de sympathie ! Tous les soirs nous sommes invités, chez l'un ou l'autre, et chaque fois c'est une nouvelle fête qui recommence.

Pierre, Gilda, François, Robert et Vero, Xavier et Chantal, André et Odette, Jacques et Lou, et tous les autres ; nous emporterons dans nos souvenirs vers les mers du Sud ces moments merveilleux passés en votre compagnie...

Les nuits sont courtes, mais les travaux sur le bateau ont bien avancé. *Crédit Agricole* est prêt à reprendre la mer, et je vais avoir un peu de temps pour faire du tourisme et me changer les idées. L'arrière-pays sud-africain est magnifique.

Presque un mois d'escale, le départ est pour bientôt ; je réintègre le bord, m'occupe des vivres, prépare ma navigation, étudie la météo. Je ne partirai pas de Cape Town comme je suis parti de Newport. Cette fois, je suis prêt. Il reste le carénage à faire deux jours avant le départ. En analysant le coup de vent pris en fin de première étape qui m'avait un peu mis à mal, et en discutant avec Jacques de Roux, défendeur inconditionnel du booster, j'acquiers moi aussi la conviction que c'est la solution. J'ai vu trop grand. Mes spis (le plus petit fait 150 mètres) ne résisteront pas, ou le pilote ne pourra pas les tenir.

Mon budget est déjà largement dépassé. J'aurai besoin de cette nouvelle toile. Je téléphone au Crédit Agricole. La réponse de Monsieur Boulais est franche et instantanée : « Si tu dis avoir besoin de cette voile, nous te faisons confiance. Tu la commandes, et tu nous envoies la facture. » Ce témoignage de confiance et de sportivité me touche beaucoup et me fait autant plaisir que ce booster double pli de 80 mètres carrés que je vais commander. J'explique à la voilerie que je porterai cette toile au-dessus de 45 nœuds de vent et que, quoi qu'il arrive, je ne l'affalerai jamais. Je veux donc une voile indestructible.

Le départ est pour demain. J'embarque les derniers vivres frais, nous faisons une soirée d'adieu, et le matin je coupe mon amarre, symbole que je laisse un morceau du bateau à quai et qu'un jour je reviendrai. C'est vrai, je reviendrai en Afrique du Sud, retrouver cette gentillesse dont tout le monde a fait preuve envers les concurrents de la course.

TROISIÈME PARTIE

Cape Town – Sydney

En route pour Sydney

Samedi 13 novembre 1982. – La météo annonce un coup de vent. En remorque vers la ligne de départ, je prends d'entrée deux ris dans la grand'voile et envoie sur l'enrouleur le yankee n° 2. Le départ est dans dix minutes, et le vent tombe progressivement. Je largue en vitesse mes deux ris et quand le coup de canon nous ouvre la porte sur l'océan Indien le vent est complètement tombé. J'envoie mon génois léger. Pendant quatre heures les bateaux vont rester groupés, chacun avançant au gré des risées, et au coucher du soleil toute la flotte est encore en bordure de la côte. Les bateaux accompagnateurs ayant fait demi-tour, les skippers sont à portée de voix les uns des autres, mais déjà seuls en mer. C'est l'occasion encore de quelques discussions et encouragements. Aux portes de l'océan Indien, chacun souhaite bonne chance et bon courage à l'autre. Tout le monde mesurant très bien les difficultés qui sont devant. Les bateaux se traînent, tournent en rond, hésitent, un peu comme un plongeur débutant qui du haut du plongeoir des 10 mètres, regardant le vide, hésite à franchir le pas... le premier pas.

Le vent va, lui, nous le faire franchir, poussant toute la flotte vers le sud. Cette brise naissante nous a fait défaut pour le départ, mais a permis de prolonger ces adieux avec tous nos amis venus nous faire une dernière escorte. Les Français avaient loué un immense bateau de pêche. Devant la liste des candidats il avait fallu affréter un deuxième bateau. Jacques, Guy et moi étions véritablement portés par leurs encouragements. Mme le consul, juste avant le départ, était venue apporter aux trois Français un rôti de bœuf bien enveloppé dans du papier d'aluminium. « Philippe, cela vous évitera de faire la cuisine pendant au moins deux jours. Bonne chance, bon appétit et bon courage ! » – et les Français nous avaient apporté des gâteaux. Chacun avait essayé à sa façon de prolonger au maximum sa présence à bord pour qu'on garde le plus longtemps possible cette chaleur qui était la leur. La nuit tombe doucement et je repense à tous ces amis. Ils resteront encore longtemps à bord par la pensée. En regardant une dernière fois la côte avant que la nuit ne l'enveloppe complètement, j'ai un pincement au cœur. C'est toujours difficile de partir.

Le vent, heureusement, vient me secouer de ma torpeur. 15 nœuds de sud-est. Le génois léger est tendu au maximum, il faut l'affaler. Il rentre rapidement dans la soute à voiles. Le yankee 2 déroulé en dix secondes porte merveilleusement bien. *Crédit Agricole* n'a pas ralenti d'un dixième de nœud pendant la manœuvre. Les autres bateaux réduisent aussi. La manœuvre est plus longue. J'ai repris la tête et fonce vers le sud, à 8 nœuds. La nuit est noire. Je ne vois de mes copains que les feux rouges et verts de leurs bateaux qui s'amenuisent, pour disparaître peu à peu. Je suis seul, je ne reverrai personne avant Sydney. Pour moi, la course commence à cet instant. Tout l'après-midi ça ressemblait à de la balade ; maintenant, avec ce vent qui forcit encore, la course est lancée. Mes copains deviennent des concurrents qu'il faut battre, et *Crédit Agricole* est prêt à livrer cette lutte qui va durer 7 000 milles.

L'anémomètre continue son ascension. 20 – 25 – 30 – 35 – 40 nœuds. Je suis sur le pont, emmitouflé dans mon ciré, retenu par mon harnais et depuis une heure je n'arrête pas de manœuvrer. J'ai pris les ris les uns après les autres. Le deuxième à peine pris, il fallait encore réduire. Heureusement, je peux tout faire du cockpit. Le yankee est déjà bien enroulé. C'est là que je réalise à quel point mon plan de pont est parfaitement efficace. Je manœuvre vite, en toute sécurité, sans fatigue. Les enrouleurs Proengin sont parfaits.

Les voiles d'avant une fois à moitié enroulées portent moins bien, surtout au près, mais je suis sûr de porter toujours exactement la voile du temps. C'est une question de choix. Vaut-il mieux trimbaler un jeu complet de voiles d'avant, s'épuiser à manœuvrer sans arrêt pour avoir une voile toujours impeccable ou faire le choix de l'enrouleur qui divise par trois le jeu de voiles, et par dix la fatigue. Le prix à payer est une voile un peu moins performante, mais toujours adaptée au temps. Pour une sécurité bien supérieure. J'ai choisi l'enrouleur et ne le regrette pas.

Le vent atteint maintenant 50 nœuds ; rafales à 55. J'ai quatre ris dans la grand'voile. Yankee et trinquette, enroulés aux deux tiers. Le ballast au vent est plein et la mer commence à se lever. Dire qu'il y a deux heures je portais 150 mètres carrés de toile et que maintenant il en reste à peine 40.

Le pas en avant est franchi, le plongeon vers les « quarantièmes » est entamé. Les conditions sont dures, le pont est sans arrêt recouvert par les embruns. Le bal est ouvert et je suis plein d'une crainte respectueuse. Je ne connais de l'océan Indien que ce que j'ai pu en lire. Ce qui me donne une certaine appréhension. Mon bateau n'a jamais ramassé de coup de vent de l'arrière. Lui aussi est un peu anxieux. Nous sommes tous les deux tendus à l'approche de cette arène.

Le trafic maritime est important autour de la pointe d'Afrique du Sud. Je passe une nuit dehors à surveiller. De toute façon, je n'avais pas envie de dormir. Le dialogue avec mon bateau, interrompu par un mois d'escale, demande du temps pour se rétablir. J'ai besoin de le sentir, de l'encourager alors qu'il se bagarre déjà au près dans cette mer.

Ce vent va tenir deux jours pendant lesquels il faut escalader chaque vague, redémarrer après chacune d'entre elles. Vas-y, mon vieux ! Tu verras dans quelques jours, on aura les vents d'ouest et tu souffriras moins. En passant le quarantième parallèle sud, on vient d'entrer dans une zone historique. Les anciens marins avaient appelé cette zone les « quarantièmes rugissants » à cause du bruit que faisait le vent en sifflant dans les haubans. Ces mers sont chargées d'histoire. Ici, des milliers de marins ont eu peur. Beaucoup d'entre eux ont cru leur dernière heure arrivée, mais à force de courage, de volonté, ils en sont sortis après avoir touché le fond d'eux-mêmes. Cet océan est un catalyseur. Tous ceux qui y ont souffert, tous ceux qui y ont eu peur ont souhaité y retourner... Il doit bien y avoir une raison.

Mardi 17 novembre. – Le vent tombe progressivement en tournant à l'ouest... Nous sommes par 41° sud... dans l'arène.

Je suis aux aguets, le vent est en train de tourner, le baromètre est en chute libre. Le ciel change très rapidement et les premiers albatros sont apparus ce matin. Ces oiseaux majestueux viennent de pénétrer dans le théâtre, un peu comme des spectateurs qui prennent place avant que le spectacle ne commence. Je suis sur la scène, les spectateurs sont installés... Le combat va bientôt commencer.

Je plonge dans mes souvenirs. Je tente de rapprocher les sensations qui m'envahissent en ce moment à quelque chose que j'aurais déjà vécu. Avant une compétition de judo, en montant sur le tatami, j'étais concentré, tendu. Avant un saut en parachute, je pensais à tout ce qu'il fallait faire en quittant l'avion avec cette excitation qui précède un moment dangereux, fort, intense.

Je repensais à ces plongées profondes à la Comex, et plus particulièrement à cette plongée à 500 mètres avec mes camarades. J'avais le sentiment de vivre un moment unique. Faire partie des plongeurs les plus profonds du monde, être un des hommes à avoir reculé le champ d'action, l'« espace » du domaine envahi par l'homme. Ce moment historique me remplissait de gravité, encore accentué par la concentration du travail à accomplir et du rythme respiratoire à dominer.

Pourtant aucune de ces sensations et émotions fortes ne correspond exactement à ce que je ressens en ce moment. Aujourd'hui, j'ai peur. L'attente ne fait qu'empirer cet état. Je regarde ces albatros qui tournent, planent autour de moi, tantôt comme un ballet mortuaire, ressemblant à ces gens attirés par les catastrophes, par le sang, tantôt comme des amis venus apporter par leur présence la vie qui manque dans cette région déserte.

La peur me gagne. Dans ma tête défilent tous les travaux effectués à Cape Town, toutes les vérifications. Je crois que tout est prêt. Je fais plusieurs fois le tour du bateau, vérifiant d'une main la tension d'un hauban, contrôlant le blocage des ridoirs. Je descends souvent voir le baromètre qui continue sa chute. Je tapote la vitre. Je lui demande de s'arrêter... !

À l'intérieur, tout est bien calé. Je n'ai rien à faire, sinon attendre. Je veux être sûr que je n'ai rien oublié et que je n'ai commis aucune erreur dans la préparation du bateau. Mais tout est parfait.

La première semaine se termine avec 1 103 milles parcourus à 157,5 milles par jour à 6,56 nœuds. Ce n'est pas très rapide, mais les cinq premiers jours contre ce coup de vent du sud-est au près serré m'ont un peu retardé. Maintenant que j'ai accroché les vents d'ouest, les moyennes vont changer. La carte météo reçue par le Nagrafax me situe sur l'avant d'une dépression. Juste au nord-est de son centre. *Crédit Agricole* est donc parfaitement positionné, et demain sans doute les vents seront très forts. Aujourd'hui, 215 milles dans le sillage. La chevauchée dans les mers du Sud s'annonce bien.

La température est descendue, il fait froid, le brouillard envahit tout mon horizon. On se croirait en Manche. Pendant la nuit le vent forcit, la dépression approche par des vents de nord – nord-est, puis tourne au nord-nord-ouest en forcissant encore. Je prends deux ris dans la grand'voile et envoie le spi lourd de 150 mètres carrés. Les deux dérives arrière sont enfoncées et les ballasts sont vides. Pour le moment le bateau est parfaitement équilibré, le pilote 3000 fait très bien son travail.

Il est déjà tard, je n'ai pas encore dormi, mais je veux rester sur le pont pour assister à ce premier coup de vent en entier. Celui-ci continue de forcir, *Crédit Agricole* perd en stabilité. Après chaque surf il part à l'abattée ou au lof.

Il faut que je reste en permanence derrière la barre pour corriger les embardées. Je sens le bateau nerveux. Je fais des réglages sur le spi pour essayer qu'il dévente moins vite, mais les réactions restent brusques. Maintenant, le pilote est complètement dépassé. Je sens que je ne porte pas la toile idéale. J'ai 35 nœuds de vent, ça devrait pouvoir marcher tout seul. Je pourrais rester à la barre pendant bien des heures, mais j'ai encore 5 000 milles d'océan Indien à parcourir, et je dois absolument réussir à équilibrer mon bateau pour qu'il navigue sous pilote. Il va donc falloir essayer un tas de combinaisons de voilure pour trouver celle qui offre le meilleur compromis : vitesse et stabilité.

J'affale le spi et déroule le yankee. Je fais d'abord un essai sous le vent. Mais la voile dévente, masquée par la grand'voile. Je tangonne le yankee au vent et déroule la trinquette, que je tangonne avec le jockey-pole ; ça marche bien, mais on va moins vite que tout à l'heure. En revanche, la stabilité est meilleure. Il faut donc envoyer sous le vent une voile plus grande. Sur l'étai larguable j'envoie le reacher lourd. Pour l'ouvrir encore davantage, je passe son écoute dans une poulie en bout de bôme de grand'voile. Ça porte bien. Le pilote électrique est redevenu maître de la situation, par rapport au spi je perds presque un nœud de vitesse.

Le vent va continuer de forcir toute la nuit et le baromètre est encore en baisse. La carte météo me situe toujours au nord – nord-est du centre de la dépression. Dans les rafales, l'anémomètre atteint 45 nœuds, et *Crédit Agricole* retrouve les mêmes réactions que précédemment ; il est instable et le pilote n'est pas assez rapide pour contrôler les embardées.

Si un régulateur d'allure peut s'avérer être un excellent barreur au près, au portant il est dépassé, le vent relatif variant très rapidement en fonction des accélérations. Le pilote électrique qui barre en fonction d'un cap au compas, attend que le bateau ait commencé son embardée pour réagir. En revanche un homme aurait anticipé le mouvement et, avant que le voilier ne parte sur un bord, aurait donné de la barre pour rester sur le cap. Un voilier par grosse mer d'arrière se conduit comme une voiture sur de la glace. La barre doit tourner sans arrêt d'un bord sur l'autre pour obtenir un sillage parfaitement rectiligne. Cela demande une concentration très forte et un effort physique important. En équipage, les barreurs se succèdent toutes les heures parfois même chaque demi-heure. En solitaire, il faut trouver une solution pour équilibrer le bateau au mieux afin que le pilote ait le moins de travail possible à faire. Pour éviter de partir, un coup au lof ou un coup à l'abattée, il ne faut pas naviguer plein vent arrière, mais tirer des bords à 15° du vent arrière, ce qui permet des réglages plus fins. Le bateau étant mieux appuyé, sa stabilité est plus importante.

Le vent a tourné plein ouest. Il faut donc que j'empanne. Plutôt que d'inverser les deux voiles d'avant, je tangonne le reacher, qui est en fait un grand foc avec un point d'écoute haut placé. Je me retrouve avec mes deux voiles d'avant tangonnées. Un peu comme des trinquettes jumelles. Ça marche bien mais les embardées sont encore importantes. Je vais réduire la grand'voile pour essayer d'avancer le plus possible le centre de poussée vélique. Je prends donc le troisième ris.

La nuit perd un peu de son obscurité. Dans deux heures il fera jour. Je n'ai pas encore dormi et je ne suis pas tout à fait satisfait. Je sens que je peux encore améliorer la stabilité du bateau. Je n'ai pas encore trouvé le réglage idéal. Je descends souvent à la cuisine me faire chauffer un chocolat et je remonte dans le cockpit. Je passe devant le baromètre à chaque fois. Je n'ose plus le regarder ; il baisse toujours un peu plus. Mais d'après ma carte météo il devrait bientôt se stabiliser et amorcer sa remontée.

Je m'assieds derrière la barre, sur le banc de cockpit, mes doigts se réchauffant autour de ce bol de chocolat bouillant. J'essaie de sentir à travers tout mon corps les réactions de mon bateau, de comprendre son message lorsqu'il me dit ce que je dois faire pour le soulager. Le pilote contrôle parfaitement la situation, mais les embardées sont encore importantes et notre sillage ressemble à une succession de *S*. Ce qui nous fait parcourir beaucoup de route en surface mais à peu près 15 % de moins sur le fond. Je suis toujours surpris de constater chaque jour la différence de distance entre le point calculé et celui donné par le loch, cet écart représentant la route parcourue inutilement pendant les embardées. En fait, il ne sert à rien de porter trop de toile pour gagner un demi-nœud si l'on augmente d'autant les embardées.

Le pilote tient bien dans la mesure où les voiles ne fasseyent jamais, mais on fait de la route pour rien. J'avais demandé à Ribadeau-Dumas un bateau performant à toutes les allures, mais surtout pas spécialisé pour un type de vent. La quille très étroite et profonde nuit un peu à la stabilité. Pourtant, les deux dérives arrière compensent bien. En fait il faut jouer sur les voiles pour y arriver.

Le vent est maintenant à 45 nœuds établi, montant à 50 nœuds dans les rafales. Le pilote n'arrive plus à contrôler les embardées. Je reprends la barre, mais je commence à avoir les bras lourds. Ce premier coup de vent que je redoutais tant se passe bien. Nous avançons vite, les départs au surf sont encore plus impressionnants maintenant que le jour se lève. Le soleil perce parfois à travers les nuages et cette lumière rasante donne plus de relief aux vagues. Je n'avais pas besoin de ça pour m'impressionner davantage.

La houle très longue rend les creux moins dangereux. *Crédit Agricole* se fait rattraper par une vague. Je sens l'arrière qui se soulève ; si l'angle par rapport à la vague est trop important on part en embardée. Il faut donc corriger tout de suite la position du bateau. Les voiles se tendent, les écoutes grincent dans les poulies, la vague nous soulève et dans le creux nous lance vers l'avant. À ce moment, l'étrave plonge dans l'eau, la vitesse augmente d'un seul coup, l'étrave sort de l'eau, le bateau se cabre, tout l'avant décolle. La carène, plate comme une planche à voile, commence à surfer ; le loch s'affole : 10, 14, 16, 18, 20 nœuds !

Pendant le surf, si le bateau est bien positionné je peux lâcher la barre ; *Crédit Agricole* court sur des rails, tout seul. Le tiers avant du bateau est sorti de l'eau. Le bruit est alors assourdissant, l'eau tape sur la carène, jaillissant de chaque côté en un sifflement impressionnant ; le surf se prolonge : 8, 10, 12 nœuds, la vague nous dépasse ; *Crédit Agricole* retombe dans ses lignes, la vitesse descend d'un seul coup, il faut aussitôt repositionner le bateau pour attraper la prochaine vague, qui à son tour fera replonger l'étrave dans l'eau pour recouvrir le pont ; la vitesse l'obligera à déjauger à nouveau ; les écoutes vont se tendre au maximum. Une gerbe d'écume va encore grêler de chaque côté dans un bruit impressionnant pour recommencer des centaines de milliers, des millions de fois.

À la barre, j'essaie de sentir les réactions du bateau, de parler avec lui. Il faut absolument trouver le réglage magique pour me libérer de la barre.

Je vais affaler entièrement la grand'voile. Pour augmenter la stabilité, il faut que les voiles tirent le bateau au lieu de le pousser. Les deux dérives arrière retiennent le bateau comme deux freins stabilisateurs.

Le résultat est excellent. Je sens que je suis sur la bonne voie. La grand'voile, au dernier ris, avait tendance à déséquilibrer le bateau en accentuant les départs au lof. Maintenant qu'elle est bien ferlée sur la bôme, je ne remarque aucun changement de vitesse au speedomètre, en revanche, le pilote est parfaitement à l'aise. Il y a toujours 45 nœuds de vent, que je reçois à 15° par rapport à l'arrière ; nous marchons à 10 nœuds en permanence et dans les surfs j'arrive à 20 nœuds, sans toucher à rien. Ça marche tout seul, les embardées sont acceptables. Je ne pourrais pas les diminuer davantage. Voilà trois jours que je suis au portant et je pense avoir trouvé la solution. Je suis heureux. Je sens bien mon bateau, et il me semble qu'il est content de moi.

Cela fait maintenant presque trente-six heures que je suis sur le pont, je vais aller prendre un bon petit breakfast et ensuite j'irai dormir. Je fais un tour d'inspection sur le pont, pour tout vérifier. Je regarde le mât, laisse longtemps ma main dessus pour en ressentir les vibrations ; tout est parfait. Les voiles tirent bien, les cordages ne frottent nulle part, aucun raguage. En allant sur la jupe arrière, pour vérifier les dérives, je remarque que le sillage est turbulent. J'ai l'impression qu'on remorque quelque chose. En me penchant, je vois que c'est la pale sous-marine de l'Aries qui est cassée.

Je ramène tout à bord, au prix de quelques acrobaties. La mèche de la pale a été tordue et cassée net. Je n'en reviens pas, un rond d'aluminium de 4 centimètres de diamètre (je l'avais fait renforcer à Cape Town) ; et, avant de se casser, l'ensemble s'est tordu. Je ne me rendais pas compte des efforts soumis à l'immergé chaque fois que *Crédit Agricole* part en surf. Je n'ai plus de régulateur d'allure, et je ne suis qu'à quelques jours du départ. Il n'est évidemment pas question de faire demi-tour pour réparer, mais je risque d'avoir des problèmes de pilote par la suite. Je ramasse les morceaux cassés et vais dormir. Je réfléchirai mieux quand j'aurai les idées claires.

Si ce n'était la déception provoquée par la perte de ce pilote, je serais parfaitement heureux de regarder mon bateau marcher aussi vite et aussi bien tout seul, avec cette brise qui n'en finit pas de forcir. Malgré le sommeil qui alourdit mes paupières, je passe encore un bon moment, un bras passé autour du pataras, à regarder ce spectacle fantastique.

Je finis quand même par me glisser dans mon duvet. Je dors toujours par tranche d'une heure, en branchant l'alarme basse de vitesse, et les alarmes de cap. Le vent peut forcir, tout est clair. Je dors jusqu'à midi, puis je me prépare un bon repas. Je vais encore rester une heure sur le pont, à avoir froid, mais ce spectacle est tellement fantastique. Je suis fasciné par ce bateau qui, livré à lui-même, n'arrête pas de surfer en toute sécurité, alors que je ne touche à rien. Le vent s'est stabilisé depuis un moment. La dépression est en train de passer. Bientôt il va falloir manœuvrer. Je vais donc prendre encore un peu de sommeil, et regonfler mes réserves.

Je me repose jusqu'à l'heure du contact radio. J'ai rendez-vous avec mes amis vendéens, qui vont me donner des nouvelles de la course, avec la position Argos de chaque bateau. Hier, j'avais 50 milles d'avance sur *Gipsy Moth ; Vootrekker* était 100 milles derrière. Aujourd'hui, entre deux méridiennes, j'ai parcouru 195 milles. J'espère avoir encore augmenté mon avance. Depuis le départ de la deuxième étape, quelque chose a changé. Les organisateurs du « B.O.C. Challenge » ont équipé tous les bateaux de balise Argos. Ce système français tout à fait autonome émet des ondes qui sont captées par un satellite, lequel les retransmet au C.N.E.S. (Centre national d'études spatiales), qui analyse sur ordinateur les signaux émis par chaque voilier. Quatre ou cinq fois par jour les organisateurs ont donc une position exacte des concurrents. Ils peuvent ainsi rendre le suivi de la course plus vivant auprès du grand public. Ce n'est pas le seul intérêt de cette balise ; celle-ci est dotée d'un petit interrupteur étanche qu'un skipper en détresse peut actionner pour demander du secours. Tout le monde savait donc où se trouvait la flotte ; les organisateurs étaient heureux d'avoir augmenté la sécurité des bateaux, les skippers également, car chaque jour par l'intermédiaire des radio-amateurs français, américains, sud-africains, australiens et brésiliens, ils pouvaient connaître la position de leurs concurrents.

Pour moi, en tout cas, ces informations ont complètement modifié la physionomie de la course. J'ai déjà sept jours d'avance sur le second, ce qui me paraît impossible à rattraper. Je pourrais continuer la course en assurant au maximum la victoire finale et marquer mes adversaires en ne prenant aucun risque. Mais je ne suis pas venu dans les mers du Sud pour faire de sages calculs. Je suis venu pour me bagarrer, pour faire le mieux possible, et, quand on a sous les pieds un bateau comme *Crédit Agricole,* on n'a pas le droit de le retenir. Il est en pleine forme, parfaitement à l'aise dans cette longue houle, partant au surf à la moindre sollicitation.

Je n'ai pas envie de prendre tous les risques pour gagner à Sydney, mais j'ai pris goût à la victoire et d'autres victoires d'étapes me feraient bien plaisir. Le contact radio est dans dix minutes, je fais chauffer mon poste. La voix lointaine de Jacques me parvient ; c'est pratiquement toujours lui qui m'appelle. Je lui donne aussitôt ma position, la distance parcourue dans les dernières vingt-quatre heures, les conditions météo et lui raconte un peu ma vie à bord depuis la veille. C'est souvent Prosper qui reprend, pour faire quelques commentaires qui vont toujours dans le même sens. « Attention, Philippe tu vas trop vite. Ne casse pas le bateau. Ralentis un peu puisque tu es en tête ! » Il me parlait aussi toujours de mes batteries, qu'il fallait que je surveille. Les soirs où elles étaient un peu faibles, ma voix était déformée et aussitôt il me disait de démarrer le moteur. Sacré Prosper ! Je l'avais surnommé « Prosper la Prudence ». Ensuite venait le moment sérieux du contact pendant lequel Pierre me lisait les positions Argos. Il avait eu le temps de faire tous les calculs des distances parcourues par les bateaux depuis la veille, les distances qui les séparaient encore de l'arrivée. Je prenais des notes. Il faisait des commentaires. Certains soirs, c'était l'euphorie : j'avais creusé l'écart de 20 ou 30 milles supplémentaires, alors le contact radio durait longtemps, j'avais le temps de vivre. Ce soir, par contre, il m'apprend que *Gipsy Moth* revient sur moi. Il m'a repris 10 milles dans les dernières vingt-quatre heures. Le contact tourne court. Je leur donne rendez-vous au lendemain, et remonte aussitôt sur le pont pour voir ce que je peux faire.

J'ai lu plusieurs fois les bouquins de Chichester ; son bateau, le *Gipsy Moth V,* a été construit dans le but de battre les records en solitaire dans ce genre de mer, au portant ; Desmond Hampton, son skipper, n'avait pas bien marché dans la première étape, son bateau étant trop spécialisé pour les fortes brises de l'arrière. Il a un handicap sérieux dans le petit temps au près. En revanche, dans cette étape, il est parfaitement à l'aise et est décidé à profiter de son avantage. Me remémorant les passages de Chichester, j'imagine sous quel type de voilure il peut naviguer en ce moment. Son gréement est très divisé, mais il a une stabilité de route extraordinaire procurée par sa quille longue. Toute la route qu'il parcourt est pratiquement de la route utile. *Crédit Agricole* perd chaque jour 10 à 15 milles en zigzags. Je n'ai aucun moyen d'y remédier, sauf en restant à la barre. Je pense que *Gipsy Moth* va à la même vitesse surface que *Crédit Agricole.*

Si je veux le battre, il faut soit que je réussisse à diminuer ces zigzags, soit que j'augmente considérablement la vitesse. Mais en tout cas il faut faire quelque chose ! Je suis dans le cockpit depuis une demi-heure. Je surveille le cap compas, la vitesse, les réactions du pilote.

Je n'ai pas remarqué de changement dans la vitesse quand j'ai affalé le dernier morceau de grand'voile ; par contre, j'y ai beaucoup gagné en stabilité. Ce n'est donc pas sur celle-ci qu'il faut travailler. À l'avant, je porte le yankee n° 2 tangonné d'un côté et le reacher tangonné de l'autre. En tout, 120 mètres carrés de toile. Ça marche bien, mais il faut que ça marche encore mieux. En fait, je n'ai pas beaucoup de possibilité. Il faut envoyer le spi lourd de 150 mètres carrés. Je vais gagner 30 mètres carrés en surface ; cela devrait faire 15 milles dans la journée.

Ça m'ennuie un peu d'envoyer le spi, même lourd, avec cette force de vent. Je suis tiraillé entre la prudence et la victoire d'étape. « Non, y'a pas, il faut envoyer. » Je prépare la manœuvre, enroule le yankee, récupère le reacher, et le spi monte gentiment dans sa chaussette. Pour garder de la vitesse pendant la manœuvre, je renvoie la grand'voile au troisième ris avec la trinquette. On marche encore bien. J'hésite, alors que tout est prêt. J'ai la drisse de chaussette dans les mains. Je n'ai plus qu'à tirer. Le vent commence à prendre dans le bas du spi, la chaussette monte presque toute seule, je tire vite sur la drisse, le spi commence à battre au vent. Dès que la chaussette est entièrement retroussée, je fonce au cockpit, d'où je règle le bras et l'écoute. Le spi porte, mais l'équilibre est complètement rompu. Je roule la trinquette, et affale la grand'voile. Nous continuons sous spi lourd seul, tangonné des deux côtés. Je peux ainsi le régler parfaitement, et éviter le fasseyement. Ça porte bien. Le pilote peine davantage mais nous avons gagné presque trois quarts de nœud en vitesse. La manœuvre est donc payante. Il faut maintenant régler le spi pour qu'il ne fasseye jamais, tout en donnant la meilleure stabilité au bateau. J'essaie plusieurs solutions. Je fais des essais de réglage de hauteur des points d'écoute pour travailler sur le creux du spi. Mon spi a peut-être un peu trop d'épaule dans le haut et la gite occasionnée par moment nuit à la stabilité. Il faudrait essayer d'abaisser au maximum le plan de voilure. Mais on marche très fort. Je reste encore un moment dans le cockpit pour surveiller. Le pilote se débrouille très bien ; depuis une heure je n'ai pas eu à intervenir. Je vais mettre un peu d'ordre sur le pont pour être prêt à intervenir tout de suite s'il y avait un problème. Je pense à *Gipsy Moth*. Bon, c'est sûr, demain je lui mets dix milles dans la vue... ! J'attends avec impatience le contact du lendemain pour confirmer mes espérances.

Je sens qu'à bord le rythme a changé, je ne fais plus la course contre moi-même. Je la fais contre les autres. Un autre état d'esprit. Est-ce bien ? Est-ce mal ? Je ne sais pas. En tout cas ce duel avec *Gipsy* m'excite terriblement. Je suis sur le qui-vive. J'écoute le bateau qui part en surf sur chaque vague, installé dans une bannette. Chaque bruit me devient familier. Je continuerai à les entendre pendant mon sommeil. La nuit se passe bien. Le vent est un peu tombé pendant sa rotation à l'ouest-sud-ouest. Le baro va bientôt remonter. La dépression est maintenant devant. Une autre approche. La mer devient un peu hachée avec ce système de houle croisée, mais *Crédit Agricole* continue sa progression et laisse un joli sillage blanc, presque rectiligne. La deuxième semaine de mer se termine avec 1 127 milles parcourus à 161 milles par jour soit une moyenne de 6,70 nœuds. Je sens que je peux encore faire mieux. Les deux derniers jours ont été très prometteurs avec 195 et 210 milles. Si le vent tient bon, je ne devrais plus descendre en dessous des 200 milles par jour.

Je prends le cap pour passer au sud des Iles Crozet et au nord des Iles Kerguelen. Le vent tourne au sud-ouest. Il faut empanner. Je passerai donc au nord de Crozet.

Dimanche 21 novembre. – Le moral est au beau fixe. J'ai repris 9 milles à *Gipsy Moth.* Ce qu'il faut, c'est tenir comme ça, à ce rythme et sans rien casser, jusqu'à Sydney. Les Iles Crozet sont maintenant dans mon dos. Cap sur Kerguelen. J'arrive à avoir un contact avec un radio-amateur français qui fait partie de la mission installée sur ces îles désolées. C'est un groupe de scientifiques qui entreprend des recherches et des observations. Certains étudient la faune, la flore, la vie animale, d'autres la météo. Tous les soirs, j'ai donc une discussion très technique avec le spécialiste météo de la base. Il me demande de faire escale juste pour boire le verre de l'amitié. Faire escale ! J'aimerais bien, mais je suis en course. Pas question de perdre une demi-journée ! Tant pis, nous trinquerons une autre fois. Eux, en tout cas, lèveront leur verre à la victoire de *Crédit Agricole.*

Deux jours plus tard, je remarque une animation et une excitation un peu anormales. Ils m'apprennent que la relève attendue depuis un an arrive demain. La station radio-amateur va être démontée ce soir ; c'est notre dernier contact. Dernière discussion vraie, d'hommes qui ne se connaissent pas, mais qui au-delà des mots établissent un langage d'amitié. Il faut vraiment être dans des coins aussi isolés pour pouvoir vibrer à de telles sensations. Je ne vous reverrai jamais, au revoir mes amis, bon retour en France !

Ultime échange avec le météorologue. La carte que j'ai reçue aujourd'hui m'inquiète un peu. L'anticyclone de Madagascar s'est décalé vers l'est et est descendu très au sud. Il ne m'annonce aucun changement immédiat, cette situation étant d'après lui assez normale pendant l'été. Cela signifierait que je vais avoir des vents contraires par 44°3 sud. On ne peut pas dire que ce soit une bonne nouvelle !

Tous les jours, au contact radio, le verdict tombe. Le résultat des efforts des dernières 24 heures se résume en deux petites phrases : *Crédit Agricole,* 44°15'S 29°6E, *Gipsy Moth,* 42°27'S 28°35E. J'ai augmenté mon avance de 6 milles. Le moral est haut. J'ai l'impression de ne pas pouvoir aller plus vite. 215 milles en 24 heures. Le pilote tient bien. Nous naviguons en parfaite sécurité. Le vent vient de tourner et je change de cap.

Plus je me rapproche du centre des dépressions, plus les vents sont forts. Je suis prudent. Je vis toujours avec une certaine appréhension devant cette mer immense dont les colères peuvent être terrifiantes. Je n'ai encore rien eu de très méchant mais l'attente du pire me fait mieux mesurer ma faiblesse. Parler à son baromètre pour lui demander d'arrêter de descendre... c'est ça le nœud au ventre ! Cette attente du coup de tabac me rappelle l'angoisse, quand étant enfant, j'avais fait une bêtise qui méritait une fessée. Je connaissais la sanction, et j'attendais que mon père rentre le soir pour recevoir ce que je méritais. L'angoisse durant l'attente était toujours plus pénible que la fessée elle-même. Une fois la correction reçue, j'étais tranquille, libéré. je ressens cette même peur aujourd'hui.

À chaque dépression, l'idée que je m'en fais, en la voyant apparaître d'abord sur la carte météo, puis en regardant le baromètre descendre et les vents tourner, est plus pénible que la dépression elle-même, où, pris dans le feu des manœuvres, j'oublie toute crainte, tout danger. Je vis, j'agis. L'inaction, l'attente de quelque chose d'inéluctable est psychologiquement plus pénible que l'action dans l'événement. J'ai beau le savoir, me dire que j'ai passé les deux premières dépressions sans problème, que j'ai trouvé les bons réglages du bateau, que nous marchons vite, il y a toujours cette part de doute, cette inégalité entre les forces en présence. En tout cas, la dépression qui arrive maintenant sera la plus creuse de toutes.

Ce matin, la courroie de l'Autohelm 3000 a encore cassé. En souvenir de la première étape, j'avais fait un bon stock, mais la consommation depuis le départ est importante. À grande vitesse, la barre est plus dure et la courroie a tendance à glisser sur le tambour de barre à roue. Pour éviter cela, j'augmente la tension sur la courroie mais elle se trouve alors soumise à des efforts importants. Il faut que je me méfie. À ce rythme je n'arriverai pas à Sydney et je n'ai pas envie de recommencer les collages de courroies.

Depuis le départ je n'ai pas eu beaucoup de soleil, et les embruns recouvrant toujours le pont, je n'ai pas pu aérer l'intérieur. Tout est froid, humide. L'hygrométrie interne avoisine les 90 %. La température est de 6°. J'ai du linge mouillé qui commence à moisir. Je démarre le moteur et fais tourner mon chauffage Schneebeli-Chabaud à air pulsé. Ce petit appareil est extraordinaire. Il est léger et peu encombrant.

Cinq minutes après la mise en marche, l'air pulsé est si chaud que je n'arrive pas à maintenir ma main devant la bouche de sortie. Sous une couchette de quart, il y a un grand espace où se trouvent les deux bouches de chauffage. Je m'en sers pour étendre les vêtements mouillés. La chaleur sèche d'abord les vêtements, puis chauffe mon matelas en mousse et ensuite le volume au-dessus. La température s'élève vite et il fait rapidement bon. Une fois les vêtements bien secs, je les secoue et les brosse pour faire tomber les cristaux de sel qui absorbent l'humidité. La chaleur de l'intérieur contraste avec les conditions extérieures. En une heure tout mon linge est sec. J'arrête moteur et chauffage.

La température redescend rapidement et trois heures plus tard il fait aussi froid qu'avant. Je savais avant le départ que j'aurais du mal à garder cette bonne chaleur. J'avais pourtant soigné l'isolation de la partie « vie ». Mais, en fait c'est une bonne chose. S'il fait chaud à l'intérieur, je n'ai plus envie d'aller au froid sur le pont pour manœuvrer. Je ne me servirai de mon chauffage que pour faire sécher mes vêtements. Le froid est tout à fait supportable s'il n'est pas trop humide. Étant bien couvert, cela devrait aller, et au moins je n'aurai pas ce contraste entre l'intérieur et l'extérieur.

Quand je barre longtemps ou que je manœuvre à main nue, j'ai les doigts tellement engourdis que je n'arrive même plus à les bouger. Seule la flamme de la cuisinière me fait du bien. Parfois, c'est à tel point que je ne peux même plus les bouger pour attraper une allumette. Il m'est arrivé de mettre plus d'un quart d'heure pour réussir à en craquer une. Avant que la vie me revienne aux extrémités, il me faut un long moment. La flamme brûle les poils de mes mains ; ça sent le cochon brûlé ! Je continue ensuite à me les réchauffer autour d'un bol brûlant de chocolat. Cette opération devient une cérémonie bien agréable.

Les milles s'ajoutent aux milles. Nous allons toujours aussi vite. La dépression est là. J'affale le spi medium et envoie le booster lourd de 80 mètres carrés, tangonné des deux côtés. J'ai l'impression que ça va continuer à forcir et j'ai envie de passer une nuit tranquille. La dépression s'éloigne rapidement, *Crédit Agricole* se comporte à merveille. Je prends de plus en plus confiance en lui et en moi. Quand le baromètre finit sa descente, se stabilise, puis amorce sa remontée, c'est que la dépression s'en va. Dès cet instant, je sais que les conditions vont s'améliorer et je me sens libéré à chaque fois d'un grand poids. Aussitôt je me dis que ça n'a pas été si terrible que ça, que les 45 nœuds de vent de cette nuit on les a étalés sans problèmes. Qu'à la limite j'aurais pu encore porter plus de voilure. Mais je sais aussi que cette euphorie ne va pas durer longtemps. Dès que le baromètre va amorcer une autre descente, qu'il va atteindre une pression encore jamais atteinte, je vais recommencer à imaginer le pire. Toute ma vie se passe autour du baromètre et des cartes météo !

Dans la nuit un des mousquetons du booster lourd a fait un accroc dans la toile. Je l'affale au petit jour pour réparer. Le vent est bien tombé et je peux renvoyer le spi et la grand'voile à trois ris. Je m'habitue petit à petit à ces mers du Sud. Cette puissance sauvage, cette férocité, moins elles me font peur, plus je leur trouve du charme. Je passe de plus en plus de temps à l'extérieur, j'admire le paysage. Les albatros me suivent toujours. Ils font un ballet autour de *Crédit Agricole.* Le soleil qui a fait son apparition aujourd'hui réchauffe la scène et lui donne une autre dimension. Mon appréhension face à cet océan Indien inconnu s'estompe et aujourd'hui, c'est vraiment la première fois que je me sens aussi heureux, confiant et libéré. Je pense avoir atteint mon objectif : faire marcher vite mon bateau en toute sécurité. Je contrôle parfaitement bien la situation.

Je sens *Crédit Agricole* heureux avec la toile qu'il porte, il va vite, il ne fatigue pas. Je lui parle. Je fais le tour du bateau en m'arrêtant longtemps sur le balcon avant, au pied du mât, à l'étai de trinquette, près du pataras, sur la jupe arrière. A chaque arrêt, je regarde la voilure, le sillage, les filets d'eau qui défilent le long de la coque. *Crédit Agricole* ouvre son passage en douceur, il passe bien, envoyant des embruns de chaque côté. Le long de sa carène, les filets d'eau courent sans turbulence, effleurent à peine la coque et se referment sur l'arrière ; reste son sillage où des tourbillons bordés d'écume blanche témoignent pour quelques secondes encore de notre passage. Dans les surfs, la coque laisse de chaque côté deux grandes traînées d'écume blanche que je vois encore longtemps sur l'arrière. Cela me permet de contrôler la rectitude de notre cap.

Les albatros, qui n'en finissent pas de planer, par la

grâce de leurs mouvements semblent vouloir faire se dérouler le temps au ralenti. Voilà des jours et des nuits qu'ils me suivent. Je ne les ai jamais vus se poser. Ils planent au ras de l'eau, prennent des virages, où le bout de leur aile effleure l'eau à quelques millimètres, devancent les vagues, sans jamais se faire surprendre. Ils ont l'air de chercher quelque chose, de la nourriture peut-être, et pourtant je n'ai jamais vu un seul d'entre eux plonger sa tête dans l'eau pour y attraper un poisson. Je ne sais pas comment ils se nourrissent. Je finis par croire qu'il doit y avoir en surface un plancton ou quelque chose d'invisible qu'ils avalent en planant. Ce mystère m'intrigue malgré tout. Ce ballet ininterrompu, lors des nuits de pleine lune, je l'ai observé pendant des heures, et leur ronde diurne n'est en rien modifiée. J'essaie de leur parler, de les siffler, d'attirer leur attention. Ils sont complètement indifférents. Et pourtant c'est bien moi qu'ils suivent. A force de les observer, je réussis à en reconnaître cinq ou six. L'un par une plume noire sur le bout de l'aile gauche, l'autre parce qu'il lui en manque une sur l'aile droite. Je suis donc sûr que ce sont toujours les mêmes depuis le début. Ils errent dans cet océan désert venant de nulle part, allant nulle part, n'ayant aucun territoire.

J'essaie de transposer leur situation à d'autres animaux ; à l'homme aussi. Tout humain a besoin d'un coin. L'homme travaille pour s'enrichir, pour amasser ; les oiseaux font un nid ; les poissons se réfugient dans un trou de rocher, délimitent leur territoire ; les fourmis amassent pour l'hiver ; les fauves ont leur domaine. Chacun se bat pour préserver sa propriété, son capital. Les albatros doivent naître sur un bout de glace de la banquise, errer toute leur vie dans l'immensité des mers du Sud, pour un jour disparaître dans l'éternité de ce désert de vent et de vagues. Je ne connais pas d'exemple d'animaux plus errants, libres de tout et vivant au jour le jour. Qui a raison ? Cette liberté absolue, dégagée de tout bien matériel...

J'ai du mal à imaginer un homme en arriver à un tel détachement, à un tel désintéressement. Errer à travers le monde, n'être d'aucune terre... Les gens s'attachent, ont besoin de posséder quelque chose. Les albatros sont vraiment loin des hommes. Cette distance qui nous sépare ne doit pas pour autant nous empêcher de devenir copains. A moins que cela fasse partie aussi de leur liberté, de leur détachement de tout. Ils me suivent avec le plus profond désintérêt pour mes signes, pour mes appels. L'instinct animal passe par l'estomac. J'ai tout essayé pour qu'ils s'intéressent à moi. Je leur ai envoyé du pain, du fromage. Quand je vide ma poubelle par dessus bord, je leur lance les épluchures de fruit et les restes, qu'ils pourraient manger. Rien à faire. Ils ne répondent que par le mépris. C'est quand même trop bête d'être si loin de tout et de ne pas réussir à établir un dialogue entre nous. Mais je crois que c'est peine perdue. Ils ne veulent pas de mon amitié, alors j'abandonne. Je les regarde comme je regarderais un nuage qui serait là pour rendre le décor plus beau et c'est vrai qu'ils sont beaux ces albatros. J'essaierai de trouver le moyen de les apprivoiser. La route est encore longue jusqu'à Sydney.

Je passe beaucoup de temps à regarder ce paysage, cette féerie d'un voilier qui avance vite dans les mers du Sud. Ce décor est idéal pour la rêverie. Je pense à mes amis, au chemin parcouru pour arriver jusqu'ici. Je trouve que la vie est belle et je suis heureux. La matinée s'est écoulée sans que je m'en sois rendu compte, entre les manœuvres et les rêveries. J'ai l'estomac qui commence à gargouiller. Je descends préparer mon repas et remonte rapidement sur le pont pour effectuer toutes les petites vérifications. Je vérifie les cordages, les coupe à une extrémité pour déplacer les points d'usure, regarde si rien ne s'use ou ne s'abîme. Je veux aussi essayer de réparer l'Aries. Savoir que je mise tout sur l'Autohelm 3000 m'ennuie beaucoup. Je le démonte de son support, change la pale et remplace les morceaux cassés. La réparation est longue, mais une fois finie et le pilote replacé je suis vraiment content de moi.

Le baromètre continue de remonter et le vent de mollir. Je renvoie toute la toile. La nuit est magnifique, les étoiles brillent bien et je les regarde. J'en connais très peu ; je pourrais aller chercher le bouquin et apprendre à les reconnaître, à leur donner un nom. Mais je n'en ai pas envie. Le ciel est beau comme ça, les étoiles me semblent aussi belles, avec ou sans nom. Je n'en ai pas besoin pour trouver une route, alors le ciel inconnu gardera tous ses secrets. Inutile de savoir qu'un jour un homme a donné un nom savant aux astres. J'ai l'impression aussi d'être le premier à voir ce spectacle. Je remonte le temps. Je ne sais pas qui est le premier marin à avoir navigué dans ces eaux mais ce soir je veux avoir le sentiment d'être celui-là. Je découvre ce ciel sans mon bouquin. La Croix du Sud, évidemment, se détache bien. Mis à part ces quatre étoiles, je regarde partout pour savoir laquelle aurait pu me servir pour trouver ma route, laquelle se détache bien ou brille davantage. Je regarde longtemps un coin de ciel, puis un autre, et je reviens au premier. Je reconnais la géométrie de leur disposition et je leur donne un nom – un nom à moi. Ici, il y en a cinq qui se suivent en arrondi : c'est le « Grand Arc ». A deux doigts à droite du « Grand Arc », il y en a trois alignées, c'est la « Petite Flèche ».

Je sais que les premiers marins, il y a des centaines d'années, ont vu ce même ciel, ces mêmes étoiles, ont été giflés par ces mêmes embruns, ont eu peur du froid à cause des mêmes vents ; leur bateau a été secoué par les mêmes vagues. Je sais qu'ils ont fait les mêmes gestes que moi aujourd'hui quand une dépression approche, pour réduire la voilure, qu'à la fin de leur quart ils rentraient un peu plus la tête dans les épaules pour garder leur chaleur, et qu'enfin ils se sont émerveillés comme moi ce soir devant ce paysage fantastique que la lune qui se lève vient encore souligner d'un trait argenté, donnant aux choses plus de relief, plus de vie.

La mer est, et restera toujours la même, aucun homme n'y pourra rien changer. Le temps et les années n'ont pas davantage d'emprise sur elle. L'homme peut modifier un paysage, raser une forêt, faire sauter une montagne, dévier le cours d'un fleuve, assécher un lac ou au contraire en fabriquer un. Jamais il ne pourra empêcher les tempêtes de faire vivre les mers du Sud. Jamais il ne pourra arrêter ces vagues qui doivent leur puissance au fait qu'aucune terre ne les arrête. Le paysage était, et sera le même. Ce soir, avec *Crédit Agricole*, je me balade dans le temps. J'ai décidé d'être deux siècles en arrière. Il faut que je m'en imprègne bien pour pouvoir ensuite raconter ce que j'ai vu à mes amis, dire comment c'était. Et puis les étoiles il faut que je leur trouve un joli nom, un nom qui parle pour elles.

Je voudrais rester toute la nuit dehors, poursuivre ma balade dans l'éternité, mais je n'en peux plus, j'ai trop froid. Je suis un peu triste que ce soient des considérations matérielles qui viennent interrompre ce bonheur. J'essaie de reculer le plus possible le moment où il faudra que je descende pour me réchauffer en avalant une soupe bouillante. Je fais du yoga respiratoire.

En Inde, les maîtres du yoga arrivent à oublier leur corps par simple concentration. J'ai appris la respiration que pratiquent ces maîtres. Je m'en sers souvent quand je barre très longtemps. Cela recule les limites de la fatigue et du sommeil. Avec l'habitude, je barre par instinct. Je ne surveille plus ni le compas ni la direction du vent. J'arrive à le sentir à travers mon corps. Le bateau est soulevé par la vague qui le rattrape. Je sais comment barrer en fonction de l'angle de la vague et des réactions du bateau sans même avoir besoin de réfléchir. Je me concentre, les yeux fermés, sur une respiration que je ralentis volontairement. Je fais une inspiration très lente en trois temps pendant lesquels il faut remplir les parties basse, médiane et supérieure des poumons. A chaque inspiration forcée j'inhale deux fois plus d'air qu'en une inspiration normale. Je bloque ma respiration 25 à 30 secondes et je souffle doucement en vidant d'abord le haut, puis le milieu et enfin le bas des poumons. En fin d'inspiration je rentre mon estomac au maximum en le faisant remonter le plus possible et je respire doucement. Le cycle complet dure un peu moins d'une minute et je respire à ce rythme pendant des heures.

Les maîtres du yoga enseignent qu'il faut se concentrer sur l'air que l'on respire, que par la pensée il faut s'identifier à cet air qui se réchauffe d'abord dans le nez et qui arrive dans les poumons où il finit par réoxygéner le sang et se charger de gaz carbonique qui est ensuite expiré. Cette concentration est longue à obtenir mais elle est très efficace. Elle fait oublier son corps, le froid, la fatigue, la faim ; elle ralentit considérablement les battements du cœur. L'un des buts du yoga est la domination de son corps, faire en sorte qu'il soit au service de l'esprit. En réussissant à dominer chaque partie de son corps, on peut se guérir de toutes les maladies, et augmenter ses possibilités. Sans en arriver à ce niveau, la pratique du yoga m'a déjà souvent aidé dans le passé, spécialement quand j'étais scaphandrier. Pour l'heure, cette méthode de respiration me maintient en pleine forme. De fait, voilà plus de dix ans que je n'ai pas été malade.

Je réussis à retarder d'une heure le moment où il faut descendre pour me réchauffer, manger et dormir.

Les îles Kerguelen approchent. Pendant la matinée, le vent tombe encore un peu en refusant. Le spi a du mal à porter. Je l'affale pour envoyer le starcut. Ce spi, très plat, peut être bordé comme un génois ; il procure au bateau une puissance extraordinaire. Nous gagnons presque un nœud. Malgré un temps couvert, la température atteint 20°C. Je suis par 44° sud et j'en profite pour faire une grande toilette. Je ne me lave plus tous les jours comme au cours de la première étape, mais j'essaie tout de même de prendre une douche deux fois par semaine. En tout cas, plus question de se laver sur le pont avec des seaux d'eau de mer.

Je fais chauffer de l'eau dans une casserole et je laisse les deux feux de la cuisinière allumés, ce qui réchauffe la cuisine où je peux prendre confortablement ma douche. Je change de vêtements et j'évite de sortir aussitôt après pour ne pas attraper froid avec mes cheveux mouillés. Je fais très attention à ce genre de petits détails : un simple rhume serait un gros handicap dans ce coin-là.

Je prends garde aussi de ne pas me blesser. Je mets des gants pour manœuvrer car je me cogne souvent et les occasions de se faire de petites égratignures sont nombreuses. Toutes les plaies sont très longues à guérir car le sel creuse et empêche la cicatrisation. Dans ma couchette, au-dessus de ma tête, se trouve un tube de Neutrogena, une crème spéciale pour les mains. Avant de m'endormir je m'en passe toujours un peu, ce qui empêche d'avoir les mains rêches et abîmées.

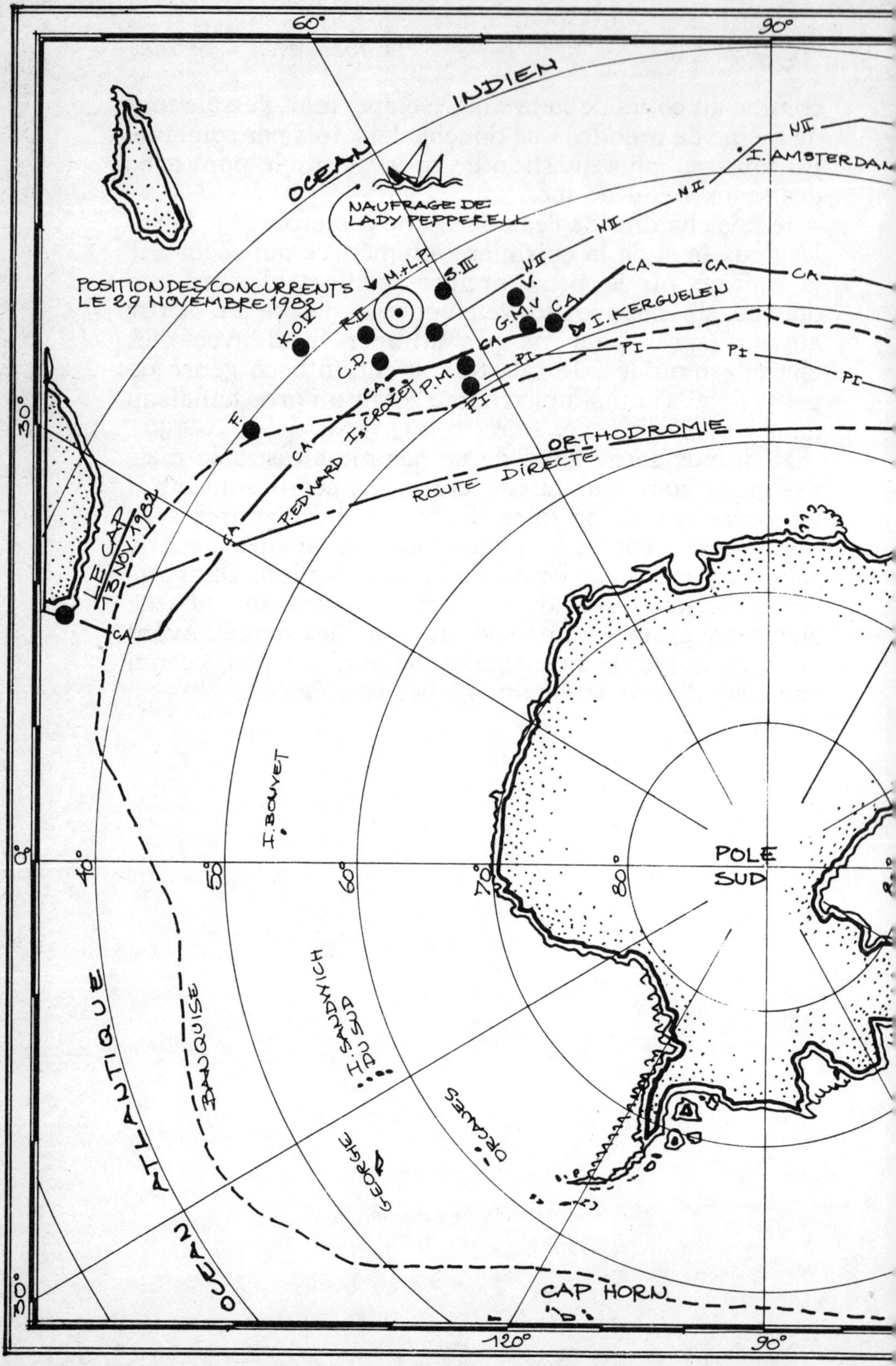

OCEAN INDIEN
NAUFRAGE DE LADY PEPPERELL
POSITION DES CONCURRENTS LE 29 NOVEMBRE 1982
M.+L.P.
S.III
K.O.V
R.II
C.D.
V.
G.M.V
C.A.
P.M.
F.
I. AMSTERDAM
I. KERGUELEN
I. CROZET
P. EDWARD
NII
CA
PI
ORTHODROMIE
ROUTE DIRECTE
LE CAP 13 NOV. 1982
I. BOUVET
POLE SUD
I. SANDWICH DU SUD
GEORGIE
ORCADES
BANQUISE
OCEAN ATLANTIQUE
CAP HORN
60°
90°
30°
0°
40°
50°
60°
70°
80°
120°

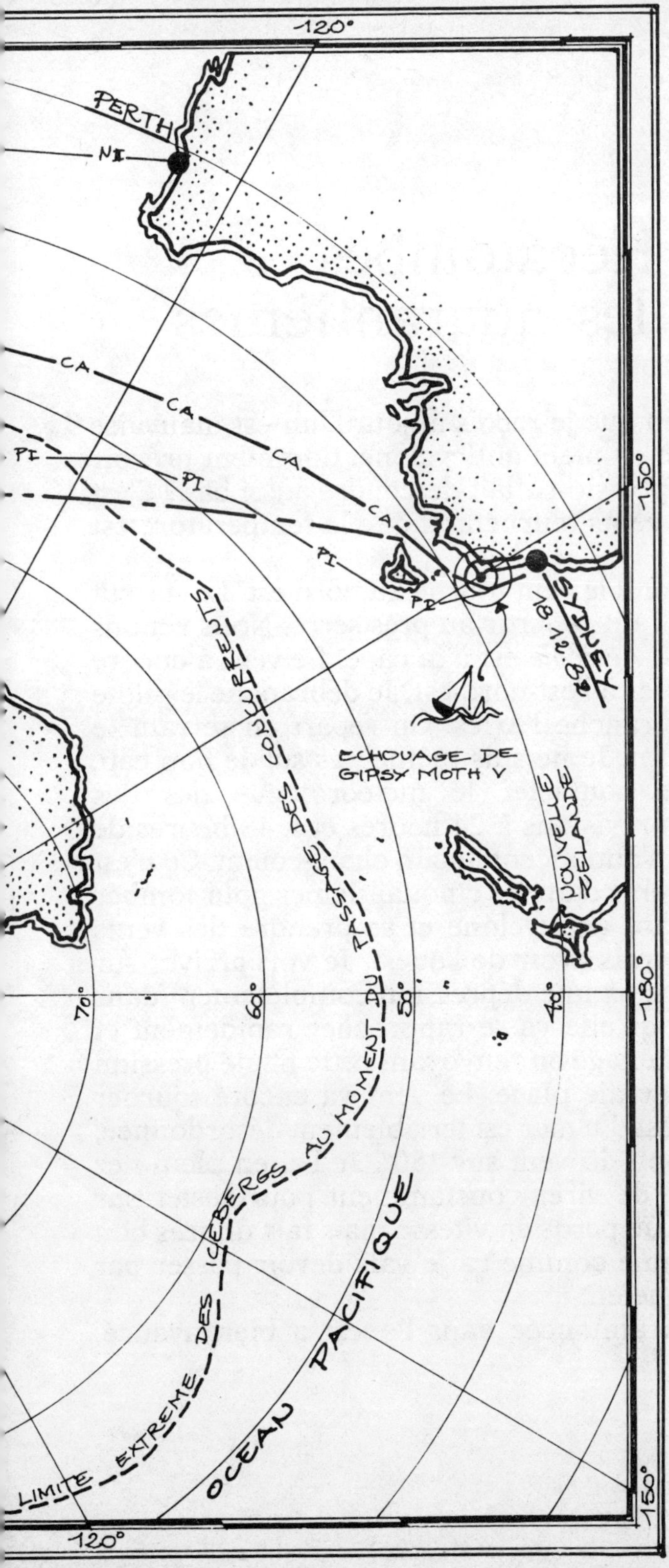

DEUXIÈME ÉTAPE

CAPE TOWN - SYDNEY

Classement général après la deuxième étape

CLASSE I :
1. *Crédit Agricole :* 82 j. 9 h. 15 mn
2. *Altech Voortrekker :* 90 j. 18 h. 45 mn
3. *Perseverance of Medina :* 106 j. 23 h. 56 mn
4. *Leda Pier One :* 108 j. 14 h. 23 mn

(Naufrages de *Lady Pepperell* et *Gipsy Moth ;* abandons de *Gladiator* et *Spirit of Pentax*).

CLASSE II :
1. *Skoiern III :* 104 j. 21 h. 8 mn
2. *Mooneshine :* 113 j. 2 h. 24 mn
3. *Koden Okera V :* 113 j. 21 h. 15 mn
4. *Ratso II :* 121 j. 16 h. 17 mn
5. *Fantasy :* 122 j. 10 h. 58 mn
6. *City of Dunedin :* 128 j. 20 h. 43 mn.
7. *Nike II :* 137 j. 21 h.

(Abandon de *Datsun Skyline*).

Hécatombes dans les quarantièmes

La carte météo que je reçois aujourd'hui est mauvaise car elle me situe en plein anticyclone. Comment prévoir que cette haute pression allait descendre aussi bas ? C'est pour ça que les vents tournent et que la température est aussi haute.

Dans l'après-midi le vent tourne au nord-est. Le starcut ne porte plus, il faut repartir au près serré. Nous venons de virer et *Crédit Agricole* est à la cape. Le vent a encore refusé, pour passer à l'est-nord-est. Je débranche le pilote électrique et rebranche l'Aries. On repart en serrant le vent au maximum. Je ne suis même pas sur le bon cap. Plus moyen de contacter le météorologue des îles Kerguelen. Les prévisions à 24 heures et à 48 heures de ma carte météo n'annoncent aucun changement. Ce n'est pas la peine de venir dans les cinquantièmes pour tomber dans le piège d'un anticyclone et se prendre des vents d'est là où je devrais avoir de l'ouest. Je vois arriver sur la carte du Nagrafax une dépression complètement dans l'ouest. J'espère qu'elle va se rapprocher rapidement et faire un peu le ménage en renvoyant cette haute pression vers le nord, sa vraie place. Le vent va encore tourner pour finir plein est. La mer est terriblement désordonnée, avec cette rotation du vent sur 180°. Je l'ai en plein nez et je suis obligé de virer constamment pour rester sur le bord gagnant. Je perds en vitesse mais fais un très bon cap. Si ça continue comme ça je vais devoir passer par le sud des Kerguelen.

La dépression annoncée dans l'ouest a bien avancé,

mais elle n'est pas assez forte pour repousser l'anticyclone et elle piétine sans réussir à faire changer le temps. Cette haute pression est si bien installée que j'ai l'impression qu'il va falloir que je la traverse entièrement pour m'en débarrasser.

Pendant deux jours je tire des bords à n'en plus finir. Je n'ai pas réussi à joindre les radio-amateurs d'Afrique du sud, je ne sais donc pas où sont les autres bateaux. Dans deux heures le prochain rendez-vous radio. J'espère que je vais avoir des nouvelles. La moyenne journalière est tombée et si la distance parcourue est encore importante, la route utile, elle, l'est beaucoup moins. 140, 120, 130 milles.

Le contact radio m'apporte de mauvaises nouvelles. *Gipsy Moth* et *Voortrekker* m'ont repris du terrain. Desmond Hampton n'a pas serré le vent comme je l'ai fait. Il a pris une route beaucoup plus sud en choisissant la vitesse plutôt que le cap. Résultat : il m'a repris 70 milles en trois jours, et aujourd'hui il a 4 milles d'avance et se trouve vingt milles plus au sud, alors qu'il y a deux jours j'étais à 60 milles plus au sud de toute la flotte. C'est la première fois depuis le départ que je perds la tête de la course. J'espère que ce foutu vent va changer et que je vais pouvoir à nouveau reprendre mon avance. En attendant, je décide moi aussi de descendre vers le sud, d'ouvrir un peu mes voiles et de soigner ma vitesse. D'autant que, là-bas, ça a l'air d'aller mieux.

Je suis tout de même surpris par les performances de *Gipsy Moth.* Desmond doit maintenant faire rendre tout ce qu'il peut à son bateau. Il va falloir mettre encore plus de charbon dans la machine. *Gipsy Moth* est sympa... mais je le préfère derrière. En avant, *Crédit Agricole !* Il va falloir que tu te bagarres encore plus !

Toute la journée et toute la nuit, le vent forcit progressivement. Le baromètre est en baisse. Une dépression très creuse arrive dans l'ouest. J'espère que celle-là aura assez de force pour faire remonter l'anticyclone vers le nord. J'ai l'impression qu'au changement de temps, la mer sera mauvaise avec ces houles résiduelles engendrées par cette situation météo assez anormale pour la région.

Depuis le contact radio d'hier, nous avons mieux marché. Le vent a forci. Le ballast est plein et le pont est sans arrêt recouvert par les vagues qui tapent contre l'étrave. L'intérieur est en désordre. Les planchers de la cuisine flottent encore. Les séances de pompage recommencent ; une toute les quatre heures !... Mes conserves rouillent à force de nager dans l'eau de mer. La pompe de cale se bouche. Il faut encore tout démonter pour retirer... une allumette qui empêchait le clapet anti-retour de bien se refermer...

Le contact radio que j'attendais avec impatience me redonne un peu de baume au cœur. J'ai réussi à combler mon retard sur *Gipsy Moth.* Je suis encore un peu nord par rapport à sa position mais sur la même longitude. *Voortrekker* est à 40 milles derrière. *Perseverance of Medina* et *Leda Pier One* font une route plus nord et sont encore 70 milles derrière *Voortrekker.*

Mon concurrent le plus sérieux reste donc Desmond Hampton. Les petits bateaux font en général une route plus nord. Ils n'ont pas voulu se risquer au sud et je pense qu'ils ont eu raison. Le premier coup de vent aura déjà fait pas mal de dégâts dans la flotte. *Spirit of Pentax, Fantasy, Gladiator, Datsun Skyline* sont retournés à Cape-Town pour réparer leur pilote. Pendant la première semaine, quand les bateaux ont commencé à surfer, tous les régulateurs d'allure dont la pale sous-marine traîne dans l'eau se sont cassés. Certains ont estimé qu'il fallait rentrer et réparer en faisant plus solide, d'autres – et c'est la majorité – ont continué en essayant de réparer avec les moyens du bord ou ont décidé de se passer du régulateur d'allure en utilisant les pilotes électriques. C'est le cas de Jacques de Roux et de Guy Bernadin. Je crois que c'est l'enseignement le plus important à tirer de cette première partie de course dans les mers du Sud : aucun régulateur ne résiste aux surfs sauvages. *Crédit Agricole* était le seul bateau dont l'Aries avait été renforcé. Le résultat est le même.

Maintenant je ne me sers de ce pilote qu'au près serré, comme en ce moment ou au largue, quand je ne risque pas de partir au surf. Dès que je prends le vent sur l'arrière, je replie la pale, et continue sans pilote électrique. Dans une course en solitaire, les pilotes automatiques et les régulateurs d'allure représentent vraiment la clef du succès. Ils sont soumis à de si rudes épreuves que la moindre faiblesse est mise à jour immédiatement par ce banc d'essai impitoyable. Je réalise que je n'ai peut-être pas accordé assez d'argent à ce budget. Quand je pense que sur certains bateaux d'une transat ou d'une Route du rhum, qui dure une vingtaine de jours, certains skippers emmènent jusqu'à dix pilotes de trois ou quatre marques différentes, et que pour mon tour du monde je ne dispose que d'un Aries, d'un Naval service qui se branche à la place de la pale en bois, d'un Autohlem 3000 et d'un 5000. Ça me paraît maintenant un peu léger !

Dans la nuit le vent adonne progressivement et reprend sa rotation par le nord-est. C'est bon signe. Je n'ai pas pu avoir de carte météo, la propagation était mauvaise et le signal reçu était brouillé. Je ne sais donc pas ce qui se passe. Le baro m'indique tout de même que la dépression doit-être en train de faire la loi et de rétablir la situation. Ce n'est pas trop tôt.

Toute la nuit le vent adonne, et j'ai repris ma route sur le bon cap qui me fera passer au ras des Kerguelen Je commence à choquer les écoutes. La vitesse augmente tout de suite et les mouvements du bateau sont moins violents. Allez *Crédit Agricole !* Bientôt les vents d'ouest vont revenir et tu vas pouvoir à nouveau tailler de la route ! Il faudra encore allonger ta foulée, car *Gipsy Moth,* auquel on a de nouveau repris 7 milles aujourd'hui est sur nos talons et est décidé à se battre. Mais nous avons repris la tête de la course. Il reste encore les deux tiers à parcourir et rien n'est encore joué.

Dans la nuit, la drosse de l'Aries casse deux fois. Il y a de terribles coups de rappel sur le safran et ce sont les cordages du pilote qui encaissent les chocs. Je peux réparer et remets en route aussitôt sans perdre de temps. Le vent continue de forcir et je prends deux ris dans la grand'voile. Ma nuit aura été courte avec toutes ces manœuvres, mais nous avançons bien et j'ai réussi à avoir une carte météo. L'anticyclone a disparu, chassé par cette dépression très creuse qui arrive. Je vais devoir être sur mes gardes, car je n'ai encore jamais essuyé de tempête dont la pression barométrique soit aussi basse. Je suis assez près de son centre mais heureusement au nord, je vais donc avoir des vents d'ouest. *Gipsy Moth* qui était descendu plus au sud est en train de remonter vers le nord. Il a raison même si ça le retarde, car cette dépression aurait pu passer à son nord et lui envoyer des vents d'est. Comme j'ai pu faire une route directe, je lui ai encore repris 10 milles aujourd'hui. Je me sens un peu mieux.

En revanche, les nouvelles reçues par les radio-amateurs d'Afrique du Sud ne sont pas bonnes et ne font que confirmer que cette tempête est la plus mauvaise de toutes celles essuyées depuis le départ. Les petits bateaux qui sont assez loin derrière se trouvent en plein dedans et les ennuis sont déjà nombreux.

La plus alarmante concerne *Lady Pepperell.* Il a dû être roulé par une vague et sa quille a pris du jeu. Ce bateau de presque 17 mètres, en fibre de verre, a intrigué beaucoup de monde au départ de Newport. Tony Lush, son skipper américain, déclarait avant le départ qu'il était beaucoup trop paresseux pour faire un tour du monde en solitaire sur un bateau classique avec toutes les manœuvres que cela implique. La solution qu'il avait choisie pour simplifier la manœuvre consistait en deux mâts en fibre de verre non haubannés sur lesquels s'enroulaient les deux grand'voiles. En bas du mât, une roue dentée, dont le bout de manœuvre revenait au cockpit. Le plan du pont ne pouvait pas être plus simple. Dans le cockpit il y a quatre winches. Deux qui servent à tourner les deux mâts et deux pour border les grand' voiles. Pas de focs, pas de spis. Seulement deux grand' voiles. Absolument aucune manœuvre à faire. Quand je pense que dans le cockpit de *Crédit Agricole* il y a 11 winches sur lesquels arrivent 31 cordages qui ont des fonctions différentes !

C'était sûr que dans ces conditions Tony Lush allait avoir du bon temps. Son bateau, d'un autre côté, était extrêmement léger. Il économisait le poids de tout l'accastillage du haubannage, des cordages et des voiles. Sachant qu'il aurait par conséquent beaucoup de loisirs, Tony avait embarqué une vraie bibliothèque et de quoi se faire de bons petits plats. S'il n'était pas passionné par la manœuvre, en revanche son goût pour la cuisine devait l'occuper longuement. Il était le seul, et il s'en flattait, à avoir pris du poids au cours de la première étape. Le jour de l'arrivée de *Lady Pepperell* à Cape Town, en allant lui serrer la main je remarquais une belle « petite brioche » bien rebondie, et je me disais qu'en effet la gastronomie avait dû être à son bord moins maltraitée que sur *Crédit Agricole*.

Tony avouait cependant avoir eu très peur pour ses mâts lors de la première étape. Dans les risées et les vents un peu forts, les têtes de mâts prenaient un tour de flèche par rapport à la verticale, à la limite de la rupture. A Cape Town, son sponsor lui avait fait parvenir deux mâts en fibre de carbone qui tout en étant plus solides seraient moins flexibles. Malgré cette modification, personne ne donnait cher de ses chances dans les deux étapes du sud. Pour ma part, je préférais être sur *Crédit Agricole* que sur *Lady Pepperell* et aujourd'hui, grosse surprise, son bateau, couché par une vague, connaît des problèmes de quille... Les mâts, en revanche, ont tenu. Le contact radio suivant m'apprendra que ce sont les boulons de quille qui se sont cassés ; la quille n'est plus retenue que par la peau de fibre de verre, prenant du jeu de 15 à 25° de chaque côté. J'imagine en effet qu'il ne doit pas être agréable de se trouver sur un bateau dont la quille joue le métronome et menace de se dégager à tout instant, au risque de laisser un grand trou béant dans la coque qui entraînerait le bateau vers le fond en quelques secondes. Tony Lush fait demi-tour et essaie de rentrer sur Cape Town.

Pendant ce temps, Yukoh Tada, le Japonais, skipper de *Koden Okera* fait un tour complet avec son bateau. Il reçoit la machine à coudre sur la tête et la machine à écrire sur une jambe. Il dit qu'il n'arrive plus à marcher mais qu'il réussit à se déplacer sur le pont en rampant, qu'il continue la course et qu'il se soigne tout seul. Des médecins, prévenus par les radio-amateurs viennent sur les ondes et lui donnent des conseils pour mieux se soigner.

En même temps, Guy Bernardin, sur *Ratso II,* le plus petit bateau de la course, fait lui aussi un tour complet. Son bateau se remplit à moitié d'eau, il est éjecté de son cockpit et se retrouve à barboter dans l'écume. Il a le réflexe d'attraper un cordage au passage et quand le bateau finit par revenir à l'endroit, il se retrouve suspendu à une bastaque. Guy me racontera son chavirage plus tard. Il me parlera des couleurs de l'eau, de sa transparence. Il se croyait dans l'espace. Sur le coup il n'a pas eu peur du tout. Il dira même qu'il a vécu là l'un des plus beaux moments de son existence. Dès qu'il a rejoint le cockpit, il a rangé tout l'intérieur, pompé l'eau, remis en route. Après seulement, il est allé se changer et dormir.

Jacques de Roux également a été retourné par une vague et a exécuté un tour complet. A ce moment Jacques était dans sa couchette. Il y est resté pendant tout le chavirage. Revenu à l'endroit, il est allé voir les dégâts ; le mât était toujours là mais un des haubans avait cassé. Il a réparé le hauban avec des serre-câbles et des tiges inox. Une très belle réparation qui tiendra sans bouger jusqu'à Sydney. Côté moteur, rien ne va plus : la culasse s'est voilée et le joint de culasse n'est plus étanche. Il ne peut plus le faire démarrer sous peine de s'asphyxier. Il n'a plus de courant électrique et pense un moment abandonner la course en se déroutant sur l'Ile de la Réunion pour réparer. Sans électricité, il n'a plus de pilote. Jacques est découragé. Mais Guy Bernardin, malgré ses ennuis, réussit à lui remonter le moral. De mon côté je lui explique le réglage de voile que j'utilise pour *Crédit Agricole* et qui donne au bateau une bonne stabilité. Il décide de continuer. Ç'aurait été vraiment dommage qu'il abandonne, alors qu'il avait déjà gagné la première étape dans sa classe et qu'aujourd'hui encore il est largement en tête de la classe II.

Tous ces ennuis sur les bateaux qui sont 200 à 300 milles derrière me laissent entrevoir la puissance de cette tempête. J'approche des îles Kerguelen, je devrais les avoir par le travers dans le courant de la nuit. Le vent est stabilisé à 35 nœuds, la grand'voile à deux ris et le spi médium nous tirent à plus de dix nœuds de moyenne. Les surfs sont impressionnants. Nous avons atteint 22 nœuds en pointe, et chaque surf nous pousse en moyenne à 18-19 nœuds. En ce moment je suis sûr que je suis en train de faire le trou sur *Gipsy Moth.* Il n'a pas une coque aussi planante que *Crédit Agricole,* et comme je suis dans le cockpit je peux aider le pilote pour diminuer les embardées.

Je me rapproche très vite des Kerguelen et en arrivant sur les hauts fonds qui bordent cet archipel, la mer devient très mauvaise. Je ne sais pas ce qui se passe mais en l'espace d'une heure elle est méconnaissable : très courte, très creuse, une houle croisée finit de brouiller les cartes. *Crédit Agricole* enfourne toute son étrave jusqu'au panneau avant dans chaque vague. J'ai pu rattraper de justesse plusieurs départs au lof. Mais maintenant les vagues commencent à déferler. Le pilote ne tient absolument plus le bateau, bien que le vent n'ait pas forci. Il faut absolument affaler le spi chaque fois que le vent dépasse 30 à 35 nœuds. Pour l'étouffer dans sa chaussette, je déplie entièrement le yankee, le spi se trouve alors automatiquement déventé, et la chaussette descend sans problème. Si je ne prends pas cette précaution, je cours le risque de voir le spi se regonfler et de ne pouvoir affaler.

Donc, je déroule le yankee et pendant que je borde l'écoute au winch, *Crédit Agricole* part au lof ; je réussis à le ramener rapidement ; mais le spi se regonfle dans un claquement sec qui donne au mât des vibrations, et aussitôt il repart au lof, sans que je puisse faire quoi que ce soit. Le mouvement est très violent ; en fait c'est une vague qui a couché *Crédit Agricole ;* le spi étant encore gonflé il nous a aidés à chavirer. Le mât est dans l'eau, le spi s'est rempli, et j'attends que *Crédit Agricole* se redresse. Il reste couché. Le spi est en train de chaluter car nous avançons toujours. Il doit y avoir des tonnes d'eau qui nous empêchent de nous redresser. La bôme maintenue par une retenue frappée sur le rail de fargue tribord est revenue dans l'axe. Quelque chose a dû casser quelque part.

Ces instants me paraissent une éternité. *Crédit Agricole* est toujours couché sur le flanc tribord, il ne revient pas. Je suis en train de me demander si je n'ai pas perdu la quille. Il faut faire quelque chose très rapidement sinon tout va casser et une vague pourrait finir de nous retourner. Je décide de larguer le spi, tant pis. Mieux vaut sacrifier cette voile que de continuer à tout casser. Je largue bras et écoute et réussis à aller jusqu'au pied du mât pour larguer la drisse.

Crédit Agricole se redresse aussitôt. Je reviens au cockpit qui finit de se vider et reprend la bôme. On redémarre. Le tangon tribord traîne dans l'eau et appuie sur les haubans, je le vois plier. Je branche le pilote et essaie de le rentrer. Je n'y arrive pas. Il faut que je mette *Crédit Agricole* bout au vent pour casser la vitesse et remonter le tangon. Enfin je peux remettre en route...

Une fois réchauffé et le ventre plein, je retourne sur le pont. Le vent a encore forci ; il faut réduire la voilure. L'enrouleur cassé ne me permet plus d'enrouler le foc. Dans mon malheur, j'ai quand même de la chance, le tangon est venu taper juste à la jonction de deux éléments. En découpant à la scie à métaux deux rondelles de chaque élément je pourrai refaire la liaison sans avoir à démonter l'ensemble. La réparation est donc faisable en mer sans trop de difficultés. Il faut juste attendre un peu que ça se calme. Pour le moment, le yankee est trop grand, et ne pouvant pas le réduire en l'enroulant, il faut que je l'affale. Je réussis à le faire par la partie cassée, et la voile se retrouve à l'abri dans la soute. Je déroule la trinquette et nous repartons.

La moyenne a souffert. J'envoie donc le booster lourd tangonné des deux côtés. Le vent souffle à 40 nœuds avec des sautes assez brutales. Notre vitesse est toujours vertigineuse. J'aurai passé toute la nuit à manœuvrer et maintenant il faut que je reste à la barre car le pilote n'arrive plus à étaler.

Il fait tellement froid dehors que je m'installe à la barre à roue intérieure sur mon siège de Renault Fuego. Je fais des provisions de fruits secs, de lait Nestlé et de chocolat chaud en thermos. Je passe toute la journée sur le siège, sans bouger. J'ai mal partout. J'attrape des crampes dans les bras.

Dans la soirée, le vent forcit encore. J'ai roulé la trinquette, la grand'voile est au troisième ris. Le vent atteint 50 nœuds dans les rafales. Je suis en plein dans la dépression qui a causé tant de mal aux autres bateaux.

Je ne peux pas quitter mon siège. Notre vitesse est surprenante ; chaque vague nous fait partir en surf. À l'intérieur, c'est encore plus impressionnant car si la vue est moins bonne, le bruit est deux fois plus important car amplifié par la caisse de résonnance que forme une coque en aluminium. Toute la partie avant du bateau n'étant pas isolée, j'ai l'impression d'être dans un tambour. C'est maintenant que j'espère que Nautalu a fait du bon boulot et que les soudures ne lâcheront pas !

La nuit tombe déjà. Ça fait quinze heures que je barre et je n'en vois pas la fin. De toute façon je n'ai pas le choix : il faut tenir. Les moyennes réalisées ces deux derniers jours m'encouragent à en faire plus : 225 et 210 milles. À quatre heures du matin, le vent tombe ; je peux rebrancher le pilote et enfin aller dormir. Je suis à bout.

Au lever du jour, le vent a encore molli, je peux larguer un ris dans la grand'voile. Je largue le tangon sous le vent pour pouvoir border un peu plus le booster. Je retourne me coucher. Je dors par tranche d'une heure jusqu'à midi, ça me fait beaucoup de bien. Je serais bien resté encore un peu dans mon duvet, mais j'ai pas mal de travail sur le pont, et il faut réparer maintenant que la dépression est passée.

Je scie le pavois arraché et arrondis un peu les angles qui pourraient être dangereux. Je bouche avec du contre-plaqué le trou fait par le chandelier arraché. Je réussis avec du silicone à faire une bonne étanchéité. Je n'ai plus de balancine de tangon sur tribord, la cadène a été arrachée du mât. Je me sers donc de la drisse de génois de secours. Ce n'est pas l'idéal mais ça ira quand même.

En revanche, il faut que je me dépêche d'arranger l'enrouleur, il faudrait que la réparation soit terminée quand le vent sera au plus faible juste avant la prochaine dépression pour que je puisse renvoyer dans les meilleures conditions le yankee. Je viens avec ma caisse à outils sur l'avant, et commence mon découpage. Ce n'est pas très facile, car la position est assez précaire et mon équilibre plutôt instable. Je travaille très doucement pour être sûr que la découpe soit bonne. Je fais sauter les deux tronçons endommagés, rapproche les deux extrémités, refais la liaison mécanique et reforme des trous pour y passer les vis du blocage.

En moins de deux heures la réparation est faite, et je peux renvoyer le yankee. Je vais attendre encore un peu que le vent se calme. Je fais un tour sur le pont pour tout examiner. Il ne semble pas y avoir d'autres dégâts. En arrivant sur la plage arrière, je vois que la pâle sous-marine de l'Aries est tordue d'environ 30°. Le manchon d'accouplement n'a pas cassé, mais c'est tout l'ensemble qui s'est tordu. Il va à nouveau falloir que je redémonte entièrement le pilote pour essayer de le redresser. Je ne sais pas encore comment je vais pouvoir opérer... On verra plus tard quand le vent sera tombé et qu'on ira moins vite.

Le contact radio avec la France est excellent. J'ai pu avoir la station sud-africaine et des nouvelles de *Lady Pepperell*. Nouvelles dramatiques. La quille a encore pris du jeu, il y a maintenant une voie d'eau ; Tony Lush a lancé un appel de détresse. Le comité de course, par l'intermédiaire des radio-amateurs organisent les secours. Le bateau le plus proche est celui de Francis Stoke, *Mooneshine*. Il se déroute aussitôt pour venir au secours de Tony qui est à une cinquantaine de milles de lui. Quand les deux bateaux sont en vue, Francis manœuvre pour passer à une quinzaine de mètres de *Lady Pepperell*. Tony est sur le bord, une bouteille de whisky dans une main, un sac en plastique avec quelques affaires personnelles dans l'autre et sa balise Argos. Francis lui lance un bout et lui dit de sauter. Tony hésite. Ce n'est pas tant la dernière hésitation avant d'abandonner son voilier qui le retient ; il avoue à Francis « Je ne sais pas nager » !

Scène absolument incroyable, où dans le mauvais temps des quarantièmes, un homme réussit à se porter au secours d'un autre homme ; dans l'immensité de cet océan deux voiliers parviennent à entrer en contact mais voilà qu'au moment où le miracle va se produire, un petit détail auquel personne n'avait pensé intervient : Tony ne sait pas nager ! Il n'est pas question que les deux bateaux viennent bord à bord. Tony va réussir à lancer un bout que Francis va tirer. Ça y est il est sauvé ! Il débouche sa bouteille de whisky pour fêter l'événement. Tony ne veut pas voir son bateau couler. Ils remettent en route tout de suite.

Pour respecter l'esprit de la course en solitaire, Tony ne fera rien à bord. Il ne touchera à aucune écoute ; ne tiendra pas de quarts. La seule chose qui l'occupera sera la cuisine. Francis avouera à son arrivée que s'il avait perdu la solitude et l'isolement qu'il était venu chercher dans ce désert, il était bien content de n'avoir qu'à se mettre les pieds sous la table aux heures des repas.

Pour avoir longuement parlé avec les skippers sur leur sentiment, je sais qu'aucun de nous n'a souhaité à un moment quelconque avoir de la compagnie à bord. La solitude n'a jamais pesé sur les concurrents et lorsque les circonstances imposaient à un concurrent de prendre un passager à bord, cette solitude était rompue, et avec elle cette complicité avec l'environnement. Francis ressentait une certaine frustration. On lui avait retiré son assiette avant la fin du repas. Mais il est bien évident que la joie de sauver une vie supplante toutes les autres et que seule cette fierté reste.

La troisième semaine de course se termine, avec un beau sillage. 199 milles par jour soit 1 390 milles parcourus dans la semaine. Les dépressions maintenant se succèdent régulièrement, je les vois arriver avec plus de confiance. Cependant je n'arrive pas à faire le trou avec *Gipsy Moth,* qui me talonne. C'est toujours la guerre entre nous. Chaque jour les positions Argos communiquées par les radio-amateurs me surprennent. Toute la journée et toute la nuit j'ai l'impression de marcher à fond, de faire rendre à *Crédit Agricole* le maximum, et en arrivant au contact radio je suis très confiant, persuadé qu'aujourd'hui j'ai pris au moins 10 milles à *Gipsy Moth.*

Quelle surprise ! Je n'arrive pas à le croire ! Il a encore été plus rapide que moi ! Il m'a repris 5 milles. Je refais plusieurs fois les calculs. Je n'arrive pas à l'imaginer. Je commence à me faire du souci pour le résultat final. J'ai 25 milles d'avance et il me talonne toujours. Je n'ai pas le cœur à rester longtemps à la radio aujourd'hui. Je suis en train de me faire rattraper alors que j'ai l'impression de marcher très fort. J'enfile mon ciré, et je vais sur le pont essayer de voir ce que je pourrais faire. Je porte le spi lourd de 150 mètres carrés avec deux ris dans la grand'voile et nous abattons 210-205-215 milles par jour. On ne va pas encore assez vite. Renvoyer un spi plus grand alors que la sagesse voudrait que j'affale celui-ci ? Je réfléchis un bon moment. C'est la seule solution. Il faut renvoyer de la toile.

C'est là vraiment que je me rends compte que la course et la présence d'Argos changent toute ma vie. Jamais dans d'autres conditions il ne me serait venu à l'esprit de renvoyer plus de toile et pourtant il le faut ! Vraiment Desmond pousse son bateau à fond. « Allons, *Crédit Agricole,* il faut accélérer la cadence. Tu vas devoir encore porter plus de toile ». Je prépare le spi, sors un medium de 180 mètres carrés. La manœuvre se passe bien et le nouveau spi porte rapidement. On va un peu plus vite, le pilote peine davantage mais la stabilité du bateau n'est pas altérée.

Dans la soirée le vent va forcir encore et s'établir à 40 nœuds en moyenne. Toute cette toile en l'air me fait peur. Je me dis que je suis complètement fou de la garder mais je voudrais aborder les côtes australiennes et l'entrée du détroit de Bass avec une bonne avance sur le second de façon à me mettre à l'abri d'une éventuelle saute de vent ou d'un caprice de la météo.

Les rafales atteignent maintenant 45 nœuds, le pilote

est dépassé. J'affale complètement la grand'voile et tangonne le deuxième point d'écoute du spi. L'ensemble est maintenant bien bridé. Le spi porte bien et ne dévente jamais. La nuit tombe, triste, sinistre. La lune ne m'aidera pas aujourd'hui. Il fait un noir complet. Le baromètre est toujours en chute. Dehors, il fait froid, et une fois la grand'voile bien ferlée sur la bôme, je rentre à l'abri dans la timonerie.

D'avoir affalé la grand'voile soulage bien le bateau mais le vent continue de forcir et le pilote est à nouveau dépassé. Je sens que la nuit sera mouvementée et que je ne pourrai pas dormir. Je porte trop de toile. Je sais que pour passer une nuit tranquille il faudrait que j'affale le spi de 180 mètres carrés, et que j'envoie le booster lourd de 80 mètres carrés. Certes, on perdrait un nœud de vitesse, mais la stabilité serait parfaite et je pourrais dormir tranquillement. Je suis toujours surpris de constater lorsque je réduis la toile de voir peu de différence de vitesse avant et après la manœuvre. Ce qui prouve bien que *Crédit Agricole* est souvent surtoilé. En enlevant 100 mètres carrés d'un seul coup je ne perdrais guère plus d'un nœud. Mais ce nœud... ce petit nœud ça fait 24 milles en 24 heures et répété dix fois, ça fait 240 milles soit plus d'une journée de navigation. Il faut donc garder la toile. Je sais que le bateau est solide, qu'il supporte cette surface de voilure, le seul problème, c'est sa stabilité. Le pilote est dépassé et il faut barrer à la main. En prévision de la durée du coup de vent, je prépare mes réserves, et je dispose à côté de moi le thermos de chocolat chaud, les tubes de lait Nestlé, les fruits secs, le chocolat et les biscuits.

Au moment où je m'installe dans la timonerie intérieure, je sais que je n'en sortirai pas tant que le vent ne sera pas tombé et que le pilote ne pourra pas prendre le relais. Ça peut durer 24 heures ou plus. Il faut attendre que la dépression nous dépasse. De ce poste de pilotage intérieur, je peux barrer dans de bonnes conditions

CREDIT AGRICOLE

10. 11. 12. 13. Plaisir d'écume et d'embruns au près dans la brise, crachin breton au mi-largue, calme plat au couchant, les dépressions et les anticyclones sont les grands maîtres du large, et imposent leur rythme au navigateur solitaire.

14. Après une étape qui a coûté la vie à deux bateaux, *Lady Pepperell* et *Gipsy Moth,* après plusieurs knock-down dont un pour *Crédit Agricole,* Philippe Jeantot arrive en grand vainqueur à Sydney. 15. De gauche à droite: Philippe Jeantot, Bertie Reed 2e de l'étape, Richard Broadhead 3e, et Jacques de Roux.

puisque j'ai une vision sur 220° et que tous mes instruments électroniques sont disposés devant moi. Dans les mers du Sud, pendant les coups de vent, la température est si basse qu'il semble impossible de rester dehors plus d'une heure sans être complètement frigorifié. Grâce à cette timonerie je peux barrer sans problème durant des heures tout en continuant à porter le maximum de toile.

Je suis bien et même heureux de forcer comme nous le faisons. Mais je suis obligé de rester à la barre. Je ne peux la lâcher car le bateau se mettrait rapidement travers à la lame et risquerait de se faire rouler. Me voilà donc condamné à barrer tant que le pilote ne pourra pas prendre le relais.

La nuit se passe bien. La vitesse est impressionnante, plusieurs surfs à 20 nœuds. J'attrape de temps en temps un fruit sec, un biscuit, je bois du chocolat. Je ne peux même pas abandonner le banc pour aller aux toilettes. Pourtant, quand l'envie se fera trop pressante, il faudra bien que je trouve une solution !

Le jour commence à se lever, le ciel est bas. Ces vagues que je ne voyais pas mais que je sentais me paraissent maintenant plus impressionnantes. Nous ne sommes pas partis une seule fois au lof depuis hier soir. Il faut vraiment que je trouve la possibilité d'aller aux toilettes. Je renfile ma veste de ciré et vais sur le pont. Je rebranche le pilote 3000, et reste un petit moment à côté. Les embardées sont très importantes mais le bateau ne dépasse jamais la position critique. Le spi ne dévente pas. Ça marche à peu près. J'en profite aussi pour me faire chauffer une bonne soupe.

Une vague plus grosse nous fait glisser, je sens le bateau qui part sur le côté, il résiste, résiste, mais la vague est la plus forte et nous partons au lof. Le spi fasseye en secouant tout le mât. Toute la coque vibre sous les chocs. Le tangon est dans l'eau, je saute sur le pont, déconnecte le pilote et redresse le bateau. Un bon avertissement. Je me disais en douce que j'allais laisser le pilote et que si dans la demi-heure qui allait suivre, rien d'anormal ne se passait, je pourrai aller dormir un peu. Ce n'est pas encore le moment de baisser les bras ! Il faut reprendre le banc.

Je resterai toute la journée sur mon siège. J'ai mal aux bras, aux épaules et dans le dos, mais je ne suis pas trop fatigué. Malgré le peu de sommeil je me sens en pleine forme. Ce qui prouve que ne n'ai pas encore puisé dans mes réserves et que j'encaisse bien les longues périodes de veille. Le baromètre s'est stabilisé, je crois même qu'il commence à remonter... Je vois la fin de ce coup de vent. Encore quelques heures de barre et je pourrai aller dormir. Ce n'est qu'au petit matin que le vent tombe. Le pilote va pouvoir reprendre du service. Je monte sur le pont et reste à côté prêt à intervenir. Pendant la demi-heure de test rien ne se passe. Je descends rapidement, programme les alarmes de vitesse, de cap, et de force du vent et vais me coucher pour une heure.

Le trait sur la carte s'est encore allongé : 225 milles puis 220. Maintenant je suis sûr que j'ai fait mieux que *Gipsy Moth* et *Voortrekker*. Dans quelques heures j'aurai la réponse au contact radio que j'attends avec la même joie qu'un lycéen une bonne note à une composition. Le vent tombe sensiblement en tournant à l'ouest-sud-ouest. Je renvoie la grand'voile à deux ris. Il y a encore 35 nœuds de vent. C'est la première fois que j'encaisse un coup de vent aussi fort avec un spi aussi grand. Je fais une inspection sur le pont pour vérifier qu'il n'y a pas eu de raguage et que tout est en ordre. Je retourne me coucher pour cinquante minutes jusqu'au contact radio.

Les nouvelles sont bonnes. J'ai réussi à prendre 14 milles à *Gipsy Moth* et 25 à *Voortrekker*. D'un seul coup ma joie efface toutes les fatigues de ces trente-six heures de barre consécutives. Le soir le contact radio durera plus longtemps qu'il y a deux jours.

J'ai pu également contacter les radio-amateurs australiens, c'est un comble. Ce sont eux qui me demandent les conditions météo locales afin de pouvoir faire des prévisions. Tous les bateaux vont servir de relais pour la météo australienne en communiquant leurs conditions locales. Un groupe de chercheurs sud-africains nous avait fourni des cartes en plastique flottantes qu'ils appelaient « cartes de courant ». Il fallait jeter par dessus bord ces cartes numérotées par paquets de dix. Toutes les coordonnées et instructions étaient gravées dans le plastique afin que le brave vacancier qui trouverait cette carte sur une plage, sache quoi en faire et que cette longue balade en dérive ne soit pas inutile.

Nous sommes par 48° 08 sud et 102° est. Je suis arrivé au point le plus sud que j'avais visé. Je vais pouvoir recommencer ma lente remontée vers le nord, vers l'entrée du détroit de Bass.

Je ressens une curieuse sensation en modifiant le cap, pour entamer tout doucement la remontée. J'ai l'impression que l'océan Indien est passé, que je suis tiré d'affaire. En fait, il reste encore de la route à parcourir et j'ai encore le temps de me prendre de bonnes dépressions. Mais il y a un changement. Du coup je sors mes cartes du détroit. Je calcule ma route pour faire la plus courte distance possible, il faut que je passe par le sud de l'île King. C'est vrai que ce coin est mal pavé !

Paul Rodgers, le skipper de *Spirit of Pentax* avait demandé aux organisateurs de modifier le réglement pour nous obliger à passer au sud de la Tasmanie. Il pensait que le détroit de Bass pour un solitaire représentait un danger trop important, à cause des coups de vent que l'on pouvait y rencontrer, engendrant de forts courants, avec parfois une visibilité assez mauvaise dans un endroit semé de cailloux et de dangers. Il avait également une raison sentimentale. En passant le sud de la Tasmanie, on laissait les cinq caps au nord. Les organisateurs n'ont pas donné suite à sa demande, alors, malgré tous ces dangers, le détroit de Bass représentant la route la plus courte, c'est celle que *Crédit Agricole* prendra. Il faudra que je m'arrange pour arriver à l'entrée en pleine forme de façon à pouvoir rester faire la veille.

Dans la soirée le vent forcit en passant brutalement au nord-est. Il faut affaler le spi et repartir au bon plein. Je commence à ballaster. La vitesse n'est plus très importante, j'ai de plus en plus de mal a capter les radio-amateurs sud-africains, et la transition du relais vers l'Australie se passe très bien. J'en reçois les cartes météo également. Ça commence à sentir l'écurie ! C'est comme si une page était tournée... La page de « l'Indien », certainement une des plus belles des océans.

J'ai encore réussi à augmenter l'écart sur *Gipsy Moth* d'une dizaine de milles. Soixante milles d'avance après 26 jours de course. Cela me paraît encore bien mince. Il va falloir cravacher jusqu'à l'arrivée.

Voilà plusieurs jours que je n'ai pas vu le soleil et les panneaux solaires n'ont pas beaucoup chargé. Comme la vitesse n'est plus très importante, je fais tremper l'hélice du Wattas pour recharger les batteries. A 8,5 nœuds on charge à 13 volts, 10 ampères ce qui est plus que suffisant pour ma consommation électrique.

Je n'ai plus rien à faire alors j'en profite pour aller dormir une petite heure. *Crédit Agricole* est tout à fait à l'aise.

J'ai vraiment l'impression de faire corps avec mon bateau. Depuis plusieurs jours, il surfe sans arrêt. Je porte toute la toile. Je n'aurais même jamais imaginé pouvoir porter autant de surface de voile en solitaire. J'ai toujours une petite appréhension qui me tenaille le ventre, mais quand je vois le résultat, j'ai réussi à faire le trou. *Gipsy Moth* est à 180 milles derrière *Crédit Agricole* et je suis à 1 800 milles de la ligne d'arrivée. Ça fait 26 jours que nous sommes en mer. Pendant la quatrième semaine, nous avons parcouru 1 326 milles, en faisant 190 milles par jour à 7,9 nœuds. La moyenne augmente sans arrêt. Je pousse mon bateau de plus en plus fort, c'est terriblement excitant.

Je remonte doucement vers le nord et la température se réchauffe progressivement. Aujourd'hui, il fait une journée merveilleuse. Voilà bien longtemps que je n'avais eu un soleil aussi chaud dans un ciel aussi bleu. Le moral est vraiment très haut ; je suis en super forme physique et je me bagarre pour garder cette avance sur *Gipsy Moth.* J'ai encore renvoyé un spi plus grand, car il avait tendance à me grignoter quelques milles.

Gipsy Moth est un peu plus nord que moi et il touche un meilleur vent. Mais je ne peux pas remonter davantage sous peine de déventer le spi.

Avec ce beau soleil, ma journée se passe sur le pont en bricolage, en vérifications. Bien qu'il fasse encore froid, mon corps a besoin de ce soleil. Le pont est trop souvent recouvert par les vagues pour que je puisse prendre le risque d'ouvrir les hublots. L'intérieur a besoin d'être aéré et séché. Il faudra encore attendre quelques jours.

La nuit arrive, majestueuse. Les étoiles brillent d'un rare éclat. *Crédit Agricole* a accroché les 9 nœuds et ne les quitte plus. Je vais me coucher l'esprit tranquille. Je sais que cette nuit il ne se passera rien de mauvais. Je commence à bien sentir les quarantièmes. Le soir tout est clair et je m'endors pour une heure comme un bienheureux. Voilà quatre jours que le contact avec la France est impossible. La propagation est si mauvaise que je ne les entends même pas m'appeler. C'est une question de patience ; ça reviendra bien un jour ! J'espère au moins qu'ils ne sont pas en train de se faire du souci. C'est vrai que j'ai la balise Argos qui montre que *Crédit Agricole* est toujours en train d'avancer.

D'avoir ces contacts radio journaliers est une bonne chose, car en plus de pouvoir partager mon aventure avec mes amis, ils se rassurent sur ma santé, mon moral et l'état du bateau. En revanche, le jour où pour une raison technique ou de propagation, le contact ne peut se faire, et que cette situation se produit plusieurs fois de suite, ils peuvent s'imaginer le pire et se faire du souci inutilement.

Le vent tient bon et adonne un peu. *Crédit Agricole* sent l'écurie et allonge encore sa foulée. Aujourd'hui sans que j'ai eu à barrer, nous venons de réaliser notre meilleure journée avec 235 milles en 24 heures à 9,8 nœuds de moyenne. Ce résultat me surprend agréablement car en vitesse pure nous n'allons pas plus vite que d'habitude mais sur cette allure bien précise l'Autohelm 3000 fait un travail formidable et la route parcourue en surface est pratiquement la même qu'au fond. Donc plus de chemin inutilement parcouru. Si nous continuons à ce rythme dans deux jours nous serons à l'entrée du détroit.

Crédit Agricole saute par dessus chaque vague, je sens que lui aussi a envie d'arriver. Le détroit de Bass est pour demain matin, avec l'atterrissage sur le sud de l'île Gabo.

Au lever du jour, j'aperçois le phare de l'île King. Je suis sous starcut et par moment c'est un peu limite car là je dois être à la barre pour corriger le pilote. Avec ces vents de ouest-nord-ouest, je pense que sous le vent de l'île, cela va mollir. Je garde toute la toile encore pour le moment. Le pilote veut bien tenir et je descends préparer ma navigation et mon atterrissage.

La nuit s'efface doucement et l'île apparaît peu à peu. Nous marchons à plus de 10 nœuds de moyenne. Je croise des marins pêcheurs. Cela fait trente-trois jours que je suis en mer. Ce sont les premières personnes que je vois depuis le départ de Cape Town. Ils répondent d'un petit geste discret à mes grands bonjours. La terre grossit très rapidement et je l'ai bientôt par le travers. Il me faut faire une navigation très précise car il y a des cailloux à déborder et le passage n'est pas très large.

Pendant que je suis à la table à cartes en train de porter des droites prises par le compas de relèvement, le vent forcit brusquement, le spi fasseye deux secondes et dans un grand bruit s'ouvre en deux de la chute à la têtière.

J'ai deux morceaux de spi qui flottent au vent. Le temps de passer mon ciré et je suis à l'avant. Le spi s'est déjà enroulé autour de l'étai. J'essaie en vain de faire descendre la chaussette en tirant de toutes mes forces dessus. Je rapproche les deux points d'écoute et essaie de défaire les nœuds. Rien ne bouge. Je déroule la trinquette pour garder mon bateau le plus équilibré possible. Je passe presque une heure à essayer de défaire les nœuds, en vain. Je me rends compte que la seule solution est de monter en tête de mât, de larguer la drisse de spi, et d'essayer d'affaler celui-ci par le haut en tirant depuis le pont avec un cordage frappé sur la têtière et repris sur un winch. Je prépare ma chaise Tracson. Les cailloux sont maintenant débordés, et j'ai de l'eau à courir ; ça me laisse largement le temps de monter dans le mât. La courroie du pilote Autohelm 3000 travaille depuis plusieurs jours. Craignant qu'elle ait la mauvaise idée de casser pendant que je serai dans le mât, je préfère la changer tout de suite. On dit que les ennuis arrivent en cascade. Alors autant prévenir.

Je commence à grimper, ça bouge beaucoup. J'ai eu beau tendre au maximum la drisse, sur laquelle coulisse le harnais, ça finit par prendre un peu d'élasticité et je n'arrête pas de me cogner partout, les épaules, les hanches, la tête. J'arrive enfin en tête de mât, largue la drisse et frappe un bout sur la têtière. Je redescends doucement et commence à tirer dessus au winch. Ça vient un peu, mais maintenant tout semble complètement coincé. Je tente de démonter le yankee pour aider le spi à se dégager mais il n'y a rien à faire. J'ai tout essayé sans succès. Il faut se décider à remonter dans le mât et redescendre le long de l'étai en coupant le spi. C'est la seule solution. Quand je serai en haut, il faudra que je me détache de la drisse verticale, pour frapper le harnais sur une drisse qui court le long de l'étai. Il ne restera plus qu'à se laisser descendre doucement en découpant le spi.

Cette opération ne sera pas facile, car longue et fatiguante. Le plus dangereux consiste, en tête de mât, à me détacher de la drisse verticale pour refixer le harnais sur la drisse oblique. Si la manœuvre se passe mal, je peux tomber du haut du mât. Pour cette manœuvre, je garde la grand'voile entière et la trinquette. Malgré les mouvements de rappel brutaux du mât, c'est je pense la position la plus confortable, car *Crédit Agricole* continue d'être appuyé par le vent ce qui diminue considérablement le roulis. J'ai tous mes outils. Allez vieux, il faut monter ! J'arrive en haut et passe, sans trop de difficulté, le harnais d'une drisse à l'autre. Je me laisse descendre doucement en me tenant bien à l'étai, mais en étant secoué comme un prunier. La découpe du spi commence. Je vais très doucement car il ne faudrait pas qu'en plus, je découpe le yankee n° 1. J'ai déjà perdu ce spi ; aucune envie que la liste continue.

Redescendu sur le pont, je suis épuisé. Je me suis cogné partout. Avant toute chose, je vais dans le cockpit reprendre ma respiration. Je suis tellement fatigué que je finis par m'endormir sur le banc. Heureusement, je me réveille assez vite et peux renvoyer de la toile.

Un repas rapide pour oublier tout ça. Le spi étant complétement déchiqueté, je l'ai jeté à la mer, au fur et à mesure que les morceaux arrivaient. Je n'ai pas de regret à avoir : il était irréparable. C'est le troisième spi que je perds depuis le début de la course. Je trouve que ça commence à bien faire ; une vraie hécatombe ! Il va y avoir beaucoup de travaux de voilerie à faire à l'escale ! Heureusement Hood est présent à Sydney et il pourra commencer tout de suite.

Je suis dans le détroit de Bass à toute vitesse, je viens de renvoyer le booster lourd. Si ça continue à plus de 10 nœuds de moyenne, ce soir j'aurai débordé les derniers dangers et serai sorti du détroit.

Juste avant la nuit, j'arrive à négocier le canal de circulation que je prends à l'envers. Je croise donc tous les bateaux naviguant en sens inverse. Il se trouve que cette route est la route la plus courte. Même si quelques capitaines de cargos ne sont pas contents, ça me fait gagner une dizaine de milles.

La nuit tombe, et les plus gros dangers sont derrière moi avec les derniers enrochements du détroit de Bass. Il reste maintenant à surveiller la côte, le trafic maritime et les plate-formes de forage que je devrais apercevoir au lever du jour. La nuit se passe bien, mais la fatigue se fait sentir. En étudiant mes cartes pour la Nième fois, je décide de rester à terre, à moins de 10 milles de la côte, de façon à ne pas subir les effets du courant descendant, assez fort, et avec un peu de chance à bénéficier des contre-courants favorables.

Je traverse le champ pétrolier, où il règne une activité assez intense. Un hélicoptère me survole pendant plusieurs minutes. La V.H.F. est éteinte et je ne veux pas rentrer en contact radio avec eux. Je sais par avance ce qu'ils vont me dire. Mais oui, Messieurs, rassurez-vous ! Je le sais, je n'ai pas le droit de naviguer sur un champ pétrolier, au milieu des plate-formes. Mais encore une fois, c'est la route la plus courte : 7 à 8 milles d'économisés !

Les plate-formes de forage se retrouvent très vite derrière et je remonte sur Sydney après avoir viré l'extrême pointe sud-est de l'Australie : l'île Gabo. Mes calculs en conservant cette moyenne me font arriver demain en début de matinée. La cinquième semaine se termine avec 1 446 milles parcourus à 206,6 milles par jour, soit 8,60 nœuds de moyenne. C'est ma meilleure moyenne depuis le départ. J'ai compté sur un nœud de courant contraire, mais à la pointe sud-est, les vents ont tourné, et sont passés est – sud-est. C'est une aubaine, je vais pouvoir continuer sous spi.

Voilà presque deux jours que je n'ai pas dormi, et je me prépare pour une troisième nuit presque blanche. Je vais quand même essayer de me reposer un peu, par tranche de trente minutes. Je sais que c'est encore trop quand on vient chercher le contre-courant, aussi près de la terre. Mon avance est très rapide.

Je passe ma nuit sur le pont. Je sens la terre. Je la vois. Au lever du jour, je passerai la ligne, c'est sûr. *Gipsy Moth* est à 80 milles derrière. *Voortrekker* encore plus loin et *Leda Pier One* est allé tellement sud qu'il a trouvé des vents contraires.

Le brouillard tombe. Je n'ai plus de visibilité. Décidément, ça devient une habitude pour moi d'arriver de nuit et dans le brouillard. Je préviens le comité de course par V.H.F. que je pense passer la ligne d'arrivée dans deux heures.

J'ai sommeil, mais malgré les trois dures journées que je viens de vivre, je suis en forme. C'est l'excitation de l'arrivée. Retrouver des gens, connaître de nouveaux amis, faire tomber doucement la pression de la course qui ne quitte jamais le bord. C'est aussi, sans doute, l'attention toute particulière à apporter à la navigation. Je vois le premier bateau venir à ma rencontre. Les autres suivent derrière. Je passe les deux têtes de l'entrée de la baie de Sydney, il reste moins d'un mille pour passer la ligne. Le vent tombe, et refuse. Ça m'oblige à manœuvrer une dernière fois.

Je passe la ligne. Coups de canon. Ça y est, c'est fini ! Aussitôt le bateau du comité de course vient à ma rencontre pour m'expliquer la suite. Il me félicite et aussitôt on apprend que pendant la nuit, *Gipsy Moth* est allé sur les cailloux de l'île Gabo. Desmond est allé dormir une heure alors qu'il était à quelques milles au sud de l'île ; le vent a tourné alors qu'il naviguait sous régulateur d'allure. Son bateau a suivi la rotation du vent, et son cap s'est trouvé modifié de 40°, faisant route sur les cailloux. Il s'est réveillé quand son bateau touchait les rochers et qu'il hurlait déjà à la mort. Le safran a été rapidement arraché, les rochers ont fait des trous dans la coque. *Gipsy Moth,* à l'agonie, est maintenant considéré comme irrécupérable.

Cette nouvelle retire beaucoup de joie à ma victoire. Je m'étais tellement battu pour battre Desmond. Il m'avait tant obligé à pousser mon bateau toujours davantage, m'avait fait prendre de plus en plus de risques en portant des voiles de plus en plus grandes avec des vents toujours plus forts que ce combat à la loyale que s'étaient livré deux hommes par l'intermédiaire de leurs bateaux, ne méritait pas de s'achever ainsi. Desmond, j'étais fier et heureux de t'avoir battu. Aujourd'hui je suis triste et je partage ta peine devant ce naufrage.

Au pays des Down Unders

Crédit Agricole, aussitôt passé la ligne, est pris en remorque par une vedette de police pendant que les officiers des douanes et de la quarantaine montent à bord. Ils fouillent tout le bateau, me demandent si j'ai de la drogue, des armes à feu, des explosifs. Pourquoi pas des bombes ou un sous-marin, pendant qu'on y est ?

Je vois à l'œil de l'officier de la quarantaine, que j'ai fait quelque chose de très grave. Mon jambon de Bayonne, que j'économisais depuis le début, est là, juste devant ses yeux, à côté de deux saucissons. Il me demande des sacs en plastique et, sans rien m'expliquer, commence à les remplir : le jambon, les saucissons, les fruits, les légumes, le lait, même longue conservation, toutes les conserves contenant de la viande. Tout y passe. Le douanier m'explique enfin que je n'ai pas le droit d'importer de nourriture en Australie ; ils se protègent ainsi de microbes inconnus chez eux. Autrement dit, tout passera dans l'incinérateur... ! Ouais ! Mais mon jambon... ? Le jambon aussi, Sir... ! Ça commence bien ! A peine arrivé, ils me dévalisent ma cambuse. Heureusement, ils ne trouveront pas tous les rangements, et je réussis à sauver du pillage la moitié de mes réserves... ! Je traîne et j'économise depuis mon départ de France des boîtes de langue de bœuf, de cassoulet toulousain, de bœuf bourguignon... ! Ce n'est tout de même pas pour les laisser brûler dans les incinérateurs australiens ! Je suis assez mauvais cuisinier pour réussir à les faire brûler tout seul dans le fond de ma casserole !

Les formalités durent quand même plus d'une heure, et nous arrivons à Pier One, où un grand quai nous attend. C'est un complexe commercial et de loisirs, derrière l'Opéra – juste en dessous du pont, ce qui fait qu'à chaque fois qu'un train le traverse on croirait entendre un avion à réaction passer au-dessus de notre tête.

Nous sommes quelques jours avant Noël, et un père Noël vient me serrer la main. C'est surprenant de fêter les fêtes de fin d'année dans l'autre hémisphère. Il manque le froid, la neige qui font les beaux Noël en France. Ici, les gens font leur *Christmas shopping* en tenue de plage... ! Mais l'atmosphère dans la ville n'est pas la même. L'accueil des Australiens est chaleureux. Le consul de France, M. Barbe, est là avec la désormais traditionnelle bouteille de champagne, et la fête commence, embrassade, poignée de main, « Comment c'était »...

Le lendemain, je commence aussitôt les vérifications, entretien, démontage, graissage. Les voiles sont amenées chez Hood pour être vérifiées. Ils doivent me confectionner deux spis et un yankee n° 1. Les autres concurrents arrivent, fatigués, avec des bateaux propres et en bon état, bien que portant tous les cicatrices des *Knock-down.* L'électronique de tête de mât pendouille sur beaucoup de bateaux. Les balcons tordus, chandeliers arrachés et tangons pliés sont nombreux, mais les bateaux, même blessés, arrivent au port en relevant la tête. C'était dur. On en a bavé. Mais ça reste entre le skipper et le bateau. Cela fait partie de leur intimité. Après une ou deux journées de repos, les skippers reviennent à leur bord pour travailler, vérifier, modifier. L'étape qui est derrière était dure ; celle qui vient pourra l'être aussi. Alors, après cette première expérience, on mesure mieux à quel point le sérieux dans la préparation de son bateau a de l'importance.

Au début, je ne comprends pas pourquoi nous avons

été mis dans cet endroit, à l'écart de tout le milieu de la plaisance. L'explication arrive quelques jours plus tard. Les Fédérations, Yacht-Clubs, marinas, nous rejettent et nous ignorent, car en navigation, n'assurant pas une veille visuelle vingt-quatre heures sur vingt-quatre, nous sommes en infraction avec le code international I.O.R. Les solitaires sont donc des parias et des gens dangereux qu'il est bon de mettre à l'écart. On ne sait jamais ; ils pourraient donner le virus aux Australiens ! Et pourtant, Neville Gosson, le skipper de *Leda Pier One,* est australien – et un de ses compatriotes vient de finir un double tour du monde en solitaire sans escale sur un voilier de moins de 10 mètres. Messieurs les ronds-de-cuir de la voile australienne, il faudra remettre vos horloges à l'heure ! La navigation en solitaire est la meilleure école qui soit pour faire un bon skipper.

Nous nous retrouvons donc parqués à l'écart, loin des chantiers de voilerie des shipchandlers. Pour acheter une manille ou un bout de garcette, il faut perdre deux heures de taxi. Heureusement, une fois de plus, la communauté française va beaucoup aider les trois bateaux français à se préparer. Il y eut d'abord Olivier et Marie-Claude Douin, qui, dans leur immense maison, nous logeaient tous. Quelle joie, après une chaude journée de travail, de se retrouver dans le calme et le bonheur de vivre autour de cette grande table sur la véranda à côté du barbecue ! Beaucoup de monde passait autour de cette table, et c'était l'occasion sans cesse de se faire de nouveaux amis. C'est là que j'ai rencontré deux frères qui faisaient le tour du monde à vélo, et Alain qui le faisait en 2 CV.

Marie-Pierre a même fait le nécessaire auprès de Peugeot pour que l'on ait une 604 pour se déplacer librement. La vie est facile, la vie est belle, le temps passe vite, ponctué par les fêtes de Noël, le départ de la course Sydney-Hobart, le réveillon et le carnaval.

Crédit Agricole est prêt à repartir. Il reste une semaine,

Marie-Claude et Olivier me poussent à changer d'air. Ils me prêtent leur Toyota, 4 roues motrices, et me tracent un itinéraire sur la côte sud-ouest de l'Australie, en passant par un élevage de moutons tenu par des amis. Un voyage fantastique que ni Jacques de Roux, ni Guy Bernardin n'ont pu faire, les travaux sur leurs bateaux n'étant pas terminés. En l'espace d'une semaine, j'ai tout oublié, la mer, le bateau. Je découvrais un monde nouveau, et cela m'a fait le plus grand bien.

Je revenais à Sydney deux jours avant le départ. Il restait les vivres frais à faire, et j'étais gonflé à bloc pour retourner me bagarrer dans les mers du Sud.

La soirée d'adieu a été émouvante, Olivier, Marie-Claude et leurs trois enfants voulaient nous témoigner une dernière fois leur amitié. Tous les copains qui nous avaient aidés pour préparer les bateaux étaient invités. Éric et sa femme, Patrick et Sylvie, Christophe et sa famille, Pierre et Guillaume, et tous les autres. La table, pour le coup, n'était plus assez grande, il avait fallu l'agrandir avec la table de ping-pong plus des tréteaux et des planches. Jacques, Guy et moi étions un peu graves. Cette veillée d'armes ne nous faisait que mieux ressentir, si besoin était, ce qui nous attendait. À la fin du repas, au moment de se séparer, chacun nous amenait un petit cadeau avec comme mention « à ouvrir au cap Horn ». Anne, Patrick, Bruno, nous offrent un petit koala fétiche et pour moi un magnifique dessin de *Crédit Agricole* sous voiles. Chers amis, comment vous remercier pour tout cela ? La réponse fut unanime : « En gagnant à Rio ! – Gagner à Rio... hum ! En tout cas, je ferai le maximum, c'est promis. »

QUATRIÈME PARTIE

Sydney – Rio

Cap au Sud

– *Dimanche 16 janvier (13 heures)* – Les vedettes de police arrivent toutes les unes après les autres pour prendre en remorque un voilier. À chaque fois qu'un bateau largue son amarre, le skipper à l'avant dit au revoir à ceux qui sont encore à quai. Un geste de la main, un clin d'œil : « Good luck, see you in Rio ! » Cette course est extraordinaire pour l'amitié qui règne entre les skippers. Chacun est décidé à faire mieux que l'autre, mais sur le plus grand stade du monde qu'est l'océan ce sont des amis, des copains qui s'affrontent. *Crédit Agricole,* tout au fond du bassin, est pris en remorque le dernier. La vedette semble avoir des problèmes de moteur, et j'avance finalement en vue de la zone de départ, le coup de canon des dix minutes est déjà parti. Je n'ai aucune voile en l'air et suis toujours en remorque. Le comité de course avait pourtant dit qu'il attendrait que tous les voiliers soient largués de leur remorque et grand'voile envoyée pour lancer le coup des dix minutes. J'ai envie d'appeler à la V.H.F. pour réclamer... et puis il y a d'autres choses à faire. Ce contretemps me donne plus de hargne pour hisser les voiles ; je largue la remorque et me dirige vers la bouée au vent de la ligne, où sont groupés tous les bateaux. Il est évident que pour une course de 8 500 milles le départ n'a pas d'importance, mais c'est une régate dans la régate – et passer la ligne le premier, c'est une satisfaction. Il reste vingt secondes, je n'aurai pas le temps de rejoindre les autres ; je vire et passe la ligne en troisième position complètement sous le vent. Il y a deux bouées à tirer pour sortir de la baie et se retrouver en pleine mer. Le vent force 4 n'a pas le temps de lever de vagues dans ce plan d'eau abrité, et c'est à pleine puissance que *Crédit Agricole* remonte le vent, en faisant 10° en cap de mieux que *Leda Pier One* et que *Mooneshine,* qui sont vite dépassés.

Olivier, Marie-Claude et tous les copains sont là à bord d'*Oxygène,* un Jade 49 ; ils arborent un drapeau français grand comme un drap de lit sur le mât d'artimon. Il est impossible qu'une seule personne parmi les milliers de spectateurs n'ait pas vu ce drapeau. Il reste la pointe sud des Heads à déborder. Je vise bien, en rasant les cailloux, je dois pouvoir passer. J'envoie bâbord amure et sors de la baie en tête. *Leda Pier One,* qui ne voit pas que j'ai viré, continuera son bord. Voilà *Crédit Agricole* en tête après dix minutes de course, maintenant, il faut y rester jusqu'à Rio : « Y'a plus qu'a » !

À peine sorti de la baie, on retrouve la houle du large. Le vent forcit sérieusement. Je commence à ballaster. *Oxygène,* toutes voiles dehors et moteur à fond, n'arrive plus à suivre. Je laisse passer deux minutes pour qu'ils me rattrapent. Derniers signes de la main ! Au revoir ! Merci ! Merci pour tout ! À Sydney, la maison du Bon Dieu s'appelle Douin.

À border les voiles, moussaillon, il y a de la route à faire ! Ce n'est pas le moment de s'attendrir, puisque de toute façon on doit se revoir.

Je surveille les concurrents derrière. *Leda Pier One* laisse porter, quelques bateaux ont tiré l'autre bord, parmi eux *Voortrekker.* Ça m'étonnerait qu'il ait l'intention de passer au nord de la Nouvelle-Zélande ! Bizarre, il faudra surveiller ça ! Les bateaux accompagnateurs font demi-tour nous abandonnant seuls sur le grand océan. La nuit tombe doucement, me laissant à ma nouvelle solitude. Les deux ou trois premiers jours sont un cap difficile à passer. Se retrouver seul après toute cette agitation, tous ces amis qui vous entouraient et qu'on ne reverra peut-être jamais malgré les promesses, et puis le rythme de la mer, les bateaux à retrouver, les gestes simples qui doivent devenir une routine. Manœuvrer, régler les voiles, se déplacer sur un pont qui bouge, réparer, bricoler, cuisiner... ! Il me faut bien deux jours pour me réadapter.

Je crois qu'en voyageant ainsi, et en rencontrant beaucoup de gens, on s'attache moins et on cherche à goûter plus intensément l'instant présent. Pourtant, c'est toujours dur de partir, et en ce moment j'ai un peu le cafard. « Courage, vieux, devant l'étrave, il y a le Brésil, de nouveaux amis, et des Brésiliennes... ! » Ouais... mais pour le moment, devant l'étrave, il y a la Nouvelle-Zélande et, ensuite, il y aura le cap Horn. Le Brésil, ce ne sera qu'après tout ça, dans 8 500 milles. La descente vers la Nouvelle-Zélande s'effectue rapidement, malgré une mer forte et des vents de sud-ouest.

Cette nuit, je suis réveillé par l'alarme de vitesse, la courroie de l'Autohelm a cassé. Je souris... ! Je ne connaîtrai plus l'angoisse des premières étapes. J'ai trente courroies à bord ; je peux en casser une toutes les trente-six heures, j'arriverai quand même à Rio. Voilà quatre jours que nous sommes partis... donc je suis en avance sur la moyenne. Pour une fois, je change la courroie en faisant le fier. Je remets en route, et, là, rien ne se passe. Mon assurance s'effrite. Pourquoi cela ne marche-t-il plus ? Le pilote 3000 est là depuis le départ et il a déjà fait un demi-tour du monde. Jamais eu aucun pépin, et voilà que, par une force 6 au bon plein, il tombe en panne. Je vais vite chercher le frère jumeau de secours, fait le remplacement et remet *Crédit Agricole* en route. Il faudra que dès demain je démonte le pilote pour savoir ce qui ne va pas. Je n'ai que deux Autohelm 3000 à bord ; si le deuxième tombe en panne ! Il restera l'Aries, revu, renforcé à Sydney, mais au portant le 3000 est plus précis, les embardées sont moins grandes.

Le vent reste sud-ouest entre 20 et 35 nœuds. Chaque

jour, on abat des milles, et à ce rythme la Nouvelle-Zélande sera bientôt derrière. 183, 215, 195, 197, 200 milles par jour ; *Crédit Agricole* s'envole, et a déjà fait le trou derrière. *Voortrekker* est à plus de 90 milles, les autres sont encore plus loin.

Pendant la nuit, le vent tourne en adonnant et en faiblissant, la dépression est passée, une autre va arriver. Ça passe à l'ouest puis au nord-ouest. Au matin, ça commence à reforcir jusqu'à 35 nœuds. Le yankee 2 roulé, j'envoie le spi lourd. La mer est croisée et le pilote peine pour garder le bateau sur son cap. J'affale le yankee 2, et sur l'enrouleur j'envoie le booster de 150 mètres carrés. La manœuvre est assez longue, car le vent est fort ; mais le système de guidage posé sur l'enrouleur à Sydney par Jean Vignes s'avère très efficace. Je n'ai plus besoin de faire sans arrêt ces allées et venues entre le winch de mât et l'enrouleur pour guider la voile. Là, ça monte tout seul sans coincer. Formidable ! Bravo Jean ! Peu après, le booster porte tangonné des deux côtés. J'aime bien cette voile, car elle offre une grande plage de manœuvre aussi bien en angle qu'en force du vent, et de plus c'est une sécurité, car, avec l'enrouleur, la toile est vite rentrée. Je peux encaisser des grains sans problèmes, et réduire la toile quand le vent est là, pas un quart d'heure avant comme avec des voiles classiques.

De m'être démené ainsi pendant les manœuvres, je suis trempé de sueur malgré les 12 °C extérieurs. Quand le pont est bien rangé, que tout est clair, je descends prendre une douche, shampooing, rasage, et je me change entièrement. Après un bon repas, je ne sens pas la fatigue des manœuvres de ce matin. Le moral est au beau fixe. *Crédit Agricole* porte toute sa toile ; on marche à fond aujourd'hui, 200 milles de parcourus et mon avance sur *Voortrekker* a encore augmenté de 20 milles. Après une semaine de course, me voilà avec 100 milles d'avance.

Dans l'après-midi, le vent forcit progressivement, pour atteindre 45 nœuds à 21 heures. Je réduis la grand'voile, deux ris, trois ris, quatre ris. Je roule le booster ; c'est toujours pareil ; j'affale la grand'voile et on continue à 12 nœuds sous booster seul, au vent arrière.

Le pilote 3000 se débrouille très bien, alors je vais dormir, alarme toutes les heures, plus toutes les alarmes ; vitesse, cap, force et angle du vent sont programmés. À 3 heures du matin, je suis réveillé par le booster qui bat. C'est l'écoute au vent qui vient de casser. Incroyable : de l'écoute de 19 millimètres ! Je ne sais pas s'il y avait un point d'usure, mais elle a cassé en plein milieu. Ça devait quand même tirer assez fort. Le point d'écoute est lui aussi abîmé et la toile déchirée un peu au-dessus. Je roule le booster entièrement, renvoie la grand'voile à quatre ris, et la trinquette. On perd presque 2 nœuds. Le vent est toujours à 40 nœuds. Il faudra attendre une accalmie pour affaler le booster et le réparer. Il n'aura pas porté longtemps. La carte météo nous situe sur l'arrière d'une dépression très creuse. Ça devrait s'arranger bientôt.

Dimanche 23 janvier. – La première semaine de course est passée à toute vitesse. Hier, on doublait la pointe sud de la Nouvelle-Zélande, et maintenant l'étrave est tournée vers le gros morceau de la course... le cap Horn. Cap au 75 compas. Avec ce vent fort, la progression a été rapide, puisque *Crédit Agricole* a abattu 1 359 milles en une semaine, à 194 milles par jour à 8 nœuds de moyenne. Ça commence très fort !

Le Pacifique sud

La dépression est passée. Le vent tombe assez vite, laissant une mer désordonnée. Je sais que ça ne va pas durer longtemps, aussi j'affale le booster, et décide que j'irai me coucher quand il sera réparé et en place... ! La réparation est plus longue que prévue. Il faut mettre des pièces, refaire des coutures. Heureusement, la machine à coudre est aujourd'hui dans un bon jour et ne me donne pas trop de tracas. Il y a des jours par contre, quand elle n'a pas envie de travailler, où elle ne peut pas faire un point sans faire un nœud. Les crises que j'ai eues avec cette machine ! Elle a bien failli passer par-dessus bord plusieurs fois. Mais, aujourd'hui, elle est coopérative. Ce n'est qu'à 10 heures du soir que je peux renvoyer le booster. Une chose m'inquiète cependant : les coutures des renforts du point d'écoute ont toutes cassé, le fil étant trop fin et, là, évidemment pas question pour moi de le faire à la machine ; le point d'écoute n'est pas aussi costaud qu'avant.

Cette journée de couture, à genoux sur le plancher de la cuisine, m'a crevé. Aussi, après un coup de ménage et un repas rapide, je vais me coucher. Cette nuit, je repense au point d'écoute du booster. Il est affaibli par les coutures qui ont lâché. Ce serait quand même trop bête, quand les vents d'ouest vont arriver, de perdre définitivement cette voile. C'est décidé, demain je l'affale et je refais toutes les coutures à la main. On se traîne toute la nuit avec des vents faibles. Au petit jour, j'affale le booster et envoie le génois léger en mylar.

Je commence aussitôt la réparation. Il y a tellement d'épaisseurs de tissu que je casse l'aiguille sans arriver à les traverser. Il faut que je fasse un avant-trou avec la pointe du ciseau pour pouvoir ensuite y passer l'aiguille. La réparation va encore prendre une bonne partie de la journée. J'en oublie l'heure du contact radio. Les copains ont dû m'appeler pour rien.

Dans la soirée, le vent forcit, il faut affaler le génois, et, comme le vent a tourné, je renvoie le yankee 2 avec la trinquette. Durant la nuit, ça continue à forcir un peu. On marche bien au près serré, contre les vents de sud-est. Le génois léger est resté ferlé dans les filières. Des paquets de mer commencent à monter sur le pont ; il faut rentrer la voile à l'abri. Ce n'est pas une opération très facile, car le mylar ne doit pas être plié n'importe comment pour ne pas abîmer le tissu. Le sac à voile mesure 3 mètres de long. Voilà une petite gymnastique dont je me serais bien passé en pleine nuit ! Surtout que l'eau commence à être vaiment froide. Je ne pensais pas que j'aurais eu à envoyer un génois léger dans les « cinquantièmes ».

Mardi 25 janvier. – On a passé la ligne de changement cette nuit. Hier, ma position était 179°06 est, aujourd'hui 176°58 ouest. Les organisateurs, en recevant les positions Argos, ont pensé que j'avais fait demi-tour et que je revenais en Australie. Aussitôt, ils envoient un télex au Crédit Agricole pour les prévenir de ce changement de route... Le soir, au contact radio, je rassurais tout le monde. Je me demande ce qu'ils faisaient à l'école pendant les cours de géographie !

Le vent continue de forcir et la mer devient dure. Ça s'aggrave régulièrement sans que le baromètre ni les cartes météo ne m'aient laissé prévoir quoi que ce soit. Je prends un ris, deux ris, trois ris, roule les focs. Dans la soirée, on a quatre ris dans la grand'voile et il ne reste plus beaucoup de surface sur les voiles d'avant. Le vent est de secteur sud – sud-est. Je ne comprends pas sa présence.

On marche sous régulateur d'allure Aries. Je tiens à économiser le 3000 pour le vent arrière. Avec les coups que donnent les vagues sur la coque, il y a un rappel violent sur le safran, et c'est cela, je pense, qui a cassé le premier pilote. C'est en tout cas ce qui casse les courroies.

Je me sens fatigué, je n'ai aucun courage ; il faut que je me force à faire les choses. Dans ce cas-là, je connais le remède : une bonne douche, shampooing, rasage, je change de vêtements et je me sens à nouveau en pleine forme. Je fais aussi du yoga. Je n'ai pas eu beaucoup le temps de m'y mettre depuis le départ. Alors que dans les deux premières étapes j'en faisais au moins une demi-heure par jour ; quand je barrais, j'adoptais ce rythme de respiration très lent dont j'ai déjà parlé. Cela m'aide beaucoup à me concentrer sur la barre, car au bout d'une dizaine d'heures de barre on commence à avoir l'esprit qui bat la campagne, et les écarts de route sont de plus en plus fréquents.

Le vent reste très fort, 45 nœuds de sud à sud – sud-est. La mer devient très grosse, très hachée. *Crédit Agricole* peine, chaque vague l'arrête, l'eau recouvre le pont en permanence. J'ai roulé entièrement le yankee ; la trinquette nous tire encore très bien. Après chaque vague, il faut redémarrer ; les chocs sur la coque et sur le mât me font souffrir. Mais je ne peux rien faire. Je ne peux pas réduire davantage ; pour que ce soit plus confortable, il faudrait changer de cap. Mais, malheureusement, on va au cap Horn, pas en Polynésie. Allez, mon vieux *Crédit,* accroche-toi, on va passer !

Je reste toute la soirée dans le cockpit, à l'abri de la casquette de protection, prêt à intervenir. Je suis à l'écoute de mon bateau. Je sais qu'il souffre, qu'il tape dans la mer, mais je sais aussi qu'il est solide et courageux ; alors, je le laisse. On prend des coups de gite terribles ; plusieurs fois le haut des chandeliers va disparaître sous l'eau. En regardant mon bateau percuter chaque vague, l'image me vient d'un boxeur qui malgré les coups incessants de l'adversaire revient chaque fois à l'assaut. Avancer, passer une vague, et puis encore une autre et puis des milliers. Allez *Crédit Agricole,* on est en course, il faut avancer, il faut passer ! Si encore la houle était longue, on passerait en douceur, mais là les vagues sont très courtes, très creuses ; l'étrave plonge dans un trou à chaque fois ; quand elle arrive au fond, il y a un grand bruit, et l'eau gicle sur les côtés. La vague suivante est déjà là qui recouvre le pont jusqu'au pied de mât. *Crédit Agricole* se relève, l'étrave soulage, et c'est à nouveau un trou devant et, bang, on retape au fond, la vague nous submerge, on soulage et bang... Ça dure des heures. Le vent continue de forcir. On arrive à 55 nœuds dans les pointes avec 50 nœuds établis.

Je suis le triste spectateur qui regarde son copain se faire mettre des gnons par un adversaire plus fort que lui, sans pouvoir pour autant arrêter le combat. Tenir, il faut tenir !

Je suis complètement gelé. Je descend à la cuisine me faire chauffer un grand bol de chocolat. De l'intérieur, je ressens chaque choc encore plus violemment. Le bruit est presque insupportable, j'ai l'impression que la coque va s'ouvrir en deux.

Le choc, l'eau qui recouvre le pont, l'étrave qui soulage, et le bateau qui tombe dans le trou. Mais qu'est-ce qui se passe ? Je me cramponne à la poignée, on gite, on chavire, mais il n'y a plus d'eau ou quoi, et puis le choc. Le pire de tous. *Crédit Agricole,* chaviré, est tombé dans le fond de la vague. Un bruit énorme. Je lâche prise sur la poignée, tombe à la renverse et ma tête reprend contact la première avec l'angle d'un couple en aluminium. Je suis sonné. Les casseroles, les conserves, tout a volé des équipets ; il y en a partout. Le bruit, je suis sûr que c'est le mât. Il doit être cassé. Je suis groggy. Je vois des étoiles. Le bateau revient dans le bon sens, tout retombe sur le plancher. Je me trouve dans la timonerie. Je regarde, le mât est toujours en place. Je n'arrive pas à y croire. J'allume le projecteur de pont, les voiles, le mât... Rien n'a bougé. Je m'assieds, rassuré. Mon œil commence à se fermer. Je me regarde dans la glace. En heurtant le couple en aluminium, mon arcade sourcilière s'est ouverte. Ça saigne beaucoup, ça enfle vite. Je mets des compresses de gaze et vais voir sur le pont pourquoi les voiles fasseyent. Je n'en reviens pas, à part les pales aériennes et sous-marine et une drosse du pilote, rien n'est cassé. Tout est en place. Je n'ai pas le courage de réparer le pilote maintenant. Je suis fatigué, mon œil se ferme de plus en plus, je décide de tout affaler et d'aller dormir. Je ferle donc la grand'voile bien serrée sur la bôme et roule la trinquette. Je descends pour me soigner. La coupure saigne toujours abondamment. J'ai du steri-strip dans la pharmacie ; c'est un genre de pansement qui remplace les points de suture. Après avoir bien nettoyé et désinfecté, je mets un pansement en essayant de rapprocher les deux bords de la plaie. Ça a l'air d'aller. En tout cas, ça ne saigne plus. C'est tout ce que je peux faire pour le moment.

Crédit Agricole est à la cape sèche, travers à la lame. Les mouvements sont doux, il est en sécurité, je vais dormir, il est presque 4 heures du matin.

Je tourne et me retourne dans mon duvet sans réussir à trouver le sommeil. J'ai mauvaise conscience, je me dis que j'ai mis à la cape alors qu'on pourrait continuer à faire route, il suffisait de réparer le pilote.

Je me reproche de baisser les bras un peu vite. Le sommeil ne vient pas. Je sais qu'il ne viendra pas tant que je n'aurai pas remis en route. Je pense aux copains qui avancent pendant que moi je dérive travers au vent. Je me lève, me rééquipe, prends les outils et les pièces détachées pour réparer le pilote. Je commence la réparation lentement, je le rebranche, renvoie la toile, et *Crédit Agricole* courageusement repart au combat. La vague qui le recouvre, l'étrave qui soulage, et bang... la ronde infernale reprend. Je vais me coucher en programmant toutes les alarmes et je m'endors en deux minutes.

Le jour se lève, et je peux aller faire une meilleure inspection sur le pont. Rien ne semble avoir souffert, tout est à sa place, sauf en tête de mât, où la girouette électronique pendouille au bout de son fil ; l'antenne V.H.F. est tordue. Plus grave, deux brins d'antenne du Sat-Nav manquent. Les feux de navigation ne marchent plus non plus. Il y aura du travail pour tout remettre en état. J'attendrais une accalmie. Le régulateur d'allure, lui, marche bien, mais je remarque du jeu dans la barre. Je n'en suis pas sûr, mais j'ai l'impression que le safran est descendu un petit peu. Je prends des repères et cherche à comprendre d'où peut venir ce jeu. Toute la partie intérieure du bateau est impeccable. Rien n'a bougé. Ce sont peut-être les boulons de la crapaudine qui ont pris du jeu, ou se sont cassés. C'est la seule explication. Il faudra aller vérifier ça sous l'eau quand le vent sera tombé. Je suis très inquiet pour mon gouvernail. Ce chavirage qui paraissait être sans conséquence aura bien fait souffrir le matériel. Je suis démoralisé. Le vent n'est pas tombé. Dans la cuisine, c'est un capharnaüm indescriptible. En plus, il y a de l'eau dans les fonds, les planchers commencent à flotter. Heureusement, la cloison étanche garde toute la partie arrière sèche. Je n'ai plus de courage et retourne me coucher. Rien que l'idée d'aller dans la cuisine me faire à manger me donne le cafard en pensant à tout ce remue-ménage. Je passe ma journée dans une bannette en sortant quand même sur le pont toutes les heures et demie. Je me lève pour le contact radio et j'explique la situation sans dramatiser. Mais je leur dis que je me suis mis en accident de travail pour deux jours. Ils me répondent qu'il faut envoyer une lettre recommandée à mon employeur... ! Décidément, ce n'est pas une journée de chance !

Ce contact radio, la voix chaude qui plaisante me fait beaucoup de bien et me redonne du courage. Puisque je ne peux pas me mettre en arrêt de travail, autant ranger la cuisine tout de suite !

Je commence par vider les fonds. Deux heures à pomper ; j'ai mal partout. Les mouvements du bateau sont toujours brutaux mais j'ai l'impression que le vent est un peu tombé. Quand tout est en place, je peux enfin me faire un bon repas chaud. Je commence à reprendre le dessus, et le moral est en hausse. Je fais un dernier tour sur le pont avant d'aller me glisser dans ma bannette. Le vent a tourné à l'est – nord-est. Il faut donc virer. Ce brusque changement de vent crée une mer très croisée, mais les vagues diminuent, et, même si ça mouille autant, au moins on ne tape plus. Tout à bord devient plus agréable. On a parcouru 130 milles dans les dernières vingt-quatre heures. Ce n'est pas si mal, et je suis content du résultat.

Mon œil me fait un peu souffrir. En dehors du fait qu'il soit fermé, j'ai par moments des élancements très douloureux ; le côté droit de mon visage a pris des tons bleus et jaunes ; autour de l'œil, c'est violet. Un bel arc-en-ciel, en tout cas un joli cocard ! Premier coup de poing reçu par les mers du Sud. Il y avait eu des avertissements, mais là je viens de prendre une belle raclée. Il fait froid, il fait nuit, la meilleure chose à faire c'est d'aller dormir.

Le vent se calme, et reste stable en direction, ce qui fait que je passe une bonne nuit. Après cette cure de sommeil, je vais beaucoup mieux. La mer s'est bien calmée, elle aussi, et je peux renvoyer un peu de toile. Le seul ennui, c'est qu'on est au près serré, et pas sur le bon cap puisque je fais du 100 compas contre des vents est – nord-est. Le contact radio du soir est particulièrement sympa. Chacun essaie de me remonter le moral, en racontant des blagues, en sortant un bon mot, et surtout en plaisantant sur mon œil. Claude, dont le fils est médecin, me pose des questions... mais puisque je vous dis que maintenant tout va bien ! On m'apprend aussi que les autres bateaux pris dans le même coup de vent n'ont pas beaucoup progressé. *Crédit Agricole* a encore fait la meilleure journée. *Voortrekker* a choisi de tirer l'autre bord, il fait route vers le nord, sa manœuvre me surprend, car c'est loin d'être le bord gagnant.

Dimanche 30 janvier. – 53°48 sud 154°48 ouest. Le vent et la mer continuent de se calmer ; par contre, il est stable à l'est – nord-est 30 nœuds. Je largue le troisième ris, et renvoie de la toile sur l'avant. Je continue à ranger le bateau, la cabine arrière en avait besoin. Je passe ma journée à faire du ménage et du rangement. Le soir, ça fait plaisir d'avoir à nouveau un bateau propre où tout est à sa place. Le vent refuse, s'installe à l'est – sud-est. Il faut donc virer. Deuxième semaine qui se termine avec 1 310 milles, soit 164 milles par jour à 6,8 nœuds.

Je ne comprends pas cette situation météo. Il est anormal d'avoir des vents de secteur est dans cette région. Ici, c'est le royaume des vents d'ouest. Alors, pourquoi ai-je exactement le contraire ? On devrait courir sous spi à 230 milles par jour, poussés par une grande houle confortable ; au lieu de ça, on remonte le vent et la mer.

Les cartes météo que je reçois sur le Nagrafax situent les dépressions plus au nord, leur centre est par 40° sud, et tout le train de dépressions suit à la même latitude. Je relis *Instructions nautiques, Pilot Chart, Ocean Passages,* ainsi que le tracé des routes des bateaux de la Whitbread. Tout le monde est d'accord : à ces latitudes on a du vent d'ouest. Voilà une semaine que ça dure, et les cartes météo n'annoncent aucun changement. Pour trouver les vents portants, il faudrait remonter au nord du centre de la dépression vers 42° sud pour ensuite redescendre vers le Horn à 5° sud. Impossible, on rallonge beaucoup trop la route. Il va donc falloir continuer à tirer des bords ! C'était l'année idéale pour faire le tour du monde d'est en ouest... ! Soi-disant dans le mauvais sens.

Je suis certain maintenant que le safran descend. Les repères que j'avais pris me le confirment. Il va falloir plonger à la première occasion pour essayer de réparer. Je n'aimerais pas me retrouver sans gouvernail dans ces coins-là.

Lundi 31 janvier. – 54°16 sud – 151°00 ouest. La nuit est calme, le vent reste modéré et la mer reprend une respiration plus lente. Ça tourne au sud-est, ce qui nous donne un cap à seulement 10° de notre route directe. Malheureusement, ça ne tient pas, et dans la matinée ça refuse en mollissant. La mer se calme, c'est le moment d'aller faire une inspection du safran. J'essaie de trouver un tas de bonnes raisons pour reculer cette corvée mais je sais que je n'aurai pas souvent des conditions favorables pour le faire. Le vent est encore force 5, rafales à 6, mais décroissant depuis ce matin. Je prépare donc tout le matériel à l'arrière, la combinaison étanche 8 millimètres, les outils, les clefs, les boulons. Je n'ai malheureusement pas de bouteille à bord. Il faudra plonger en apnée, mais pour changer ou resserrer des boulons, c'est encore possible. L'horizon se couvre à nouveau de gros nuages noirs, ça va forcir. Allez, vieux, c'est le moment d'y aller ! J'affale toutes les voiles, mets la barre sous le vent et m'équipe rapidement. J'ai noué un cordage autour de ma taille, laissé 4 mètres de mou et amarré l'autre extrémité sur un des supports du pilote. Au moins, *Crédit Agricole* ne partira pas sans moi. Le bateau a trouvé sa position d'équilibre, travers à la lame, et il dérive gentiment dans une cape confortable. Je rentre dans l'eau doucement ; avec cette combinaison je ne sens pas le froid ; par contre, la bosse que j'ai au-dessus de l'œil déforme mon visage et empêche le masque d'adhérer. Première apnée, je ne vois rien ; mon masque est plein d'eau. Je resserre mes sangles au maximum pour essayer d'écraser le masque sur mon visage pour avoir une meilleure étanchéité. Ce n'est pas idéal, mais l'eau rentre moins, les quatre boulons sont toujours là. Ils ne sont donc pas cassés. J'attrape la clef pour les bloquer, ils sont serrés au maximum !

Les deux contreplaques qui enserrent la crapaudine et le safran bougent assez librement, je n'ose pas y croire. Je retourne avec un couteau et, là, je constate que la crapaudine est cassée. Cette tôle en aluminium de 12 millimètres qui supporte tous les efforts du gouvernail est cassée au ras de la soudure. Je regarde une dernière fois, je ne peux rien faire, la réparation risque même d'être délicate à terre. Il faut démonter le safran, désosser l'aileron et ressouder cette plaque. Autrement dit, impossible à faire ici. Je sors de l'eau, je me déséquipe rapidement et remets le bateau en route. J'essaye de trouver une solution pour retenir le gouvernail depuis le pont, l'empêcher de descendre davantage. Pour ce soir, je grée deux palans que je reprend sous la patte d'oie de pataras. Demain, il faudra trouver un système plus solide. Le vent forcit, il faut à nouveau réduire.

J'explique à mes amis radio-amateurs la situation, leur décrit bien ce qui est cassé, et leur demande de se mettre en contact avec le Crédit Agricole de la Vendée pour qu'on interroge l'architecte Guy Ribadeau-Dumas et le chantier Nautalu. Peut-être qu'eux, de leur côté, trouveront une bonne solution.

La réponse ne tarde pas à arriver. Ribadeau-Dumas me demande de lever le pied et surtout de ne pas dépasser les 15 nœuds. Il m'explique que la mèche du safran a été surdimensionnée, que seule elle peut résister jusqu'à 15 nœuds. Si je suis ses consignes, je dois arriver à Rio. Ce que me confirme le chantier Nautalu. Il n'y a plus qu'à espérer qu'un autre chavirage ne viendra pas achever le gouvernail, sinon il faut empêcher le safran de descendre. J'avais demandé à Nautalu de percer et de tarauder, dans la partie supérieure de la mèche de safran, un trou pour pouvoir visser un crochet sur lequel, en frappant un palan, on peut démonter le gouvernail plus facilement, en contrôlant sa descente et sa montée. Sur mon premier bateau, j'avais le même système, ce qui me permettait de démonter le gouvernail, le bateau à l'eau. Je pouvais ainsi changer les bagues facilement, sans avoir à mettre le bateau au sec, un petit détail bien pratique.

Encore une fois, il allait me servir. Je visse une tige filetée, mets deux contre-plaques et, par boulons et rondelles, fais reporter tout le poids sur la barre franche, laquelle repose sur une bague en teflon. Voilà, je ne risque plus de perdre mon gouvernail. Cette réparation qui est simple m'a quand même pris du temps. Il m'a fallu scier des plaques, les percer, tordre la tige filetée – tout ça en se faisant secouer au près serré contre un vent revenu à 35 nœuds.

La nuit tombe quand j'ai fini de tout ranger. Un rapide repas et je vais me coucher, soulagé bien que la situation soit encore préoccupante. Ne pas dépasser 15 nœuds : pour le moment, je ne risque rien. Contre le vent, on a bien du mal à en faire 7, mais quand je vais attraper les vents d'ouest (je ne désespère pas), là, il faudra faire attention car, quand une vague prend le bateau et le lance dans un surf, à tous les coups on dépasse les 15 nœuds. Comment vais-je faire ? Traîner les cordages pour me freiner, réduire la toile... ! Il faudra éviter un autre chavirage. Mais, malheureusement, on ne me demande pas toujours mon avis... !

Pendant la nuit, ça forcit encore ; il faut aller réduire. Je prends le quatrième ris et roule encore un peu le yankee. J'ai reçu deux cartes météo aujourd'hui, dont une projection polaire émise par la Nouvelle-Zélande. Sur cette carte, c'est très net : toutes les dépressions passent au nord. (Dans l'hémisphère Sud, le vent tourne dans le sens des aiguilles d'une montre autour du centre de la dépression. Au nord, on a des vents d'ouest, au sud, du vent d'est.) Pour les prendre dans le bon sens et avoir des vents portants, il faudrait remonter vers le nord. Mais cette option me paraît folle, car elle rallonge considérablement la route, et pour passer le Horn il faudra bien faire du sud un jour. *Perseverance of Medina* et *Voortrekker* semblent pourtant prendre cette voie. Dans le sud, par contre, vers le « soixante-cinquième », il y a un deuxième train de dépressions. Pour échapper à ces vents d'est, il faut soit remonter vers le nord, soit essayer de se placer sous l'influence de ce deuxième train, donc faire du sud et aller frôler le « soixantième ».

Cette solution me plaît bien, car, d'une part, je me rapproche de l'orthodromie, donc je raccourcis ma route et, d'autre part, j'attrape les vents d'ouest. Le seul ennui, c'est que je rentre beaucoup à l'intérieur de la limite des icebergs, alors qu'à l'origine je ne pensais que la frôler. En équipage, pas de problème, il y a toujours quelqu'un à la barre et des équipiers sont prêts à manœuvrer s'ils voient la glace. En solitaire, il faut bien aller dormir, et, là, on met un peu son sort entre les mains du destin. Je reste tard devant une table à carte, à étudier toutes les solutions. J'en ai marre de taper dans la mer ainsi et de me faire secouer au près. En plus, on n'avance pas ! Remonter au nord ? Pas question. Rester là ? Non plus. Bon, alors, route au sud ? Les icebergs... Je vais me coucher. La nuit porte conseil.

La descente en enfer

Le lendemain, les idées un peu plus claires, je décide d'aller au sud et de changer mon mode de vie. Je vais dormir pendant la journée, par tranche de trois quarts d'heure, ou selon la visibilité, et la nuit je resterai éveillé avec un tour sur le pont, toutes les dix minutes.

Si on marche à 10 nœuds de moyenne, la visibilité de jour est de l'ordre de 10 milles. En me réveillant pour faire un tour sur le pont tous les trois quarts d'heure, je n'ai donc pas atteint l'horizon que j'avais trois quarts d'heure plus tôt. Il me reste 2,5 milles de sécurité. S'il y avait eu des icebergs, je les aurai vus et je peux retourner dormir trois autres quarts d'heure. La nuit, par contre, où la visibilité est trop réduite, il faudra faire une veille permanente et être prêt à manœuvrer. Je pense qu'avec ce raisonnement et si je le suis à la lettre, je vais naviguer en sécurité. Je peux donc descendre dans le sud. Comme nous sommes déjà à la limite, ce soir nous serons à l'intérieur ; il faudra donc commencer aujourd'hui. Je m'offre une grasse matinée en prévision de la nuit de veille.

Pendant la journée, les vents tiennent bon, toujours dans le nez. Je commence ma descente vers le sud, cap au 135 maxi. Je répare ma pompe de cale, qui s'était bouchée, et continue à pomper. Je vide le puisard une dizaine de fois par jour... C'est l'eau qu'on embarque par le panneau avant. Celui-là, c'est sûr que je vais le mettre par-dessus bord dès que je pourrai pour le remplacer par quelque chose d'étanche.

Dans les hautes latitudes, la vie change quand même

beaucoup. Je ne vais plus dehors que pour jeter un rapide coup d'œil, et je me rentre aussitôt. Le vent est froid. Les embruns montent sur le pont en permanence.

Je passe ma première nuit de veille. Je sors toutes les dix minutes. Je reste donc tout équipé à l'intérieur. Deux minutes avant de sortir, j'éteins la lumière pour que mes yeux s'habituent bien à l'obscurité. Je fais juste un tour d'horizon et je rentre aussitôt. À ce rythme, les nuits me paraissent interminables. Je vais souvent me faire chauffer une tasse de thé ou de chocolat. J'avais trop souffert dans la deuxième étape du manque de cigarettes, et n'ai pas eu le courage, cette fois-ci, de repartir sans. Je fume donc beaucoup. L'intérieur du bateau ressemble à une vraie tabagie et, comme l'air n'est pas souvent renouvelé, ça sent le tabac froid. Demain, j'aérerai tout ça, mais pour le moment il fait trop froid. La descente continue ; les vents ne tournent toujours pas. Je suis par 57 ° sud. Je devrais commencer à avoir les vents que je suis venu chercher. La météo que je reçois aujourd'hui est démoralisante - vent d'est 35 à 40 nœuds - ça continue, et il commence à pleuvoir. Hier après-midi, je surveillais les nuages. Le ciel était en train de changer. Secrètement, je pensais que la dépression plus au sud commençait à se faire sentir. Mais dans la nuit le ciel s'est couvert et le brouillard a tout dissimulé. Je n'avais même pas un mille de visibilité. J'ai donc passé une nuit sur le pont à essayer de distinguer quelque chose. Le jour se lève, le brouillard reste aussi épais. Je ne peux pas aller dormir ; il faut continuer à surveiller devant. Je n'arrête pas de rajouter des vêtements. J'ai une combinaison complète Helly Hausen par-dessus une combinaison fourrée qu'on portait en mer du Nord sur les plates-formes de forage, plus une veste de quart fourrée cotten et un ciré doublé. Je ressemble à un vrai bibendum. Je ne quitte plus mes gants ni ma cagoule en soie et, pour sortir, je mets un passe-montagne et la capuche du ciré. Et pourtant, il ne fait pas si froid que ça. Dans le bateau, il ne fera jamais moins de 5 °C ; dehors, il doit faire zéro, mais c'est le vent qui me paralyse. Quand je reste plusieurs heures à scruter l'horizon et que je n'en peux plus, je descends boire quelque chose de chaud. Mes mains sont tellement engourdies que je n'arrive plus à prendre une allumette pour allumer le réchaud.

A bout de forces, je vais me coucher. Je retire juste mon ciré et mes bottes et me blottis dans mes deux duvets. Je programme le réveil tous les trois quarts d'heure. Je suis tellement gelé que je mets au moins une demi-heure à me réchauffer avant de pouvoir m'endormir; ce qui fait que je ne me repose pas. Je sens la fatigue s'accumuler. Le moral s'effrite aussi. Je suis par 59 ° sud. Je n'ai toujours pas trouvé les vents d'ouest. Jusqu'où va t-il falloir descendre ? Et ce brouillard qui ne se lève pas ! Aujourd'hui, je ne vois même pas le sommet du mât. Il est donc inutile que je passe mon temps dehors. Je dois y voir à quelques mètres devant l'étrave. Même si j'aperçois un iceberg, ce sera deux secondes avant de rentrer dedans. Je décide donc de rester à l'intérieur. J'essaie de reprendre des forces en mangeant bien et chaud. Je fais plusieurs siestes pendant la journé. Ça va beaucoup mieux, je n'ai plus froid. Je ne suis pas sorti dehors depuis cette nuit. Le froid sans vent est très supportable. Dans le bateau, je suis bien et il fait 7 °C. C'est la veille à l'extérieur qui est épuisante.

Je traverse le soixantième parallèle et continue vers le sud. Je sais que c'est de la folie. Je situe le pack glaciaire 300 milles au sud. La propagation des ondes radio devient très mauvaise. Je n'arrive pas à contacter mes amis radio-amateurs. Je n'aurai donc pas de nouvelles des autres bateaux, et je ne réussis plus à avoir de cartes avec mon Nagrafax, trop loin de la Nouvelle-Zélande et pas encore assez près du Chili et de l'Argentine. Ce qui fait que c'est le black-out complet. Je n'ai plus aucune information.

Le brouillard se lève un peu, j'ai à nouveau un

demi-mille de visibilité. Je n'ai donc aucune excuse pour ne pas reprendre la veille. Le vent, toujours d'est 30-35 nœuds, ne donne aucun signe de fatigue. Je commence à regretter mon option. Je suis en train de jouer à la roulette russe. Je me sens de plus en plus angoissé. J'ai peur : pire une trouille qui me prend aux tripes. Je sais que le voyage peut s'arrêter d'un moment à l'autre. Les icebergs, un choc, un trou et puis l'eau. J'ai beau avoir une cloison étanche, me dire que même l'avant plein d'eau le bateau ne peut pas couler... Ce soir, je ne crois plus en rien. Pour la première fois de ma vie, depuis que je fais du bateau... je voudrais être ailleurs. Je suis découragé et, en tout cas, je ne m'amuse plus du tout. J'ai l'impression de m'être pris dans un guêpier dont je n'arrive pas à me sortir.

Pour le moment, je suis sur le bord gagnant, mais, c'est décidé, dès que le vent refuse un tout petit peu, je vire et remonte vers le nord. Je ne veux pas jouer avec le feu trop longtemps et mon moral en prend un sacré coup.

Samedi 5 février. – 61 ° 43 sud, 131 ° 37 ouest. Toute la nuit les vents seront stables. Est 25 nœuds ; la visibilité est toujours aussi mauvaise, ce qui empêche de faire une veille correcte. Les cartes météo ne donnent rien, aucun signal. Je n'ai plus de carte depuis avant hier, et je ne sais donc pas ce qui se prépare. Le baromètre remonte à une bonne vitesse.

Dans la matinée, le vent adonne et vers midi j'arrive par moments à faire de l'est. Pour la première fois depuis longtemps, je n'avance plus vers le sud. J'ai l'impression d'être entré dans un tunnel dont je ne vois pas le bout. La seule solution maintenant, c'est de continuer en essayant d'être toujours sur le bord gagnant, sans pour autant descendre trop sud. Je ne voudrais pas dépasser 62°. Les vents me feront-ils ce cadeau ?

En tout cas, mon option ne semble pas porter ses fruits, car j'aurai dû trouver les vents d'ouest depuis déjà longtemps. Toujours pas de carte météo, ni de contact radio. Dommage. Je ne saurai pas où sont les autres bateaux. Finalement, c'est le seul verdict. Comparer au jour le jour les différentes positions.

La visibilité reste de 200 à 300 mètres. Je suis obligé de demeurer sur le pont très longtemps. J'ai froid, sommeil, faim... J'en ai marre. Mais, cette nuit, j'ai senti une houle qui venait du nord-ouest. Je l'ai surveillée du coin de l'œil, et j'ai l'impression qu'elle grossit. Enfin du bon vent ? Et bien non, puisqu'au cours de la nuit le vent va encore refuser. Je refais cap au sud-est, je suis découragé. Jusqu'où vais-je devoir encore descendre ? Et je ne veux pas virer sur l'autre bord, je perds tout le bénéfice des milles acquis dans l'est.

Je passe une nouvelle nuit sur le pont à surveiller et, au petit jour, la visibilité est toujours aussi mauvaise. Pourtant, le vent recommence à adonner. Je n'ose y croire. Je surveille le compas du coin de l'œil. J'ai trop froid, trop sommeil. Je décide de rentrer à l'abri et dors par petites bribes soit derrière la table à cartes, soit derrière la barre à roue, ou encore à l'intérieur, sur le siège de « Fuego ». Voilà quarante-huit heures que je n'ai pas quitté mon ciré. Je n'ai plus le courage de me déshabiller pour aller dans une bannette. Je dors tout habillé, là où je suis. J'ai l'impression d'être dans un demi-sommeil permanent.

Le vent amorce nettement sa rotation et, vers midi, il a si bien adonné que je remonte vers le nord, babord amures, et pour la première fois depuis dix jours je ne suis plus au près serré mais à 50″ du vent.

Je remercie Éole, en lui demandant de continuer à souffler comme ça. Je suis tellement heureux malgré la fatigue que je ne veux pas perdre une miette de ce bon vent. J'envoie le génois léger, qui nous fait gagner un nœud.

Le vent continue sa rotation par le nord et passe au nord-ouest en forcissant. Ça y est, j'ai trouvé les vents que je suis venu chercher. Au moment où j'allais rebrousser chemin, ils arrivent ! Je ne sais pas quelle joie peut éprouver un chercheur d'or en découvrant une mine, mais sûrement pas plus forte que la mienne en ayant trouvé ce vent.

La troisième semaine se termine sur la fin de mon cauchemar. On a parcouru 1 105 milles en sept jours ; 158 milles par jour à 6,57 nœuds. Des milles qui ont coûté cher en fatigue au bateau et à son skipper. Mais on redémarre sous un jour nouveau.

Ce vent de nord-ouest continue de forcir. Il faut affaler le génois léger. J'envoie yankee et trinquette et je remplis le ballast. On commence à accélérer et, pour la première fois depuis bien longtemps, le speedo atteint 9 nœuds.

Pendant la nuit, ça continue de forcir, je réduis un peu la voilure. *Crédit Agricole* a trouvé son aisance dans cette mer de travers, et il commence à abattre des milles. Je suis sûr maintenant que ce vent va tenir.

Il fait nuit depuis trois heures. Je ne sais pas depuis combien de temps je n'ai pas dormi, et il faut recommencer la veille aux icebergs. La visibilité est toujours aussi mauvaise mais ce changement de vent m'a fait trouver des forces nouvelles, un second souffle. Pourtant, je sens bien que ce n'est pas la grande forme. Mes déplacements sont plus lents, mes gestes moins sûrs et je m'essouffle rapidement. Je fume beaucoup, beaucoup trop et je ne fais plus de repas équilibrés comme avant. Je grignote par-ci par-là des biscuits, du chocolat, des fruits secs ou du lait Nestlé, mais ne prends pas de vrais repas. Tout devient une corvée. Mon moral reste bon surtout quand je vois la distance parcourue sur la carte : 200 milles aujourdhui, et ce n'est pas fini. J'apprendrai au contact radio que, sur la route nord, les autres concurrents n'ont pas de vent. Mon option va-t-elle enfin être payante ?... Je commençais à en douter.

Dans l'après-midi, le vent passe à l'ouest – nord-ouest

et mollit un peu. C'est le moment d'envoyer un spi. Je mets du temps à me décider. Je n'ai plus envie de manœuvrer. Mais je me dis que si je ne profite pas des cadeaux que me fait Éole il va recommencer à me faire des ennuis. Il ne faut pas perdre une miette de ce bon vent, alors je manœuvre. Le spi monte et commence à nous tirer à plus de 10 nœuds. Dans la soirée, la drisse casse, le spi tombe à l'eau, heureusement on ne passe pas dessus et je peux le ramener à bord sans le déchirer. Cette manœuvre m'a épuisé. J'ai du mal à reprendre ma respiration et quand je veux me relever (j'étais assis sur le pont pour tirer sur le spi), j'ai les jambes flageolantes et la tête qui tourne. Je réussis quand même à rentrer le spi dans la soute à voiles et je déroule le yankee. Je vais dans la cuisine chercher un tube de lait concentré pour me donner des forces. Je règle le pilote et m'assieds dans le cockpit pour surveiller que tout est O.K.

Je me réveille quatre heures plus tard, allongé dans le cockpit au milieu des cordages, complètement gelé. Dehors, il doit faire 2 °C et le brouillard mouille tout.

Je rentre me sécher et me fais une double ration de soupe bouillante, et puis je vais me coucher. Il faut que je dorme. Je sens que je suis au bout de mes forces. Oui, mais les icebergs ? Eh bien, tant pis ! Je prends le risque. Il est 5 heures du matin quand je vais m'allonger. Je mets le réveil toutes les deux heures et branche toutes les alarmes : cap – vitesse – force et direction du vent. J'ai décidé de dormir jusqu'à plus sommeil. Il faut que je remonte la pente. D'abord le sommeil, ensuite les repas. Je vais dormir neuf fois deux heures. Il faudra aussi que je me lave. Mon moral sera meilleur. Depuis le chavirage, je ne me suis ni lavé, ni rasé, ni changé. Ça doit faire douze jours que je porte les mêmes vêtements vingt-quatre heures sur vingt-quatre.

Il y aura encore la vaiselle à faire ; elle s'accumule depuis une semaine. La cuisine est dans un état déplorable. Il faut que je reprenne le dessus et qu'à l'avenir je réagisse avant d'en arriver là. Le bateau doit marcher mais pas à n'importe quel prix. Cette fois, j'ai dépassé mes limites – et c'est très dangereux.

La moyenne, 165 milles en vingt-quatre heures, se ressent de mon repos mais en me levant je me sens un autre homme. J'ai à nouveau envie de manœuvrer, de travailler, de bricoler. Je suis plein de courage.

Je commence par renvoyer de la toile et par bien régler le bateau. Je m'attaque ensuite à la vaisselle. Il n'y avait plus une petite cuillère propre. Une semaine de vaisselle sale en pile dans l'évier... Après un bon rangement, je peux enfin me faire un solide petit déjeuner. Je fais chauffer de l'eau de mer et laisse les deux feux du gaz allumés. Ça chauffe la cuisine, et je peux ainsi y prendre une bonne douche chaude. Je me change entièrement et me sens vraiment revenir à la vie. J'ai l'impression que *Crédit Agricole* aussi a retrouvé sa joie de vivre. Il fonce à 10 nœuds dans le brouillard, très stable sur sa route. Le régulateur d'allure fait des merveilles et je n'ai pratiquement pas à intervenir. On est un peu ardent, alors je prends un deuxième ris dans la grand'voile. Le vent s'est établi nord – nord-ouest 30 nœuds ; on a parcouru 230 milles dans les dernières vingt-quatre heures et je fais route directe sur le Horn. Un seul point noir : le brouillard persiste, mais on ne peut pas tout avoir.

Merci, Argos !

Voilà deux jours que je n'ai pu avoir de contact radio avec la France. J'écoute donc les fréquences de Nouvelle-Zélande réservée aux concurrents. Je veux avoir les positions des bateaux pour comparer les vitesses sur les différentes routes.

J'apprends que Jacques de Roux, sur *Skoiern III,* a eu des ennuis et qu'il a actionné le signal de détresse de sa balise Argos. Aucune information supplémentaire ; les conditions météo, à ce moment, étaient très mauvaises. Un vortex soufflait sur sa position avec des vents de 65 nœuds. Les derniers relevés Argos de Jacques montraient qu'il dérivait à un mille nautique dans l'est. Était-il toujours à bord ou sur son radeau de survie ?

Je réussis à contacter le comité de course aux U.S.A. et propose de rebrousser chemin et de faire route sur *Skoiern.* Je suis 600 milles plus à l'est ; avec les vents de nord – nord-ouest, il me faudrait quatre jours pour arriver sur lui.

Après le naufrage et le sauvetage, grâce à Argos, de Tony Lush, sur *Lady Pepperell,* au cours de la seconde étape, Jacques et moi avions discuté à Sydney de l'usage que chacun pourrait faire de sa balise Argos et dans quelle extrémité on actionnerait le signal de détresse. Nous nous rendions compte que dans la zone décrite où nous naviguions le fait de demander des secours faisait déplacer des gens de très loin. Nous nous placions volontairement dans une situation précaire, nous prenions des risques délibérément et tout à fait gratuits.

Dans ce contexte, il peut paraître un peu facile et irresponsable, au moment où ça commence à aller mal pour nous, de demander aux autres de prendre les mêmes risques pour venir nous chercher. Jacques et moi étions tout à fait conscients de cela et étions décidés à n'actionner le signal de détresse qu'en toute dernière extrémité : si le bateau était en train de couler sous nos pieds ou si, blessé très grièvement, nous ne pouvions plus joindre seul un port.

Je nous revoyais à Sydney, assis bien confortablement chez Olivier et Marie-Claude, en train d'aborder ce sujet dans la douce tièdeur d'une soirée australienne. Ces mots me revenaient et résonnaient maintenant différemment. « Toute dernière extrémité... », « couler sous mes pieds... », « blessé très grièvement... »,... Je savais, en tout cas, que c'était très très grave et que Jacques avait besoin de tous les services possibles. C'est pourquoi je proposais, malgré les 600 milles qui nous séparaient, de revenir en arrière.

Le comité de course me répond que *Leda Pier One* et *Perseverance of Medina* sont respectivement à 180 et 240 milles de Jacques, qu'ils y seront avant moi ; alors, je continue ma route.

Un peu à contrecœur, je laisse *Crédit Agricole* sur son cap et écoute le déroulement des opérations sur ma radio amateur.

Une chaîne d'amitié se met en place spontanément. Robb, aux U.S.A., assure une écoute permanente des stations d'Australie, de Nouvelle-Zélande, du Chili, de Polynésie française également. Richard Broadhead, le skipper anglais de *Perseverance of Medina,* aussitôt contacté, se déroute. Il espère arriver sur les lieux en trente-six heures. Neville Gosson, l'Australien de *Leda Pier One,* pris dans le même coup de vent que Jacques, a été roulé par une vague. Il s'est ébouillanté le visage et laisse son bateau courir à toute petite vitesse. Il ne vient plus au rendez-vous radio. Visiblement, ça ne va pas, et il aurait sûrement été incapable d'assurer un sauvetage.

On continue de recevoir les positions Argos de Jacques. Il dérive toujours dans l'est. Un aviso de la Royale est parti de Papeete et fait route à 20 nœuds sur les lieux. Tiens bon, Jacques ! Les secours s'organisent ; chacun, comme toujours dans ces cas-là, émet des hypothèses sur ce qui a pu arriver. *Skoiern III* est un bon bateau, marin, solide même démâté. Jacques aurait fait un gréement de fortune lui permettant par ses propres moyens de rejoindre un abri. Je pense plutôt que Jacques est blessé. Qu'il aura pris le mât sur la tête par exemple. L'angoissante attente du verdict continue, *Perseverance* approche. Ce soir, on saura. Dans la soirée, la propagation des ondes radio se détériore et je ne reçois presque plus rien. Par bribes, j'ai cru comprendre que Jacques avait embarqué sur *Perseverance* et que celui-ci reprenait son cap sur le Horn. Je n'y comprends plus rien. Le matin, j'ai la chance de pouvoir contacter Richard et de parler à Jacques. Il me raconte de sa voix posée, en termes très précis, les circonstances de son naufrage :

« Le 8 février, à 9 heures du soir, les vents étaient de 60 à 65 nœuds. J'étais en fuite sous tourmentin, quand une énorme vague m'a fait sancir. J'étais à l'intérieur. *Skoiern III* est resté longtemps quille en l'air et le panneau de descente s'est ouvert. L'eau est entrée dans le bateau. Je suis resté dans la bulle d'air, en attendant que *Skoiern* se retourne. Je sentais la pression de la bulle d'air augmenter au fur et à mesure que l'eau montait, je me demandais si je n'allais pas couler sans me retourner. Finalement, le bateau est revenu à l'endroit, j'ai d'abord commencé par vider l'eau avec un seau, ensuite je suis allé sur le pont, où j'ai vu que le mât était cassé. Pendant que je coupais les haubans, le mât s'est mis sous le bateau, et en tapant il a fait un trou dans la coque. J'ai réussi à le boucher partiellement avec des pinoches en bois, mais l'eau rentrait quand même rapidement. Il fallait que je pompe deux heures sur trois pour étaler la voie d'eau.

» À l'intérieur, l'électronique, la radio, le moteur, tout

était hors d'usage, car plein d'eau. Mes documents nautiques étaient partis ; beaucoup de vivres étaient perdus. Tous mes vêtements, duvets, étaient mouillés. Ayant du mal à étaler la fuite et n'ayant plus de moyen de navigation, de plus le mauvais temps persistait, j'ai donc décidé de déclencher mon signal de détresse. Je suis resté trois jours en ayant froid, faim et sommeil. J'ai quand même réussi à gréer un mât de fortune et je me dirigeais doucement vers le nord.

» Richard est arrivé, il est passé une première fois à côté de *Skoiern.* J'ai pu lui jeter quelques affaires personnelles. Il est repassé une deuxième fois, et c'est au troisième passage que j'ai pu sauter à bord, car *Perseverance* est passé à raser *Skoiern,* qui s'enfonçait déjà dans l'eau.

» Sinon, je ne suis pas blessé, je suis évidemment très déçu, car j'abandonne une course qui me plaisait beaucoup et je perds mon bateau. J'espère revenir dans quatre ans, avec un bateau plus grand, mais sponsoré cette fois-ci. Un bateau de la Royale, l'*Enseigne de vaisseau Henri,* fait route sur nous. Il me ramènera à Papeete, d'où je rentrerai en France. Voilà, Philippe, à toi le micro. »

Au-delà du grésillement de voix qui sort du haut-parleur, expliquant par des mots neutres et des termes sans chaleur la fin de *Skoiern III,* je ressens chez Jacques la déception, le découragement, la révolte envers une injustice, et la grande peine qu'il a d'avoir perdu son ami. Il possédait ce bateau depuis plusieurs années, avait beaucoup navigué avec lui, et, comme d'autres, lui parlait comme on parle à un compagnon ou peut-être même à une compagne. *Skoiern III* est par le fond. Je partage ton chagrin et ta déception, mais, puisque tu parles déjà de venir prendre ta revanche dans quatre ans, c'est que tu aimes encore ça. Et tu as quand même sauvé le principal : ta vie.

Jacques n'est plus en danger, tout le monde est rassuré,

l'heure est maintenant au bilan. Argos combiné avec l'extraordinaire esprit d'entraide, de dévouement, de bénévolat des radio-amateurs, vient de sauver un autre homme. Un coup de chapeau à la technique, un grand bravo à ces hommes de bonne volonté et merci à Argos.

Alors que l'aviso de la Royale a fait le contact avec *Perseverance,* et que Jacques a changé de bord pour voguer maintenant vers Papeete, la course continue pour les autres. La première place de la classe II (bateau entre 9,75 et 13,40 mètres) étant vacante, l'intérêt va renaître pour la reconquérir. Jacques avait gagné la première puis la deuxième étape, il possédait, au départ de Sydney, neuf jours d'avance sur le second, et au moment de son naufrage il était deuxième au classement général, 600 milles derrière *Crédit Agricole,* mais devançant tous les autres bateaux de la classe I (de 13,40 m à 17 mètres). Extraordinaire performance réalisée par un excellent marin ! La mer t'a fait un croche-pied, Jacques, aujourd'hui, elle n'a pas permis que tu passes. Tu connais la mer comme moi. Tu sais comme elle est capricieuse, cruelle. La prochaine fois, elle te laissera passer, j'en suis sûr.

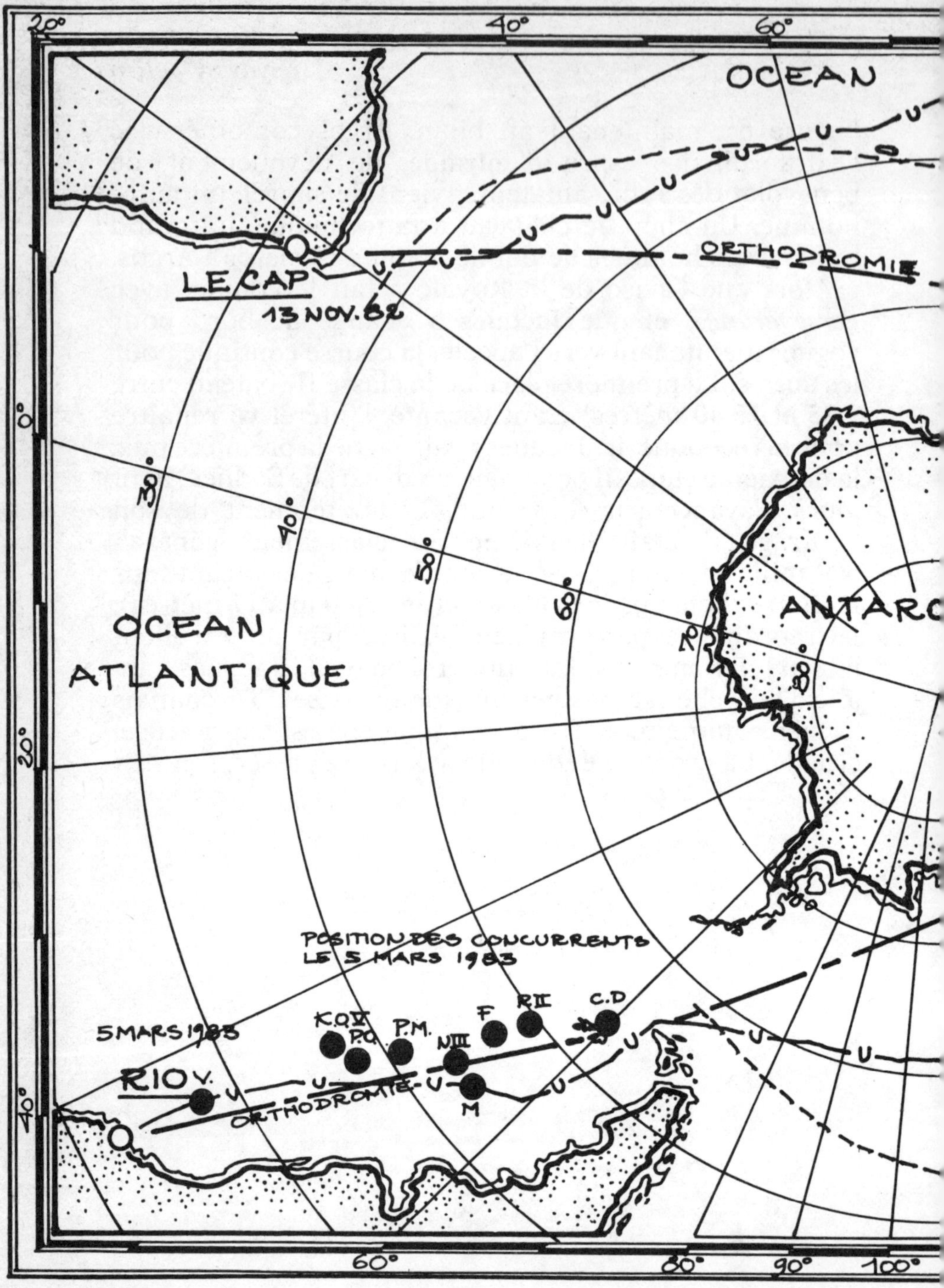

TROISIÈME
ÉTAPE
SYDNEY – RIO

Classement général après la troisième étape

CLASSE I :
1. *Crédit Agricole :* 130 j. 8 h. 16 mn
2. *Altech Voortrekker :* 140 j. 22 h. 12 mn
3. *Perseverance of Medina :* 163 j. 10 h. 22 mn
4. *Leda Pier One :* 167 j. 22 h. 34 mn.

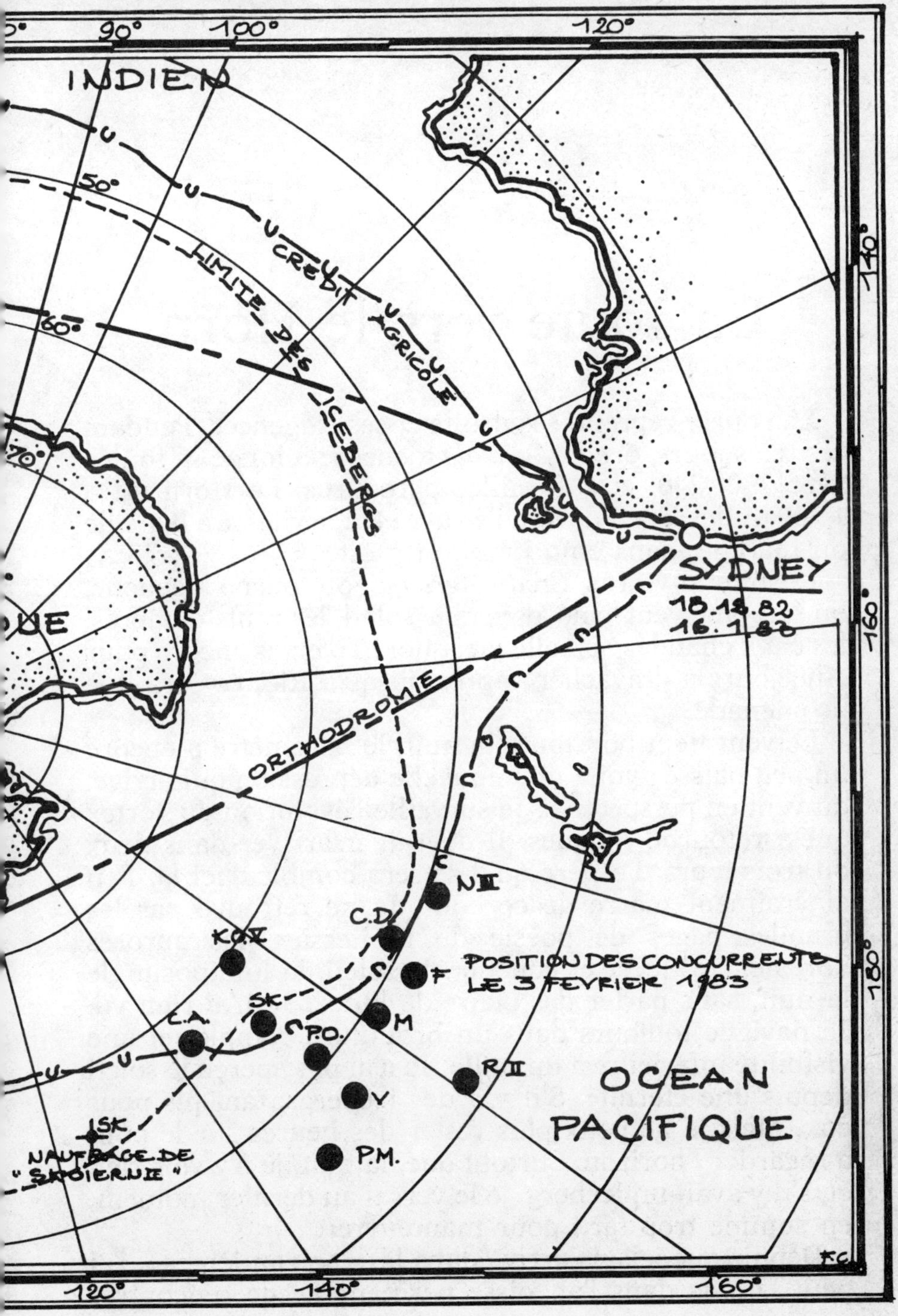

CLASSE II :

1. *Koden Okera V:* 170 j. 17 h. 2 mn
2. *Mooneshine:* 172 j. 19 h. 4 mn
3. *Nike III:* 184 j. 0 h. 12 mn
4. *Ratso II:* 186 j. 17 h. 41 mn
5. *Fantasy:* 186 j. 17 h. 41 mn 6 s.
6. *City of Dunedin:* 225 j. 11 h. 41 mn

(Naufrage de *Skoiern III*).

En route vers le Horn

La course reprend ses droits et ses exigences. Pendant ces trois jours, *Crédit Agricole* a encore allongé sa foulée avec 230, 240, et 218 milles parcourus. Le Horn est à 1 200 milles, droit devant l'étrave et, à la vitesse à laquelle on marche, dans cinq jours on y est.

Ensuite tu verras, *Crédit Agricole,* on tourne à gauche, on remonte vers le nord, vers le soleil, les vents modérés, les eaux chaudes, la belle vie, quoi ! Tu en as encore pour cinq jours à cravacher ; après, jusqu'à Rio, ce sera une promenade.

Le vent tient bon toute la nuit, le baromètre a encore un peu baissé ; voilà une nouvelle dépression qui arrive, du vent en perspective. Je surveille l'évolution du vortex qui a retourné Jacques. Il devrait m'arriver dans deux ou trois jours. J'espère qu'il se sera comblé d'ici là. J'en ai vraiment marre de ce coin. Je ne retrouve pas les grandes pages de poésie de Moitessier, les aurores boréales, les lever et coucher de soleil, la luminosité de la nuit, sans parler des clairs de lune... Je n'ai rien vu. Je navigue toujours dans un brouillard complet et une visibilité inférieure à un mille. Je n'ai pas aperçu le soleil depuis une éternité. S'il y a des icebergs, tant pis pour eux. Mais je ne peux plus rester des heures sur le pont à regarder l'horizon. Surtout que, la nuit, je n'y vois rien et, s'il y avait un iceberg, je le verrai au dernier moment, en somme trop tard pour manœuvrer.

Depuis que je suis arrivé dans les « soixantièmes », j'ai peur. Je vis dans l'angoisse permanente de rencontrer les glaces, ou de casser mon safran ; l'un comme l'autre me mettraient dans une situation embarrassante.

Malgré mes bonnes décisions d'il y a deux jours, suite à mon malaise, je n'arrive pas à prendre un rythme de vie régulier. Je vis au rythme du bateau, qui me demande une attention permanente et je dors trop peu, par périodes trop courtes. Avant, quand je rentrais dans mon duvet, je m'endormais dans les deux minutes. Là, je mets au moins vingt minutes avant de me réchauffer et j'épie les moindres bruits et signes du bateau, ce qui fait que je me repose mal. Je n'arrive pas à manger correctement non plus. Vivement qu'on passe le cap Horn et que je remette de l'ordre dans tout ça ! Il me faudra bien une bonne semaine de soleil, pour récupérer. Pourvu que la météo soit coopérative.

Dans la nuit, les vents ont tourné. La dépression m'a dépassé, et le vent a fait sa rotation normale. J'ai maintenant du ouest – sud-ouest, ça va bientôt passer au sud-ouest et le baromètre a commencé sa remontée. J'empanne et règle le pilote. Peu après, une drosse de l'Aries casse. J'en profite pour déplacer tous les points de raguage et je remets en route.

J'ai l'impression d'être tiré d'affaire quant aux icebergs. Je remonte bien vers le nord et la limite des glaces redescend. Je vais donc pouvoir reprendre mon rythme de vie normal et dormir la nuit... Surtout cesser cette veille et me débarrasser de cette angoisse qui ne me quitte plus. Je voudrais arriver aux alentours du cap Horn en pleine forme. Il me reste peu de temps pour regonfler mes batteries, si on continue à ce rythme-là. Encore 220 milles dans le sillage aujourd'hui. J'ai l'impression que le temps va se gâter à l'approche du cap Horn. Pour le moment, les conditions sont très variables.

Une dépression est passée, une autre arrive ; c'est le rythme perpétuel des hautes latitudes. Pas le temps de souffler, qu'il faut déjà se préparer à encaisser la suivante.

Le vent repasse au nord – nord-ouest. Le baromètre

baisse. J'affale le spi, renvoie la trinquette et le yankee. La rotation continue. On est vent arrière. La dépression est creuse. Ça va souffler fort. Je ne risque pas le spi, j'envoie le booster médium de 150 mètres carrés.

Pendant la nuit, ça forcit ; il faut réduire deux ris, trois ris, quatre ris dans la grand'voile. On va trop vite. On arrive à 15 nœuds dans les surfs. Tout à l'heure, on est monté à 18 nœuds. J'ai fermé les yeux. Attention, mon vieux, par ici la vitesse est limitée à 15 nœuds ! Il faut donc réduire. J'affale la grand'voile, le vent monte toujours, il est à 45 nœuds. On a parcouru 230 milles hier. Aujourd'hui, 227 milles. Dans la matinée, ça monte à 50 nœuds. On va encore trop vite. Je roule le booster médium sur l'enrouleur, et envoie le booster lourd de 80 mètres carrés sur l'étai largable. Maintenant, le vent, il faut arrêter de forcir ! Je n'ai pas de voile plus petite à envoyer et il n'est pas question de naviguer à sec de toile.

Éole doit avoir les oreilles qui traînent du côté du cap Horn en ce moment, car il m'entend. Le vent va se stabiliser à 50 nœuds. Je suis à 130 milles du cap Horn. Mon vieux, ce soir tu sera cap-hornier ! Tu auras le droit, selon la vieille tradition, de cracher et de pisser au vent. Bon, eh bien ! d'accord, mais avec le vent qu'il y a je ferai d'abord un essai en gardant mes bottes et mon ciré... au cas où il y aurait un retour !

Mardi 15 février. – Je veux passer au sud des îles Diego Ramirez, pour avoir une mer moins forte. Dans la journée, le vent tourne au sud-ouest, m'obligeant à empanner et à changer mon cap. Je passerai donc au nord de Ramirez, à mi-chemin entre ces îles et le cap Horn. Il fera nuit. Ainsi, je ne verrai rien. La visibilité reste excellente bien qu'on ne porte plus beaucoup de toile. Je me prépare à faire une navigation très précise. Je ne sais même pas s'il y a un feu sur l'île Horn. Ma carte ne l'indique pas. Mon point se situe quatre milles au nord de Ramirez. La visibilité s'est dégagée et pour la première fois depuis longtemps j'ai un champ de vision supérieur à un mille. Dans une éclaircie, je verrai mieux Diego Ramirez. Je fais des photos, comme un bon touriste. Je doute de la qualité, mais il ne fallait pas louper ça.

Premier danger débordé, route sur le cap Horn. La mer est vraiment très grosse. Je n'ai jamais vu ça, et souhaite sincèrement aux petits bateaux de la course de passer par un temps plus calme. Je comprends que, là, ils risqueraient vraiment de se faire rouler ou culbuter. Un grand bateau, c'est quand même une sécurité. Pour la première fois et malgré nos 10 – 11 nœuds de moyenne, la mer monte sur le pont de *Crédit Agricole* par l'arrière. Le cockpit se remplit plusieurs fois, et je suis obligé de mettre mon harnais en barrant, ce qui ne m'était jamais arrivé. Il faut donc aller plus vite. J'affale le booster lourd, et déroule le médium, tangonné des deux côtés. La grand'voile est toujours ferlée serré sur la bôme. On a encore accéléré. On dépasse souvent les 15 nœuds. Mais puisque l'autre jour, ça a tenu 18 nœuds, je considère que c'est la nouvelle limite. O.K. *Crédit Agricole* ? Pas plus de 18 nœuds, sinon on casse tout.

La nuit tombe. Le Horn approche à toute vitesse. J'ai peur de passer trop près, alors j'empanne. Je préfère qu'il y ait de l'eau entre lui et nous. Comme de toute façon on ne le verra pas, autant garder nos distances.

Il est 2 h 30 du matin. Je situe le Horn dans notre nord +. Le détecteur de radar se met à sonner, et peu après j'aperçois une lumière rouge qui vient sur moi.

C'est pas vrai ! Même ici on ne peut pas être tranquille. Je n'ai plus de feux de navigation depuis le chavirage, j'allume mon projecteur de pont. Au moins, mes voiles sont éclairées, et je continue ma route.

C'est un grand moment dans la vie d'un marin. J'apprécie cet instant et j'aimerais ne pas être dérangé. Le bateau se rapproche de plus en plus et éclaire le pont avec un projecteur. Je suis complètement ébloui. Il va donc falloir aller brancher la V.H.F..

Ce sont des militaires chiliens. Le comité de course les a prévenus que *Crédit Agricole* passerait le Horn cette nuit, alors ils sont venus me faire une escorte d'honneur et me souhaitent une bonne navigation jusqu'à Rio. Comme leur base est plus au nord dans le canal du Beagle, ils me demandent la permission de m'escorter jusqu'au moment où ils devront virer. « C'est d'accord, mais ne restez pas trop près, sinon vous allez finir par monter sur le pont. » Je reprends la barre, et, comme ils sont vraiment très sympas et très amicaux, on continue la causette. Ma V.H.F. est installée de telle façon que je peux parler tout en barrant de l'extérieur. Une heure après, le Horn est sur notre travers arrière. Bravo, *Crédit Agricole,* et maintenant ce que je te promets depuis tant de jours : le soleil, les eaux chaudes, la mer plus calme, et bien tout ça c'est devant. Et on va fêter ce moment. Fini les icebergs, fini le brouillard ! La vie recommence, belle et pleine de promesses. Allez, champagne ! Olivier et Marie-Claude avaient offert à chacun de nous, Jacques, Guy Bernardin et moi, une bouteille de champagne pour célébrer le Horn. Je ne voulais pas faillir à ma promesse. Si je n'avais pas le temps d'ouvrir les cadeaux, au moins le champagne sauterait.

Et pof ! Je secoue bien, un peu à Éole, un peu à Neptune, un peu à *Crédit Agricole,* un peu au skipper. Deuxième tournée. Éole, oui, tiens, bois encore un bon coup si ça pouvait te calmer et te faire dormir ! Neptune, oui, doucement, tu es sûr que tu n'as pas le vin mauvais ? *Crédit Agricole,* pas de problème, toi, tu as droit à une bonne rasade. Je sais que tu es un fidèle compagnon. Allez, Philippe, encore un coup !... Oui, doucement, ma nuit n'est pas finie. Il en reste. Allez troisième service, Éole, encore un bon coup pour que tu t'essouffles ! Neptune, avec toi, ça suffit, tu es déjà assez énervé comme ça. *Crédit Agricole* et Philippe... Cul sec... La bouteille par-dessus bord. On fait partie de la grande famille des cap-horniers.

Vers la Terre promise : Rio

Le Horn est largement débordé, déjà bien arrosé, alors je change mon cap pour faire route sur l'île des États. Mon brave bateau, maintenant on fait route au nord, et tu vas voir comme ce sera plus facile et plus agréable.

Le comité de course, en raison des problèmes entre l'Argentine et la Grande-Bretagne, nous a demandé de ne pas emprunter le détroit de Lemaire, mais de laisser l'île des États sur bâbord. J'ai hésité un moment pour laisser les Malouines sur bâbord également. Mais le courant de ces îles remonte le long de la côte assez loin au nord, et en passant entre elles et la terre je bénéficie de presque un nœud de courant. Le choix est vite fait. Je passe à terre.

Le vent toujours fort a molli un peu, mais nous arrivons très vite sur la pointe est de l'île des États. Et, après avoir passé la jetée d'un port, dès les États arrondis, la mer se calme, le vent tombe et je suis un peu surpris. Du beau temps oui, mais le calme plat non.

Plus de vent, si bien qu'avec les forts courants de marée, pendant la nuit, on recule de 15 milles dans le sud, et au petit jour, ça repart doucement.

Après ces mers fortes, les hautes latitudes, j'ai l'impression de naviguer sur un lac poussé par un petit souffle expirant. Éole et Neptune auraient-ils la gueule de bois ce matin, et seraient-ils restés couchés ? En tout cas, c'est le moment pour moi d'aller réparer tout ce qui ne marche plus en tête du mât.

Le filetage de la girouette a été arraché, mais avec du

Scotch je réussis à le remettre en place. Je ne sais pas combien de temps ça va tenir. Je démonte le feu de navigation, qui était plein d'eau. C'est un feu étanche, enfin étanche à sa manière : l'eau peut entrer mais ne peut pas ressortir. Je nettoie et sèche les contacts, change l'ampoule. Le navigateur par satellite continuait à me donner un point précis, bien que deux des bras de son antenne aient manqué. J'en ai de rechange, donc je les refixe. Si ça ne fait pas de bien, au moins ça ne fera pas de mal, et je redescends doucement de mon perchoir, en examinant le mât sur toutes ses coutures. Tout a l'air en bon état.

À Rio, il faudra quand même faire une inspection complète. C'est qu'il a souffert, le pauvre. Un chavirage et douze jours de près à taper sans arrêt dans la mer. Il doit commencer à accuser la fatigue.

J'arrive sur le pont, tout content de cette excellente opération, et je suis d'une humeur heureuse, bien qu'on n'avance pas. La semaine avant l'atterrissage sur le Horn, *Crédit Agricole* a parcouru 1 552 milles du 9 février au 15 février, à la moyenne de 221 milles par jour à 9,24 nœuds. En arrivant à Rio, on me dira que cela constitue un record pour un solitaire. Les organisateurs de la course sont très férus de records, et me liront la liste de tous ceux que *Crédit Agricole* a battu. Impressionnant. Je savais bien, mon vieux, que t'étais un « bon canot ». Le record le plus surprenant : *Crédit Agricole* est le voilier mené par un solitaire le plus rapide entre Sydney et le Horn, en vingt-neuf jours. Le précédent record était détenu par Alain Colas sur son multicoque *Manureva* ex-*Pen Duick IV,* en trente-cinq jours. Un monocoque plus rapide de six jours qu'un trimaran... ! Le résultat me rend tout fier.

En pointant la position des bateaux sur ma grande routière du pacifique, je remarque que *Koden Okera,* le japonais, suit exactement la même route que *Crédit Agricole* mais quelques milles plus au nord. Aujourd'hui, je réussis à joindre Yukoh Tada par radio et lui demande pourquoi il suit aussi fidèlement ma route. Dans son mauvais anglais, mais avec son humour désormais légendaire, il me répond que *Crédit Agricole* est passé sans rencontrer d'icebergs. Comme la visibilité est toujours nulle, en suivant exactement ma route, mais 10 milles plus au nord, ce qui d'après ses calculs correspond à la dérive des glaces entre mon passage et le sien, il était sûr que la voie serait libre, et il pouvait naviguer tranquillement sans faire la veille.

J'ai eu beau lui expliquer que j'étais peut-être passé à un mille d'un iceberg sans le voir, et que lui pouvait le rencontrer, il n'a rien voulu savoir. Il avait réussi à se persuader de la rigueur de son raisonnement, et rien n'aurait pu lui faire changer d'avis. *Koden,* je te souhaite d'avoir la même chance que moi. En raccrochant mon micro, je me dis qu'il est peut-être bon d'être fataliste... La vie, en tout cas, s'en trouve simplifiée.

Tous les jours, j'écoutais avec plus d'attention la position de *Koden Okera.* Il a fini par passer. Sans doute que les icebergs, cette année, avaient les yeux perçants et en tout cas ils assuraient une bonne veille, eux... ! Mais je ne crois pas que je reprendrais ce risque une deuxième fois... !

En tout cas, sur la route des Malouines, je prends du bon temps. J'aère le bateau, fais sécher du linge qui commence à moisir, et reste sur le pont. On va faire 114 milles en vingt-quatre heures.

J'arrive tout de même à me traîner jusqu'aux Malouines, et le vent revient du sud pendant la nuit. On est sous spi, par 30 nœuds de vent, et on marche très fort. Le détecteur de radar se met à sonner et me signale un bateau sur l'arrière. C'est normal par ici, la zone est assez fréquentée. Je vais quand même ouvrir l'œil. Je distingue des feux rouges et verts qui grossissent rapidement. Il fait route sur moi. J'allume mes feux de navigation. Le bateau me rattrape et règle sa vitesse et son cap sur les miens en restant une centaine de mètres sur notre travers. Et ça recommence avec les projecteurs. Je branche la V.H.F. et j'appelle sur le canal 16. Cette fois, ce sont des Anglais qui me demandent ce que je fais par là, d'où je viens, où je vais, qui je suis... Un vrai interrogatoire ! D'autant qu'ils gardent tous leurs projecteurs braqués sur moi. Bien que n'appréciant pas beaucoup leurs méthodes, je leur réponds patiemment. Au bout d'un moment, durant lequel ils ont dû vérifier mes dires, ils éteignent enfin leurs projecteurs, s'excusent de m'avoir dérangé. « Mais, vu les circonstances, vous comprenez, on doit savoir qui passe par là ! » Ils finissent par me souhaiter une belle remontée vers Rio. J'ai eu les Chiliens, maintenant les Anglais. Il ne manque plus que les Argentins, et j'aurai fait le tour... ! Patience ! En tout cas, ils s'éloignent rapidement et disparaissent dans la nuit. Je peux donc éteindre mes feux de navigation et continuer à m'amuser tout seul.

D'ailleurs, le vent tombe rapidement, et au lever du jour je suis obligé d'affaler le spi, car il ne porte plus du tout et menace de s'enrouler autour de l'étai.

Malgré trois ou quatre heures sous spi à 10 nœuds de moyenne, on ne parcourt que 68 milles en vingt-quatre heures... ! Et le lendemain après-midi, alors que j'ai presque débordé les derniers cailloux, au nord-ouest des Malouines, le vent tombe complètement, et je dérive vers la côte. À tel point que je prépare mon mouillage pour parer à toute éventualité. Je dérive avec le courant et ne suis plus maintenant qu'à 2 milles de la côte. De l'horizon, et pratiquement en rase-mottes, sort un avion à réaction qui me survole. Il fait deux grands cercles autour de *Crédit Agricole* et disparaît avant même que j'ai pu le contacter en V.H.F.

Je pense que les Anglais devaient continuer à me surveiller au radar, et, voyant que je m'approchais trop près de terre, ont envoyé un avion, histoire de me faire comprendre qu'ils m'avaient toujours à l'œil... ! Donnez-moi un peu de vent, et vous allez voir à quelle vitesse je vais partir... ! Heureusement, dans la soirée, celui-ci se lève, et je peux enfin m'éloigner de ce dernier danger. Maintenant, devant, il y a de l'eau à couvrir. C'est franc jusqu'à Rio et je vais pouvoir dormir.

La remontée vers le nord est lente, le vent très faible, change sans arrêt. Il faut manœuvrer en permanence. Choquer les écoutes. Je vais dormir en branchant les alarmes et suis toujours réveillé par la sonnerie avant la fin des quatre-vingt-dix minutes de sommeil que je m'accorde d'affilée. Soit le vent pointe, et il faut réduire ; soit il tourne, et il faut virer ; et puis ça mollit, il faut renvoyer la toile... Ça n'arrête pas ! Le pilote électrique en perd son latin. Le régulateur d'allure, vu la faiblesse du vent, a déclaré forfait depuis longtemps.

Ce qui m'inquiète, c'est que la barre est beaucoup plus dure qu'avant. Le safran étant descendu, les frottements sont plus importants et le pilote électrique peine terriblement pour garder le cap. Le résultat ne se fait pas attendre. Le moteur électrique du pilote se met en court-circuit et les lamelles du rotor fondent... J'ai gagné ! Je n'ai plus de pilote électrique, et l'Aries est inopérant dans ces vents. Autrement dit, je n'ai plus de pilote du tout et je suis à douze jours de Rio. Cette remontée qui s'annonçait paradisiaque commence à tourner au cauchemar. Décidément, cette troisième étape sera éprouvante jusqu'au bout.

Commencent alors les longues heures à la barre. Dès que le vent a l'air de vouloir se stabiliser, je bloque la barre et vais dormir. Je me fais réveiller par les alarmes. J'essaie aussi de mettre des sandows sur la barre franche, pour lui laisser plus de souplesse.

Les journées se ressemblent toutes. Barrer, manœuvrer, dormir par-ci par-là, quand l'occasion se présente, et la moyenne chute considérablement : 130-140-120-160-90-130-140-125-110. On se traîne, mais chaque jour la température augmente en même temps que l'épaisseur de mes pulls diminue et, un beau jour, je me retrouve torse nu sur le pont... ! Ça ne m'était pas arrivé depuis une éternité. Par contre, l'eau est encore un peu froide pour prendre une douche. Je suis toujours dans le courant froid des Malouines. Dans quelques jours je rentrerai dans le courant chaud du Brésil, qui, s'il me permettra de prendre des douches, me freinera car il coule du nord-est au sud-ouest, donc en plein dans le nez. S'il faut remonter ce courant sans vent, ça va prendre du temps. Mes pronostics me faisaient arriver à Rio fin février. Je crois que je vais pouvoir refaire mon estimation.

Par radio, j'apprends que *Voortrekker,* après avoir doublé le Horn, quatre jours après *Crédit Agricole,* a laissé les Malouines sur la gauche et que, sur cette route, il a du meilleur vent ; en tout cas il fait de meilleures journées que moi et me rattrape.

Chaque mille gagné vers le nord est une bagarre. Je suis fatigué de ces vents légers et variables. Il paraît que près des côtes du Brésil c'est encore pire. Ça promet du bon temps !

Je pense toujours que, malgré la différence qui nous sépare, *Voortrekker* représente un danger pour moi. Il suffit qu'il ait du vent pendant deux jours, et que je n'en ai pas, pour que l'avance si durement acquise fonde au soleil. Ce serait tout de même rageant de mener du début à la fin et de se faire coiffer sur le poteau.

La progression est toujours aussi lente. Mais avec de la patience je suis arrivé aux portes de Rio. L'arrivée est là dans deux ou trois jours, une journée à 120, puis une autre à 130 et voilà Rio qui grossit. Je me traîne la dernière journée et jusqu'à la dernière minute, je resterai planté sans vent à 2 milles de l'arrivée, et il me faudra presque une heure pour parcourir cette distance, en ayant viré ou empanné une quinzaine de fois. Je coupe la ligne en face de Copacabana, huit secondes avant minuit ce vendredi 4 mars. Un bateau me prend en remorque, il était temps, j'en avais marre, marre, marre !

Au pays des cariocas

Le scénario devient classique : après chaque arrivée des gens montent à bord, m'aident à tout ranger, à ferler les voiles, à lover les bouts, à préparer le mouillage. Et, pendant que tout le monde s'active sur le pont, je contemple le paysage en fumant une cigarette que vient de me donner Georges Pernoud. Sur la gauche défile la plage de Copacabana, avec en arrière-plan toute la ville illuminée. On passe au pied du Pain de Sucre et, alors qu'on arrive au Yacht-Club, je vois sur les hauteurs le célèbre Corcovado tout illuminé. Après le chavirage, quand je me suis aperçu que le gouvernail était cassé, je me suis promis que si j'arrivais à Rio sans problème j'irai faire brûler un cierge, là-haut sur la colline.

Il est maintenant en face de moi, je suis bien arrivé, il ne me reste plus qu'à tenir ma promesse. *Crédit Agricole* arrive au Yacht-Club, il faut encore mouiller sur l'arrière et avancer l'étrave au quai.

Aussitôt, le consul de France monte à bord pour me remettre un long télégramme de félicitations du ministre de la Mer et m'offrir la rituelle bouteille de champagne, dont tout le monde venu m'attendre à quai, profitera en recevant des gouttes. Après le champagne, on me parle d'une bonne entrecôte grillée, d'une douche et d'un bon lit. Voilà au moins des gens qui savent vivre !

Il faut bien quelques jours pour se réhabituer au cycle de la vie à terre. Je ne parle pas portugais, et heureusement que les correspondants à Rio du Crédit Agricole sont les personnes les plus gentilles et les plus dévouées qui soient : Richard Doboin et Marie-Pierre Joubert feront leur maximum pour me faciliter les choses. Après une semaine de palabre avec le Yacht-Club pour sortir *Crédit Agricole* de l'eau, il faut se rendre à l'évidence, ils ne pourront pas effectuer la réparation. C'est finalement l'arsenal de marine qui accepte de faire le travail. Là encore, j'ai eu peur. Quand je pense que les ouvriers ont mis deux jours à construire un ber pour y déposer le bateau. Je me voyais mal parti pour la suite des opérations. C'est alors que Carlos, un ingénieur parlant parfaitement français, a pris les choses en main – et tout s'est déroulé pour le mieux. Il me disait : « Tu sais, Philippe, au Brésil, le travail c'est comme un air de samba ; ça commence doucement et, quand tout le monde est dans la mesure, le rythme s'accélère et tout s'arrange. » Ce qui s'est révélé exact pour *Crédit Agricole ;* les ouvriers ont mis deux jours à trouver le tempo, mais, après, rien ne pouvait plus les arrêter... Pour respecter leur parole et me livrer le bateau fini à la date promise, ils ont même travaillé de nuit, tout en effectuant un travail remarquable. On s'en souviendra, de la *barca francese,* à l'arsenal, mais, moi aussi, je me souviendrai de tous ces gens d'une gentillesse à toute épreuve, du dévouement d'Albino et de l'amitié de Carlos.

J'assiste aux réparations, et, pour ne pas rester inactif, je commence la révision et l'entretien de tout le matériel ; je sais que la dernière étape se courra dans des brises légères et dans les alizés. Pas de gros temps à attendre. J'ai onze jours d'avance sur Bertie Reed. La prochaine étape doit durer à peu près un mois, il est donc mathématiquement impossible que Bertie me reprenne cette avance sur trente jours de course. Je peux prendre une mauvaise option météo, avoir des calmes. Il peut gagner l'étape, mais pour le classement général c'est hors de question, sauf si j'ai de la casse sérieuse. C'est donc maintenant qu'il faut s'assurer que tout est en bon état. Systématiquement, tout sera démonté. Des winches, en passant par les poulies, les cordages. Tout est méticuleusement examiné, le mât et le gréement passés au crible, l'électronique refixée en tête. C'est un travail énorme, mais dans cette tâche j'ai été grandement aidé par mes amis de la Comex.

Gilles de Narois, avec lequel j'ai commencé la plongée plusieurs années auparavant, est maintenant directeur de l'agence Comex Brésil. Il vient me voir le lendemain de mon arrivée, m'offrant une chambre dans son immense appartement, en face de la plage de Copacabana, me proposant les services de la Comex, avec ses ingénieurs, techniciens et plongeurs. C'est ainsi que j'ai vu *Crédit Agricole* se transformer en plate-forme de forage avec des techniciens Comex partout. La comparaison s'arrête là, mais je me revoyais soudainement plusieurs années en arrière, à l'époque où je « tournais » en mer du nord.

Tous ces copains venus me donner spontanément un coup de main font avancer les préparatifs à la vitesse « grand V ».

Je suis heureux car *Crédit Agricole* va repartir de Rio en super-condition. Tout est nickel, tout fonctionne parfaitement. Il me reste à me remettre en forme pour être moi aussi fin prêt. Tous les matins, je pars avec Gilles faire un long footing sur la plage, suivi d'un bon bain dans les vagues. C'est l'occasion d'admirer ces belles Brésiliennes venues se faire bronzer sur Copacabana.

Je n'ai plus rien à faire à Rio, et je décide de partir en croisière. Gilles, Alain et beaucoup de Français résidant à Rio ont élu leur domicile de vacances à Buzios, une presqu'île située à 90 milles au nord-est de Rio. C'est de nuit que *Crédit Agricole* quitte le Yacht-Club avec une petite brise lui permettant à peine de se déhaler, avec à son bord un équipage international bien décidé à s'amuser. Nous étions une bonne dizaine, je n'avais que six couchettes à offrir, mais tout le monde était ravi de la promenade. Il nous a fallu dix-huit heures de près, pas toujours très serré, pour arriver à Buzios, dans la baie de Ferraduria.

La communauté française, bien organisée en un petit clan, offre toutes les possibilités de loisirs. J'ai pu faire du ski nautique, de la planche à voile, de la plongée, du surf, du parachute ascensionnel, du tennis et du hamac. Cela n'a duré qu'une semaine. Il faut bien rentrer, le départ approche. Pour le retour, nous serons encore plus nombreux qu'à l'aller, et la navigation sous spi aura moins malmené les estomacs sensibles. *Crédit Agricole* se demande ce qui lui arrive ; tant de monde à bord, il n'a jamais vu ça.

Les derniers préparatifs font passer les quelques jours qui restent très rapidement, et le jour du départ arrive.

Tous les skippers sont très confiants. Au cours du dernier breakfast pris ensemble sur la terrasse du Yacht-Club, on échange les ultimes renseignements météo. Chacun gardant sa route secrète. L'option de longer la côte brésilienne ou celle d'aller au large avant de prendre le cap direct sur Newport auront fait couler beaucoup de salive. Tous essayant de trouver des tuyaux auprès des plaisanciers qui connaissent bien la côte.

Chacun rejoint son bord pour les préparatifs du départ. Tout le monde est conscient que cette étape sera très tactique, et que chacun peut la gagner, pourvu qu'il ait su trouver les bons vents. C'est aussi l'étape de la dernière chance pour avoir le plaisir de couper la ligne le premier. Pour *Crédit Agricole* c'est le grand chelem qui est visé. La lutte sera dure, personne n'est résigné.

Pour une fois, je quitte le bassin le premier et me retrouve dehors bien avant les autres. J'aime bien avoir mon temps avant un départ, ça permet de sentir le vent, de sortir les bonnes voiles, et puis de reconnaître un peu le plan d'eau. J'espérais pouvoir partir sous spi, mais le vent a refusé, ce sera un départ au près serré.

Gilles et Alain sont venus à bord avec tout leur matériel de plongée. Ils tenaient à me mettre un dernier petit coup

16. Dans l'immense houle des Quarantièmes Rugissants, la balise Argos (petit dôme placé sur le balcon arrière) permet au monde entier de suivre l'étonnante odyssée de Philippe Jeantot. 17. Après le brouillard et la peur de l'iceberg, après les déferlantes, le passage du Cap Horn vaut bien une bouteille de champagne.

18. *Crédit Agricole* au pays des cariocas.

19. Le 4 mars à 23 h 59, Philippe Jeantot passe en vainqueur la ligne d'arrivée à Rio de Janeiro.

20. Au largue dans la brume... Encore un ou deux milles et la longue route sera bouclée.

21. Oui ! Les craintes de Jeantot pour son gouvernail étaient bien justifiées. A Rio il fallut changer la pièce et renforcer les soudures.

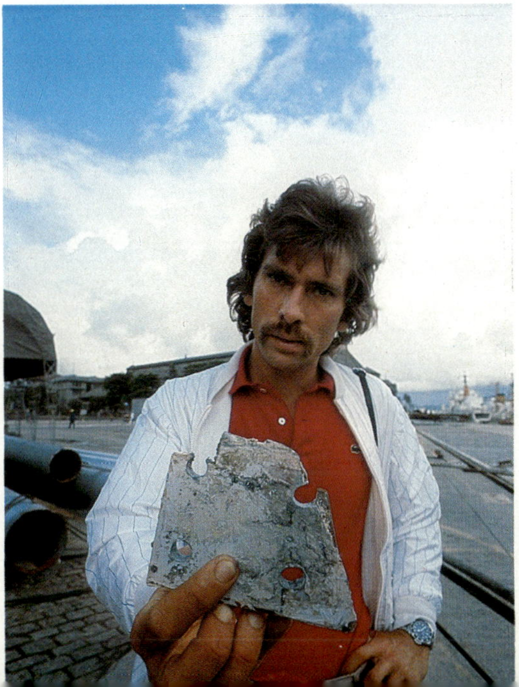

22 et 23. Après 159 jours de solitude, et quelques 27000 milles de navigation, après être passé par les mers les plus dures du globe, après quatre victoires d'étape, le monde entier découvre un très grand marin. Il a 31 ans, il est souriant et sympathique, il s'appelle Philippe Jeantot.

d'éponge sur la carène trente minutes avant le départ. « La glisse, tu comprends ; tu auras la meilleure glisse. » Ça mettait un coup au moral des autres skippers, ils voyaient que sur *Crédit Agricole* on ne négligeait aucun détail, et c'est très important de saper le moral des concurrents ! En tout cas, ce divertissement manque de me faire partir en retard. Le vent est complètement tombé et j'ai bien du mal à rejoindre la ligne.

CINQUIÈME PARTIE

Rio – Newport

On rentre

Trente secondes, à border partout, coup de canon, on est parti ! Après toute cette chaleur et cette amitié, ma solitude me semble pesante. « Allons, secoue-toi ! Tiens, regarde, ça refuse, il faut virer. » Je reste toute la nuit à la barre, à tirer des bords. La nuit est douce, le vent léger et chaud, *Crédit Agricole* laisse un sillage phosphorescent, l'étrave s'amuse de ce petit clapotis. Nous sommes repartis pour une longue balade ; file, mon bateau, je te mettrai de la toile et te trouverai du vent. Je suis heureux de cette communion aussitôt retrouvée dès que nous sommes seuls ; je recommence à lui parler, mais je tombe de sommeil. La soirée d'adieu chez Gilles s'est terminée très tard ; on a fait la fête une dernière fois tous ensemble. Il faut absolument déborder Cabo Frio, après, tu iras dormir.

Je vois encore deux feux derrière moi. Tantôt verts, tantôt rouges. Tiens, tiens, je ne suis pas le seul à veiller pour essayer de toujours être sur le meilleur bord.

Je viens de déborder le phare de Cabo Frio ; je vais pouvoir prendre mon cap au nord-est. Je ne sais toujours pas quelle option je vais choisir. Au large, à terre ? J'ai l'impression que la victoire de la quatrième étape peut se jouer ici... que tout dépend de cette décision. Mon intérêt n'est plus de faire la course, mais de la contrôler. Je surveille avec d'autant plus d'attention les relevés Argos. Évidemment aujourd'hui où l'enjeu est d'importance, personne ne pourra nous fournir les informations.

Chaque bateau va essayer de faire sa course ; le

classement général étant pratiquement joué, tous les concurrents recherchent une victoire d'étape. Pour cela, ils sont prêts à prendre tous les risques, et, au besoin, à adopter des « options kamikazes »... Ne pouvant ni marquer ni contrôler tout le monde, je choisis les bateaux les plus rapides : *Voortrekker, Perseverance* et *Nike III* qui marche très fort depuis le départ. Ce dernier fera, à la surprise générale, de très bonnes moyennes dans cette dernière étape.

J'opte pour une position médiane par rapport aux deux options en me mettant en situation d'observateur. En dernier recours je pourrai toujours faire ma course et tirer mon « bord gagnant ».

Les vents se sont installés de nord et sont très faibles. Cabo Frio est maintenant dans le sillage et je vais enfin pouvoir dormir. Je reprends mon rythme : une heure de sommeil, un tour sur le pont. Si tout va bien, je retourne me coucher aussitôt. Le trafic maritime étant assez important le long des côtes du Brésil, il faut faire une veille sérieuse aux cargos et aux bateaux de pêche.

Aujourd'hui, au contact radio, j'obtiens les positions Argos ; je suis bien placé puisque je suis le plus au nord, au centre du paquet de bateaux. Sur bâbord, ceux qui vont longer la côte ; sur tribord, ceux qui ont pris l'option large. Même à Rio, les avis des plaisanciers qualifiés étaient très partagés. Cette période de l'année étant réputée sans vent, la majorité d'entre eux estimaient que le vent serait aussi faible sur les deux routes, mais que l'option terre pourrait permettre de bénéficier des brises thermiques, ce qui ferait la différence. Beaucoup de conditionnel !

Dans la soirée, le vent refuse ; je vire et me retrouve tribord amure cap au nord. Finalement, peut-être que c'est le vent qui va décider pour moi. En tout cas, pour le moment, je me rapproche de l'option terre sur le bord le plus favorable.

Pendant deux jours, je garde ce cap au près serré. Il

faut souvent manœuvrer, affaler, enlever. Le vent est très variable et il y a beaucoup de grains. Je ressens la fatigue des manœuvres, du changement de rythme de vie, mais je suis bien sur l'eau. Cette tranquillité après l'agitation des derniers jours me semble bien agréable.

Je sais que la partie va être dure jusqu'au moment où nous allons accrocher les alizés. C'est là que la course sera jouée. Mais en attendant la guerre des nerfs est déclarée... ! Rien de plus démoralisant que de manœuvrer sans arrêt, de passer beaucoup d'heures à la barre, pour marquer 120 milles sur la carte à la fin de la journée.

Je retrouve mes copains radio-amateurs, et la liaison avec la France est excellente. Quelle joie après un mois d'escale et de silence radio, de retrouver ces voix amicales ! Prosper, Jacques et Pierre suivent avec beaucoup d'attention le duel qui se déroule entre les deux groupes de bateaux, sur les deux routes différentes. *Voortrekker* est parti au large ; je m'en veux un peu de l'avoir laissé s'échapper et de m'être enfermé dans l'autre option. Tant pis, maintenant, les dés sont jetés. Le premier classement pourra se faire à la latitude de Recife. Après, on verra.

Je me traîne toujours autant, mais j'ai à nouveau pris le rythme de la course, des manœuvres incessantes et du sommeil. Me voilà en pleine forme, manœuvrant avec plaisir malgré les faibles résultats : 100, 110, 96 milles en vingt-quatre heures.

Le vent passe au sud-est et me permet de me dégager de la côte. J'avais peur qu'il reste accroché au nord-est car je me serais retrouvé enfermé à terre. Ce brusque changement de direction est providentiel et me permet d'envoyer le starcut, qui porte très bien mais m'oblige à rester à la barre. C'est le speedomètre, qui, en atteignant des vitesses que j'avais oubliées, me fait barrer pendant dix heures. Avec la nuit, ça va refuser et il faudra affaler le spi, renvoyer le génois. Je ne sais pas combien de manœuvres de voile j'ai faites depuis le départ de Rio, mais, pour la première fois, le résultat est payant puisque nous avons remonté tout le monde en ayant abattu 180 milles dans les dernières vingt-quatre heures.

Dans l'après-midi le vent tombe, il faut encore manœuvrer. Le soir, le coucher de soleil est absolument magnifique. La nature semble vouloir se faire pardonner ce vent léger et irrégulier en m'offrant ce spectacle féerique. Tout prête à la mélancolie dans un tel décor. Ce soir, je voudrais être avec mes copains brésiliens en train de partager une caipirinha, cet alcool de canne à sucre mélangé avec du citron vert, du sucre et de la glace pilée. Le Brésil des vacances vit autour de ce cocktail délicieux.

Les petites journées s'ajoutant aux journées calmes, je finis par arriver au large de Recife, où les vents de sud-est prennent plus de puissance et me permettent de faire route sur Newport. Je viens encore de passer beaucoup de temps à étudier les routes possibles pour cette deuxième partie. Autour des Açores, le Gulf Stream tourne dans le sens des aiguilles d'une montre. Je vise donc un point légèrement à l'ouest de cet archipel et je vais essayer, sur cette droite, de faire le plus de vitesse.

Au départ de Rio, sachant que cette étape se courrait essentiellement dans le petit temps, j'avais essayé d'alléger *Crédit Agricole* au maximum. Aussi, je m'étais rationné en gas-oil et en eau. J'étais parti avec 90 litres d'eau pour trente jours et 70 litres de gas-oil, ce qui correspondait à deux heures de moteur tous les trois jours. Depuis le départ, j'avais largement dépassé cette moyenne ; le vent étant très irrégulier, je me suis beaucoup servi du moteur pour faire tourner la pompe des ballasts à eau de mer. Je me demande aujourd'hui si je vais avoir assez de fuel pour me fournir du courant électrique jusqu'à Newport. Je m'en veux un peu d'avoir poussé aussi loin la chasse au poids. Ce n'est pas 40 litres de gas-oil supplémentaires qui auraient changé grand-chose, en comparaison du désagrément que cela me procurera si je tombe en panne avant l'arrivée. Tout est une question de dosage. Là, je pense avoir péché un peu par excès. En tout cas, il faudra faire des économies.

Le contact radio m'apporte de bonnes nouvelles. Au moment où toutes les routes convergent à la pointe est de l'Amérique du Sud, je suis en tête de la flotte. Premier pari gagné. À présent, il faut tenir bon. *Voortrekker* n'a que 30 milles de retard sur moi. *Nike III* est au même niveau. Il va falloir, au fur et à mesure que le vent rentre, forcer la cadence pour réussir à creuser le trou.

A la fin de la première semaine, je n'ai parcouru que 777 milles, soit 111 milles par jour à 4,62 nœuds de moyenne. Mais les choses vont changer, pas plus tard qu'aujourd'hui, puisque le vent rentre en grand en adonnant, me permettant de porter le starcut. C'est d'ailleurs un peu limité, et le pilote refuse de coopérer. Lui aussi s'est habitué au rythme brésilien. Il faut donc que je barre à la main, mais quand je vois le speedomètre accrocher les 10 nœuds presque en permanence ça me donne du courage et de la persévérance. Nous sommes vraiment passés à la vitesse supérieure en atteignant 227 milles aujourd'hui. Je me rapproche des moyennes obtenues dans les mers du Sud. Mais ici il y a le soleil et les poissons volants en plus, ce qui change beaucoup de choses.

Je passe toute la nuit à la barre. *Crédit Agricole* vit ; je le sens heureux de porter toute sa toile avec ce vent qui commence à adonner. Le bateau devient moins ardent et le pilote peut reprendre du service. J'en profite pour plonger dans ma couchette. Cette fois, c'est sûr, j'ai bien attrapé les alizés de sud-est et jusqu'au « pot-au-noir » il devrait en être de même. Les journées se succèdent, je n'ai presque rien à faire, si ce n'est des réglages de spi. Le pilote marche à la perfection. *Crédit Agricole* creuse la distance. *Voortrekker* est à 100 milles. Continue comme ça, mon beau bateau, et nous serons bientôt au port !

En fait, je ne suis pas pressé d'arriver. À Newport, la course sera finie, chacun va rentrer chez soi ; l'aventure, le rêve, seront terminés. Il faudra retrouver la réalité des choses. Pour le moment, je n'ai nulle envie que cela se termine. Le grand vide qui suivra l'arrivée me fait peur. Je n'ai fait aucun projet. Voilà bientôt deux ans que je ne vis que pour cette course, et j'ai du mal à réaliser que dans trois semaines ce sera la fin. Mais ce jeu de faire marcher le bateau à fond, d'essayer de faire mieux que les autres est tellement grisant, tellement prenant, qu'il n'est pas question de ralentir pour prolonger ces moments plus longtemps. Pourtant, les conditions actuelles sont paradisiaques. Je voudrais que ça dure toujours... !

Ô temps, suspends ton vol
et vous, heures propices,
suspendez votre cours...

Les jours se succèdent semblables à eux-mêmes. La vie coule doucement, bercée par cet alizé amical. Tout est réuni pour que mon bonheur soit complet. J'ai l'impression qu'Éole et Neptune, complices, font des merveilles pour se faire pardonner les moments de colère des mers du Sud. Cette étape n'aura pas le goût salé des embruns, mais le goût sucré du dessert dans lequel on a envie de croquer à belles dents. C'est vrai, aujourd'hui, j'en suis au dessert. Le repas se termine, il va falloir se quitter. Et pourtant, je suis encore un peu sur ma faim. Je n'ai pas tout vu, je n'ai pas tout connu. Il me reste encore beaucoup de choses à découvrir, à apprendre. Cette étape n'est même pas terminée, j'ai déjà envie de repartir pour un grand tour.

Je sais, c'est ce grand vide qui m'effraie. Il faut que je sache pourquoi je fais les choses... ! J'ai besoin d'un objectif, d'un but. Ce but, ce sera de repartir, de connaître ça encore une fois, peut-être encore mieux. Avec l'expérience d'un premier tour du monde, il est possible d'en aborder un second, dans de meilleures conditions, de s'aider de son expérience pour aller encore plus vite avec une sécurité toujours accrue. Voilà, c'est décidé. Je repartirai en solitaire autour du monde, en course ! L'avenir se dessine mieux, je n'ai plus peur du lendemain. Je peux foncer sans remords vers la ligne d'arrivée puisque je sais qu'après il y aura encore une ligne de départ.

Les milles se succèdent toujours plus vite. Le sillage s'allonge. Nous suivons une route parallèle à celle de la première étape, mais quelques degrés plus à l'ouest. Je ne recouperai pas ma route avant la ligne d'arrivée ; c'est symbolique.

La température augmente tous les jours. À l'intérieur de la cabine, c'est insupportable : 40 °C. Pendant le contact radio, assis sans bouger, je transpire. Je ne descends plus dans le carré pendant la journée. Je reste sur le pont, allongé à l'arrière. J'ai trop chaud, je me balance des seaux d'eau de mer sur la tête, ensuite je me fais sécher au soleil.

Par moments, j'ai envie de crier tellement mon bonheur est total. *Crédit Agricole,* lui, chante. Poussé par toute sa toile, il fait frissonner l'eau sur son étrave. Le spectacle est captivant. Je passerais des heures à regarder cette étrave en lame de couteau écarter doucement l'eau pour ménager un passage qui se referme sans bruit. Bientôt, le sillage de *Crédit Agricole* aura ceinturé le monde.

Je fais un peu de rangement dans la cuisine. Malgré la première chasse au poids effectuée à Rio, je me rends compte que je transporte encore beaucoup de choses inutiles. Des conserves se sont abîmées au contact de l'eau de mer. Certaines commencent à gonfler, d'autres sont un peu douteuses. Celles venues de Rio, de Sydney et de Cape Town, n'ayant pas un goût adapté à un palais français, passent également par-dessus bord. Encore au moins 25 kilos de choses inutiles dont je me suis débarrassé.

Crédit Agricole doit sentir aussi que nous approchons. Nous allons passer l'équateur cette nuit. Repasser à une latitude nord, alors que toute la course s'est courue dans les latitudes sud. Il va falloir que je fête l'événement. Je me souviens de cette première bouteille de champagne qui avait sauté. À ce moment, je demandais à Neptune et à Éole d'être cléments, de prendre soin de mon bateau. Ils ont été bienveillants. Ces mers du Sud tant redoutées ne nous ont pas trop fait souffrir, juste ce qu'il fallait pour qu'elles gardent leur légende et que le respect qu'on a pour elles ne s'éteigne pas ; mais jamais de tempêtes féroces dont la puissance aveugle n'a qu'un seul but : détruire. *Crédit Agricole* était sous la protection des dieux de la mer. Tout le monde n'aura pas eu la même chance.

Cette nuit, au moment de déboucher la bouteille de champagne, il faudra que je les remercie.

La mer est parfois cruelle, injuste, impitoyable. C'est vrai qu'un marin paie tout de suite ses fautes. Parfois, la punition est sans commune mesure avec la faute. D'autres fois, au contraire, Neptune est généreux, les erreurs les plus graves restent sans sanction. Il faut de la chance. Il ne faut pas miser sur elle quand on prend la mer, mais se souvenir à l'arrivée que sans la chance rien n'aurait été possible. L'absence de malchance, c'est aussi une chance. Quand on perd une course ou qu'on abandonne, il faut trouver une raison pour le justifier. La logique reste alors un peu à l'écart et l'explication devient : « Je n'ai pas eu de chance. » Tous ceux qui perdent le disent.

À deux semaines de la ligne d'arrivée, avec 100 milles d'avance sur les autres bateaux, je ne suis toujours pas sûr de la victoire. S'il te plaît, Neptune, ne mets pas sur ma route un de ces troncs d'arbres qui dérivent parfois dans l'Atlantique, ni un de ces containers tombés d'un bateau pendant une tempête. Demande aussi aux cargos de faire une veille efficace, afin que l'un d'entre eux ne vienne pas couper *Crédit Agricole* en deux, mettant un point final à ce long sillage. Tout peut encore arriver. Si j'arrive premier, il ne faudra pas que j'oublie de le dire, « j'ai eu de la chance. *I was lucky* ». Parce que sans cela, je ne serais pas là aujourd'hui.

Jacques de Roux, sur *Skoiern III*, avait mis tous les atouts de son côté. Bon bateau, bon marin. La mer n'a pas voulu pour Jacques. Elle a détruit son bateau. En revanche, elle a bien voulu pour *Crédit Agricole.* Sur quels critères ? Je n'en sais rien, mais j'en suis heureux. Je sais que sans son consentement, il n'y a rien de possible. J'espère qu'elle voudra encore à l'avenir...

Vendredi 22 avril, 6 heures du matin. *Crédit Agricole* repasse au nord. Nous sommes à l'équateur. Le bouchon saute. Derrière moi, des souvenirs merveilleux, peut-être les moments les plus intenses de ma vie. Ces mers du Sud m'ont beaucoup donné. Je leur tourne maintenant le dos, mais, puisque je reviendrai, ce n'est pas un adieu. Champagne à Éole, Neptune, *Crédit Agricole.* Vu l'heure, je ne boirai qu'une gorgée. Le champagne chaud, au petit déjeuner, je n'y suis pas habitué. Mais il faut faire partie de la fête et trinquer avec les copains, sinon certains pourraient se vexer ! Il ne faut pas jouer avec ça, la mer est une grande dame très sensible, mais aussi très susceptible. C'est peut-être pour cela que les marins sont pleins de superstitions. Même si l'on déclare ne pas croire à ces « bêtises », on ne les provoque pas. On ne sait jamais...

La bouteille est vide, elle passe par-dessus bord ; *Crédit Agricole* n'a pas ralenti. Champagne ou pas, équateur ou pas, devant il y a encore des milles à abattre. Le vent est bon et chaud, la mer est belle et clémente ; alors mon bateau donne tout ce qu'il a. C'est le sprint qui est déjà lancé. *Crédit Agricole* est un gagneur ; sauf pépins, la victoire est assurée ; mais il ne veut pas de n'importe quelle victoire, il lui faut une victoire éclatante ! Je n'ai rien à faire pour cela. Je lui laisse la bride sur le cou, et il fait le reste. Vas-y, mon fidèle compagnon, fonce, continue de creuser l'écart ! 226-200-217 milles. *Voortrekker* est maintenant à 140 milles derrière. « Tu pourrais t'en contenter pour assurer la victoire finale. Mais si tu m'aides un peu, on pourrait gagner avec encore plus d'avance. Peut-être 200 milles. Pourquoi ne pas essayer 300 milles ? Allez, on essaie. Regarde la trinquette : elle pourrait être plus grande. Pourquoi tu ne mettrais pas ta trinquette génoise en mylar ; ça attraperait encore plus de vent et ça me donnerait plus de puissance. »

Et c'est vrai, il a raison. Je n'en ai pas pour longtemps à faire cette manœuvre, et elle est payante. Maintenant, je vais me coucher. Tu te débrouilles tout seul, comme promis !

Crédit Agricole fonce, le sillage n'en finit pas de s'allonger. Voilà déjà une journée que nous sommes dans la zone du « pot-au-noir ». Normalement, je devrais avoir perdu les alizés de sud-est et me dépatouiller dans des brises légères et variables jusqu'à attraper les alizés de nord-est de l'hémisphère Nord.

Je surveille le ciel, la houle, le baromètre. Je reçois toujours mes cartes météo. Aucun changement n'est annoncé. Il se peut que, cette année, le « pot-au-noir » se soit beaucoup décalé vers le nord. Je devrais donc l'avoir demain ou après-demain.

Dans la soirée, le ciel se couvre de gros nuages noirs sous lesquels le vent forcit brusquement. Il faut rester sur le pont. Le pilote se débrouille parfaitement, mais dans les surventes on est trop toilé – et *Crédit Agricole* part au lof. Pendant les grains, je débranche le pilote et laisse porter un peu. On perd légèrement en cap, mais ça m'évite d'affaler le spi, et la vitesse devient vertigineuse.

Il n'y a vraiment que la nuit que la température soit agréable. Le vent est chaud, la mer est tiède. Je reste nu sur le pont. Je m'allonge sur le banc du cockpit et sommeille. Chaque grain est chargé de pluie qui se transforme pour moi en douche. Je me mets sous la grand'voile et laisse cette eau douce, un peu froide, me dessaler et me rafraîchir. Qui a dit qu'on ne pouvait pas se laver en mer ? Cette nuit, j'ai pris au moins sept douches d'eau douce et pendant la journée, toutes les heures, je m'asperge d'une dizaine de seaux d'eau de mer.

Au lever du jour, je remarque une double houle qui rend la mer un peu désordonnée : la houle résiduelle de sud-est levée par les alizés qui me poussent depuis plusieurs jours, mais également une houle de nord-est ; aucun doute possible. C'est donc que les alizés ne sont pas loin. Les grains dans le ciel se dissipent peu à peu et deviennent moins fréquents. Le ciel commence à ressembler à un ciel d'alizé ; et le vent passe au nord-est progressivement.

Je ne dis rien. Je fais comme si je n'avais rien vu. Et pourtant, il faut bien que je me rende à l'évidence : le vent tourne sans même mollir. Il est est-nord-est. Le spi médium a du mal à porter, il dévente de plus en plus souvent. Je l'affale pour renvoyer le starcut. Le tangon est presque contre l'étai avec le jockey-pole qui donne un meilleur angle de tire-au-bras. La manœuvre de changement de spi s'est bien passée, aucune hésitation.

Après un tour du monde, les manœuvres sont parfaitement rodées. Le plan de pont est idéal. Si j'avais pu partir de Newport avec un bateau réglé comme il l'est maintenant et avec autant de milles dans mon sillage, je suis sûr que le résultat se serait chiffré en dizaines d'heures. Il faut croire que les autres n'étaient pas mieux lotis que moi.

Toute la soirée *Crédit Agricole* continue à un train d'enfer. Ballast rempli, un ris dans la grand'voile. On est toilé au maximum. La moindre survente pose des problèmes, car il faut que je prenne la barre. La moyenne n'a pas chuté du tout. Cette année, il n'y avait pas de « pot-au-noir ». En tout cas, je l'ai traversé sans m'en rendre compte ! Mon bateau est tellement heureux, tellement à l'aise avec toute sa toile que je ne me sens pas le droit de réduire pour me rendre la vie plus facile. Au début, c'est moi qui l'encourageais et qui le poussais à se dépasser. Aujourd'hui, c'est lui qui me demande de ne pas le freiner.

Les moyennes réalisées sont encourageantes, mais la fatigue commence à s'accumuler. Je ne dors plus beaucoup, mais je fais de petites siestes. Voilà bien trois jours que je ne suis pas allé m'allonger sur ma couchette. Je dors par bribes dans le cockpit, ou pendant la journée sur le pont et dans la jupe arrière, vingt minutes, une demi-heure. En ajoutant tout ce sommeil, j'arrive bien à six ou sept heures, mais en dix ou quinze périodes au lieu de six ou sept comme auparavant. J'ai l'impression de me reposer moins bien.

La deuxième semaine se termine avec 1 423 milles parcourus à 203 milles par jour, soit 8,47 nœuds de moyenne. C'est encourageant. Devant, il y a les alizés pour au moins dix jours, et cette moyenne devrait encore grimper. Nous sommes vent de travers, il faudrait que le vent adonne encore de 10 degrés, et la vitesse augmenterait tout en facilitant le travail du pilote. En tout cas, la route qu'il me reste à parcourir jusqu'à Newport ressemble à une autoroute, droite, franche, sans surprise. On ne devrait plus descendre en dessous de 215 milles par jour. Les alizés sont maintenant bien accrochés. Pour moi, ce sont des vacances en perspective. Rien à faire, sinon surveiller, régler et être heureux... et ça doit durer dix jours.

Le contact radio est dans une heure. Je sors les coussins, m'asperge d'eau de mer et me fait sécher au soleil en dormant. Je voudrais que ça dure toute la vie. Je n'ai touché à rien, j'ai juste passé des heures à regarder mon bateau défoncer les vagues, et aujourd'hui nous avons encore parcouru 230 milles.

Je descends à la radio. Tous mes copains de Vendée sont là. Fidèles au rendez-vous depuis huit mois. Si ce

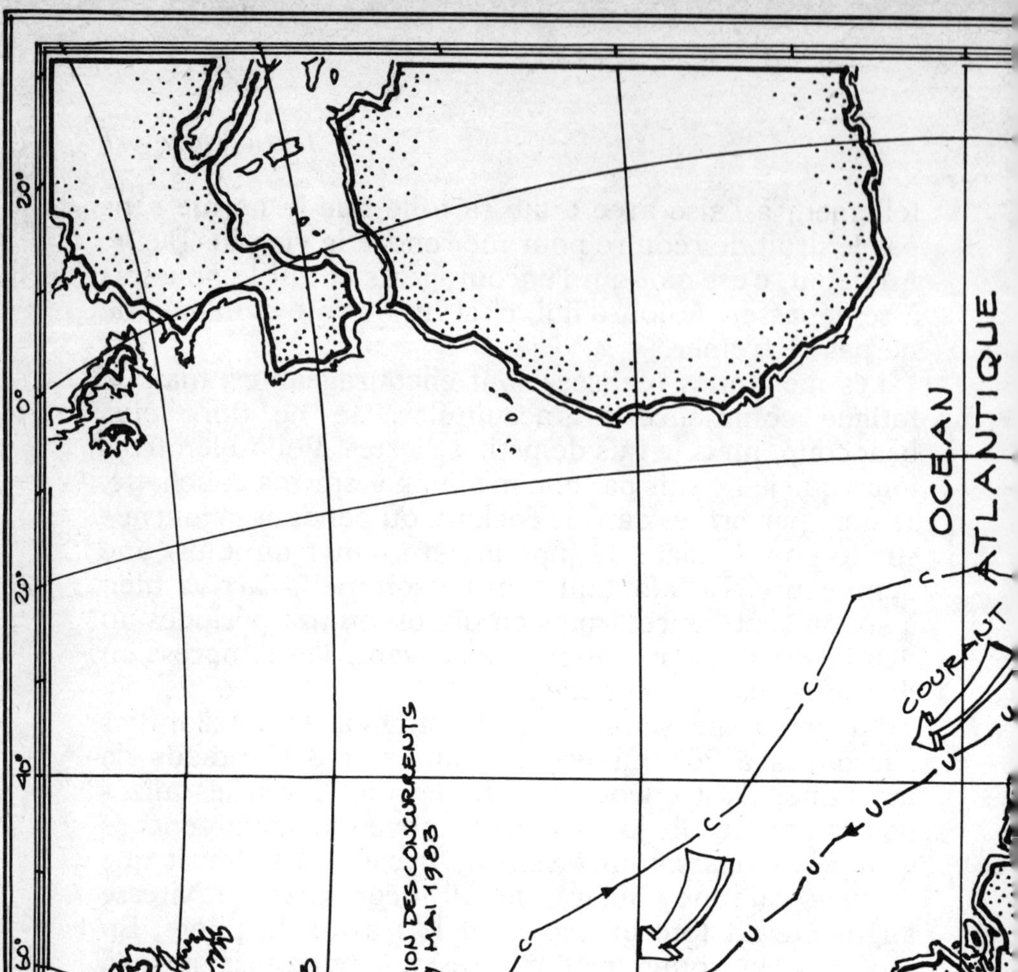

QUATRIÈME ÉTAPE
RIO – NEWPORT

Classement général à l'arrivée

CLASSE I :

1. *Crédit Agricole :* 159 j. 2 h. 26 mn
2. *Altech Voortrekker :* 170 j. 16 h. 51 mn
3. *Perseverance of Medina :* 192 j. 10 h. 6 mn
4. *Leda Pier One :* 213 j. 2 h. 37 mn

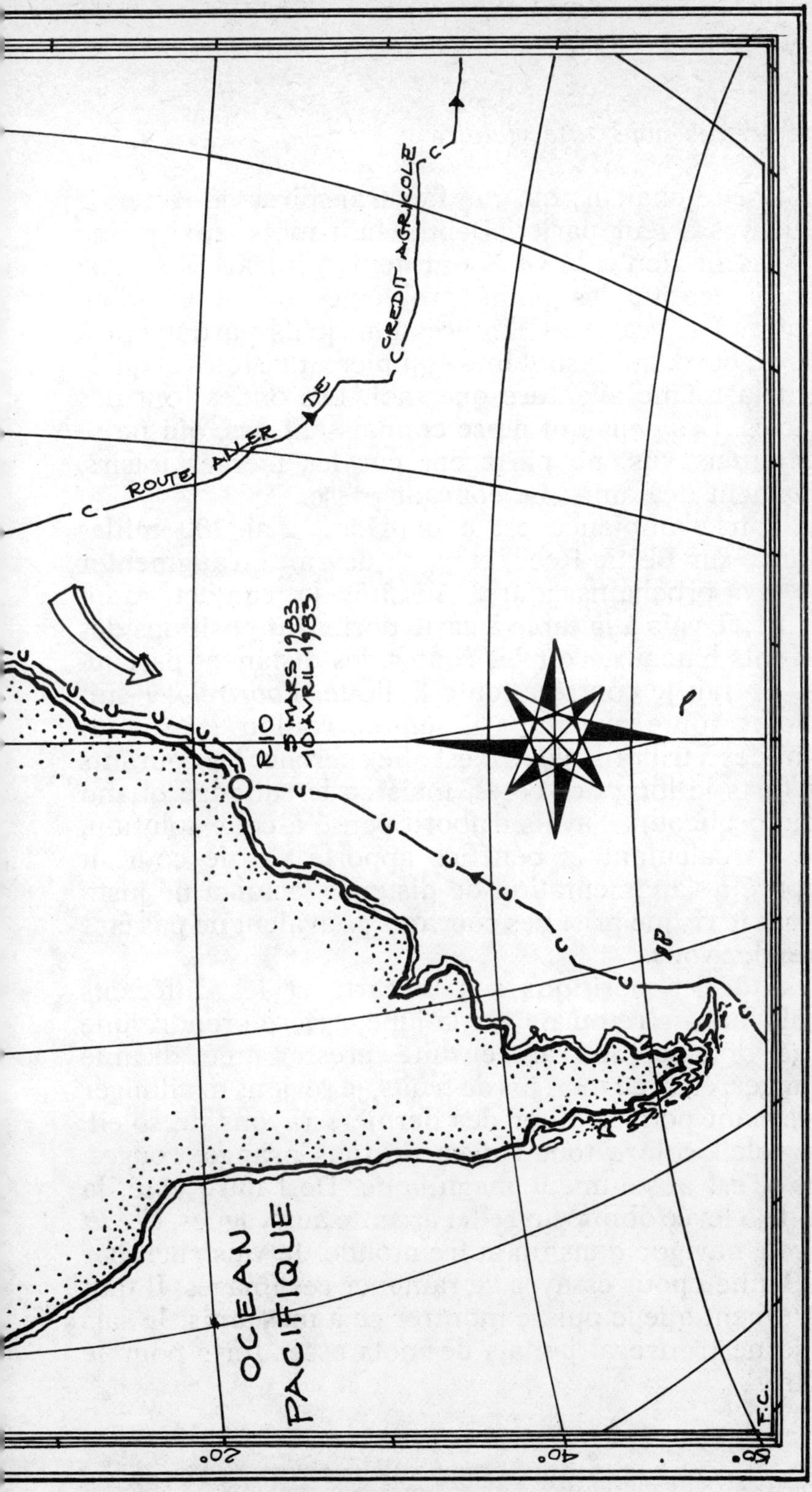

CLASSE II : 1. *Koden Okera V* : 207 j. 13 h. 55 mn
2. *Mooneshine* : 209 j. 1 h. 32 mn
3. *Nike III* : 213 j.
4. *Ratso II* : 221 j. 11 h. 50 mn
5. *Fantasy* : 228 j. 9 h. 58 mn
6. *City of Dunedin* : 264 j. 0 h. 4 mn.

n'était cette chaleur, qui me fait transpirer, je resterais des heures à leur parler. Depuis huit mois, eux qui ne connaissent rien à la voile ont appris, à travers ce que je leur raconte, les petits problèmes de la vie d'un solitaire. J'ai vraiment l'impression qu'ils participent à la vie du bord, qu'ils sont mes équipiers invisibles et qu'ils vivent la même aventure que moi. Les ondes font des miracles. Des gens qui ne se connaissent pas, qui ne se sont jamais vus, ne partagent pas les mêmes loisirs, deviennent des amis. Le courant passe.

Ce soir, l'ambiance est euphorique. J'ai 200 milles d'avance sur Bertie Reed, et ça ne devrait qu'augmenter dans les prochains jours. Aussitôt le contact radio terminé, je vais à la table à carte porter les positions des différents bateaux, voir les routes, les distances parcourues. En fait je contrôle toute la flotte. *Voortrekker* suit la même route que moi ; il semble vouloir laisser les Bermudes à tribord. *Nike III* est allé chercher les courants plus forts le long des côtes, mais ça le rallonge quand même beaucoup. J'avais d'abord pensé à cette solution, mais en calculant le bénéfice apporté par le courant comparé à l'augmentation de distance, celui-ci ne justifiait pas le risque pris. Les courants pouvaient ne pas être au rendez-vous.

Aussitôt les positions sur la carte et les différents calculs faits, je retourne sur la jupe arrière prendre une bonne douche. Je vais ensuite presser une dizaine d'oranges, et, avec mon jus de fruits, je reviens m'allonger sur le pont pour profiter des derniers rayons de soleil.

Le soleil colore tout l'ouest de tons orange, rouges, roses. C'est absolument magnifique. De l'autre côté, la lune déjà levée donne un reflet argenté aux vagues. *Crédit Agricole* navigue dans un autre monde. Je vais chercher une Baulieu pour essayer de ramener ces images. Il faut absolument que je puisse montrer ça à mes amis. Je sais que je ne trouverai jamais de mots assez forts pour le décrire.

Ce soir, le ciel semble vouloir donner un vrai spectacle. Le soleil finit par se coucher, les tons orangés disparaissent, la lune prend possession de tout le ciel, les étoiles sortent, de plus en plus lumineuses. La Croix du Sud est encore descendue sur l'horizon. Je vais bientôt la perdre. En revanche, je vois déjà l'étoile polaire et le Grand Chariot au nord. C'est rare de pouvoir contempler en même temps ces deux étoiles caractéristiques. Chaque jour, la polaire va monter et la Croix du Sud descendre. Ces deux gardes du corps qui m'escortent sont un peu un symbole. La transition du sud au nord est progressive, et sur un voilier tous ces changements de la nature se font au ralenti. Quelqu'un prenant l'avion à Rio pour se poser quelques heures plus tard à New York ne serait pas aussi sensible que moi à ce déplacement sur le globe. Le changement journalier de l'angle de la polaire sur l'horizon est une confirmation de ma progression vers le nord et, en voyant la Croix du Sud disparaître sous l'horizon, j'ai quelques regrets. Mais, à présent, je dois regarder vers l'avant, et vers le nord. Je sais qu'un jour je reviendrai.

Pendant la nuit, le vent tombe et refuse. Il faut affaler le spi. Je déroule le yankee et largue les deux ris de la grand'voile. Ça continue de mollir, je vide le ballast. Je ne comprends pas ce qui se passe. L'alizé se serait-il essoufflé après m'avoir poussé si fort pendant ces derniers jours ? En tout cas, je vais pouvoir dormir tranquillement et récupérer du sommeil en retard. Il ne faudrait pas que cela dure trop longtemps. La carte météo et le baromètre ne laissaient pourtant prévoir aucun changement.

Le vent reste faible, la mer se calme et j'ai l'impression de naviguer sur un lac. Je suis un peu inquiet que cette houle si caractéristique de l'alizé soit tombée. Donc, dans l'est, il n'y a plus de vent.

En revanche, dans le sud, les autres continuent d'avoir un bon souffle, et les bateaux n'ont pas du tout ralenti, alors que *Crédit Agricole* vient de parcourir deux journées à 165 et 156 milles. Mes 240 milles d'avance fondent rapidement.

Dans la soirée, le vent revient et je peux envoyer le spi ; le speedomètre retrouve la plage des 9-10 nœuds, qu'il ne quitte plus. Je sens le vent puissant, régulier, stable. Je sais tout de suite que ça va tenir. Je ne comprends pas ces deux jours « sans ». J'espère que les autres traverseront les mêmes conditions.

Dans la nuit, je suis réveillé par l'alarme de vitesse. Le speedo indique 0 alors que nous continuons à marcher aussi fort. La mer commence à se couvrir de sargasses. Nous approchons des Bermudes, et toutes ces algues vont se coincer dans les dérives, le pilote, le gouvernail et la quille. Je ne peux rien faire pour l'empêcher. Une algue a dû coincer la petite roue à aube du speedo. Heureusement, il est bien conçu, et je peux le démonter alors que le bateau est à l'eau. Il suffit de le nettoyer, et ça remarche. Je retourne me coucher. *Crédit Agricole*, après avoir ralenti ces deux jours comme pour prendre son élan pour le dernier sprint, a retrouvé ses moyennes précédentes : 210, 215, 229 milles. La mer est couverte d'algues. J'en ramasse sans arrêt sous la coque, et avec la gaffe je passe souvent les enlever des dérives arrière. Je décide donc de rentrer celles-ci et de replier le pilote. En me penchant par-dessus bord, je peux voir à la gîte le haut du safran. Là aussi, nous traînons beaucoup d'algues. J'étouffe le spi dans sa chaussette et fais faire demi-tour au bateau. Quand je suis vent debout, je borde la grand'voile à contre, ce qui nous fait reculer : toutes les algues se dégagent, et on peut repartir. Cette manœuvre est un peu pénible car elle me fait perdre quinze minutes, mais je suis sûr qu'elle est rentable en fonction de l'augmentation de vitesse.

La température se refroidit tous les jours et je ne monte plus la nuit sans un tee-shirt ou un pull sur le pont. En revanche, pendant la journée, c'est bien plus agréable.

Le vent mollit un peu, la vitesse chute progressivement. J'espère que ce ne sont pas les calmes qui vont recommencer. J'aimerais bien garder les alizés au moins jusqu'aux Bermudes.

Des journées à 170, 112, 184 milles semblent bien tristes après la calvacade des dernières semaines. Les vents que je reçois maintenant me parviennent du système dépressionnaire ou anticyclonique de l'Atlantique nord. Pour le moment, je suis sur la bordure ouest d'un anticyclone et le vent de sud – sud-ouest devrait forcir dans les prochaines heures si la dépression continue de venir vers nous.

Je reste sur le pont, un bras passé autour du pataras, et je regarde mon bateau se rapprocher de la ligne. Je repense à ce tour du monde, à tout ce qu'il m'a apporté, à tous ces gens qui se sont montrés si fraternels. Différentes nationalités étaient représentées : Américains, Anglais, Africains du Sud, Néo-Zélandais, Australiens, Tchécoslovaques, Japonais et Français. Nous avons fait escale dans quatre pays différents. Jamais il n'y eut le moindre problème. Les contacts humains réussis représentent à mon sens un des grands succès de cette course. À chaque départ, c'était un déchirement de quitter peut-être à jamais les nouveaux amis. Bientôt, dans quelques semaines, il faudra tirer un trait. J'en suis triste à l'avance. C'est peut-être aussi cela que je viendrai rechercher dans la prochaine course. La compétition, mais aussi l'amitié. J'espère que cette épreuve ne sera pas victime de son succès et que la B.O.C. comme les directeurs de course sauront garder cet esprit de camaraderie, de respect et d'entraide, sans tomber dans la compétition pour la compétition.

Le spi qui gonfle à contre me sort de ma rêverie. Que se passe-t-il ? Le cap au compas est toujours correct, le vent vient de tourner de 120° en vingt secondes. C'est peut-être ce gros nuage noir qui apporte des turbulences. J'attends un peu, mais il faut que je me rende à l'évidence.

Le vent est passé de sud – sud-ouest à nord, et il est établi. Le spi retrouve la soute à voiles et le génois léger bordé plat prend le relais. On repart à 5-6 nœuds dans une houle croisée, mais qui s'amplifie rapidement de secteur nord-nord-ouest. Ça adonne un peu, et au près serré je peux faire le cap direct. Je vais me coucher en branchant l'alarme de vitesse, cap et force de vent sur 15 nœuds.

Pendant la nuit, l'alarme de vitesse me réveille. Je viens voir sur le pont. Le génois en mylar est déchiré horizontalement en trois bandes qui battent au vent. Les déchirures vont de la chute à la ralingue. J'affale rapidement les morceaux et envoie le yankee n° 1. Le vent est à 14 nœuds. Je ne comprends pas que la voile ait éclaté ainsi. Même dans un grain, si le vent avait dépassé les 15 nœuds, j'aurais été réveillé. Mon génois n'était pas fatigué par ce tour du monde, je l'avais assez peu utilisé – et toujours en en prenant un soin particulier. Je savais que dans le tout petit temps, alors que les autres voiles pendaient, lui, de par sa légèreté, saurait trouver le petit souffle pour rester gonflé et nous faire avancer. Je suis un peu en colère de perdre cette voile à quelques jours de l'arrivée, alors que je me flattais depuis Rio de n'avoir rien cassé, rien abîmé. *Crédit Agricole* se préparait à arriver à Newport en aussi bon état qu'au départ de Rio ; pas une plume ne manquait à son plumage. Ce n'est plus le cas. Le yankee prend le relais.

Le pilote électrique est complètement dépassé. Le vent adonne ou refuse de 40° par rapport à une direction moyenne et sa force varie entre 5 et 15 nœuds. Sous pilote électrique, les voiles prennent à contre toutes les trois minutes, et en branchant l'Aries ce n'est pas mieux, car les changements de vent sont si brutaux que celui-ci n'a pas le temps de réagir. *Crédit Agricole* vire et se met à la cape tranquillement. J'ai vraiment sommeil. J'ai tout essayé sans succès. Maintenant, je sais que la seule solution consiste à rester à la barre pour exploiter ces sautes de vent au maximum. Comme je l'ai en plein dans le nez et n'ai donc pas de bord gagnant, il faut qu'en fonction des sautes de vent je vire très souvent.

Voilà quinze heures que je suis à la barre, j'ai dû virer une trentaine de fois. J'ai mal partout et, en faisant le point, je m'aperçois que tous ces efforts m'ont fait gagner en route directe sur le fond 90 milles par rapport à la ligne d'arrivée. Je suis découragé quand j'apprends que les autres bateaux derrière ont un bon vent et que Bertie Reed a, grâce à des vents plus réguliers, réussi à combler un peu de son retard. De 240 milles, il est revenu à 190 milles. Dans les dernières vingt-quatre heures il m'a repris 100 milles. Bertie est donc 90 milles derrière moi, à deux jours de la ligne d'arrivée.

Mon découragement, ma fatigue de vingt heures de barre se transforment en hargne. Je resterai à la barre pendant encore deux jours. Je virerai de bord toutes les dix minutes s'il le faut, mais je me battrai jusqu'au bout. Depuis dix jours, je n'ai pas eu de chance avec la météo. Aucun de mes concurrents n'a ramassé les calmes que j'ai eus. La course, c'est un peu comme un accordéon : ils reviennent sur moi quand je suis dans un calme, et eux ne retombent pas dedans. Je pensais arriver dimanche à Newport. Cela me paraît impossible maintenant. C'est dommage. Dimanche 8 mai, c'est mon anniversaire. En coupant la ligne d'arrivée en tête le 8, je me serais offert le plus beau cadeau d'anniversaire que je n'aurais jamais pu rêver.

Je prends quand même dix minutes pour le contact radio. Hervé « F6 HAG maritime mobile », ce vieux copain qui navigue dans les Antilles à bord de *Pierre Moine,* est au rendez-vous. Depuis quelques jours, la propagation avec la France est mauvaise et c'est lui qui fait le relais. Heureusement, il est rapide et il comprend vite. Il me donne la position de Bertie, et quelques renseignements notés. Il se fait lui aussi du souci sur la remontée du Sud-Africain. Ce n'est plus un sprint, c'est une arrivée au finish.

Dernier sprint avant l'arrivée

Pendant le contact radio, qui a duré dix minutes, *Crédit Agricole* s'est mis à la cape. Dans ces conditions de vent il est impossible de le faire marcher sous pilote. Je reprends la barre. Je ne sais pas combien de temps cela va durer, mais je suis prêt à barrer deux jours comme ça. J'irai jusqu'à la ligne d'arrivée. J'ai rempli les poches de mon ciré de tubes de lait concentré, de biscuits, chocolat et fruits secs. Avec ça, j'ai de quoi tenir un bout de temps.

Au cours de la nuit, le vent adonne, et, en restant sur notre cap, malgré les adonnantes, les voiles ne prennent plus à contre. Je barre encore une heure ou deux et, comme tout semble se stabiliser, je branche l'Autohelm 3000 et vais dormir. Il est indispensable que je dorme. Je dois refaire des réserves, car la nuit précédant l'arrivée sera fatigante : il faudra veiller les cargos, soigner la navigation. Le vent tient bien toute la nuit et nous avançons sur le cap direct. C'est quand même meilleur pour le moral de savoir que toute la route parcourue est de la route utile.

À la méridienne, 143 milles de parcourus. C'est mieux, mais ce n'est pas encore beaucoup. J'attends avec impatience le contact radio qui me renseignera sur la position de Bertie. Il me reste 120 milles à parcourir. Je devrais arriver demain lundi au cours de la matinée. Le contact radio vient me libérer complètement : Bertie est tombé dans les mêmes conditions de vent que moi, et, en vingt-quatre heures, il n'aura parcouru que 70 milles.

Je lui ai donc repris 75 milles, ce qui le met 163 milles derrière *Crédit Agricole*, à 130 milles de l'arrivée.

Maintenant, je sais que j'ai gagné. Il ne peut plus rien se passer. D'autant que le vent revient par le sud en poussant. Aussitôt, je sors le spi médium et nous repartons à 11 nœuds. Je refais mes calculs. Si la vitesse tient bon, nous allons arriver à minuit. J'avais promis à mes amis Philippe de Villiers, Jean-Claude Guilbert et Gilles Delanois, qui réalisent un film sur le tour du monde de *Crédit Agricole*, que si mon avance sur le second me le permettait je m'arrangerais pour passer la ligne d'arrivée de jour. Là, il n'y a plus de problème, Bertie ne peut plus me rattraper. Je décide donc de profiter de ce vent pour foncer jusqu'à 20 milles de l'arrivée. Après, je léverai le pied et attendrai à la cape ou en vitesse réduite 7 heures du matin pour passer la ligne.

J'informe le comité de course par radio-amateur et par V.H.F. de ma position et de mon intention. Toutes les arrivées d'étape, je les ai faites de nuit dans le mauvais temps ; sauf à Rio, où je suis arrivé de nuit sans vent. J'ai envie, pour la dernière fois, d'arriver de jour, si possible avec le soleil, mais, là, il ne faudra pas être trop exigeant ! Le vent continue de forcir. Je suis à 30 milles de l'arrivée ; *Crédit Agricole* marche comme un bolide. Je suis encore en avance sur mes prévisions. Je décide d'affaler le spi, et de prendre deux ris dans la grand'voile. Nous continuons sous pilote en petites foulées. Mon bateau ne doit plus comprendre. Après s'être donné à fond pendant cent cinquante-neuf jours, au moment de conclure, je freine... « T'en fais pas, mon vieux, tu l'entendras bientôt, ce coup de canon ! »

Malgré le peu de voilure, nous avançons encore bien, et, à 1 h 30 du matin, je vois le phare de Brenton Tower, que j'avais relevé depuis un moment déjà à la gonio. Je vais dessus. La visibilité est tombée très soudainement, le ciel s'est couvert et le brouillard a tout enveloppé. Je ne vois plus rien. Je suis en veille V.H.F. sur les canaux 16 et 72. J'entends les organisateurs et les journalistes qui parlent entre eux sur la V.H.F. depuis les vedettes qui font route vers la ligne d'arrivée.

Moi, je repars au près vers le sud, avec trois ris dans la grand'voile et la trinquette à moitié déroulée. Vu ce brouillard, je ne vais pas rester faire des ronds dans l'eau par ici. Je préfère repartir au large ; quand il sera l'heure, je ferai demi-tour, renverrai toute la toile et passerai la ligne... à 7 heures comme annoncé hier soir. L'étrave de *Crédit Agricole* est pointée vers le sud, le pilote s'amuse. J'écoute les conversations sur le canal 72 et je ne comprends pas qu'après ce que j'ai annoncé hier soir à la radio tout le monde soit sorti. Je finis par les appeler et leur redire mes intentions. Surprise générale. « Philippe, le comité de course te demande de passer la ligne d'arrivée maintenant. Tout le monde est dehors et t'attend.

– *Crédit Agricole, Crédit Agricole* appelle comité de course. Je suis désolé, mais, hier soir, j'ai clairement annoncé mes intentions. Je passerai la ligne à 7 heures.

– Comité de course à *Crédit Agricole.* Attends, Philippe, le comité va se réunir et te donner sa décision.

– *Crédit Agricole* au comité de course. Ce n'est pas la peine de vous réunir. C'est moi qui passe la ligne quand j'en ai envie. Pas vous, et vous n'avez rien à dire. J'ai prévenu clairement hier soir de ce que je ferai. Si vous n'en avez pas tenu compte, je le regrette, mais je ne change pas d'avis. Vous auriez pu éviter de sortir inutilement. Tant pis pour vous. Rendez-vous à 7 heures. Bye Bye.

– Comité de course à *Crédit Agricole.* Quelle est votre position, votre cap et votre vitesse ?

– *Crédit Agricole* au comité de course. Je suis à 2 milles dans le 140 vrai de Brenton Tower. Je fais cap au sud à 3 nœuds. À vous.

– Philippe, tu es fou ! Pourquoi fais-tu cap au sud ?

– Je trouve qu'à Newport il fait froid, il y a du brouillard. Je retourne à Rio ! Bye Bye ! »

C'est l'affolement général. Décidément, c'est la fatigue ou le froid qui leur retire tout sens de l'humour. Ils se méfient d'autant plus qu'ils connaissent l'histoire de Moitessier, qu'ils savent que c'est la lecture de *La Longue Route* qui m'a conduit à faire de la voile et à partir autour du monde. Et si ce *froggie* suivait son maître jusqu'au bout... C'est vrai, cela aurait été un hommage à rendre à *La Longue Route.* Mais je ne suis pas Bernard Moitessier, et je passerai la ligne... à 7 heures.

Je continue ma route au sud, en arrangeant le bateau. Tout sera nickel quand j'arriverai. Maintenant, c'est bon, *Crédit Agricole* est prêt à passer la ligne d'arrivée, le jour se lève, je fais demi-tour. Le brouillard, par contre, ne se lève pas. C'est par une visibilité absolument nulle que je me dirige à la gonio sur Brenton Tower. J'approche de plus en plus. Alors que je ne suis même plus à 500 mètres, le vent, comme une grande main, chasse le brouillard. La tour, la côte, les bateaux en *stand by* près de la ligne, tout apparaît en deux secondes.

Ils semblent surgir du brouillard, et de leur attente immobile. Un cri poussé par un observateur aura suffi pour mettre toute cette flotte en effervescence. C'est à celui qui m'atteindra le premier. Je vois une meute de bateaux foncer sur moi, alors que j'approche, vent de travers. L'escorte est là, je reconnais des amis, certains bateaux sont bourrés de photographes, de journalistes, il faut que je fasse signe à tout le monde. Sur une grosse vedette, mon regard est retenu par des visages que je reconnais. M. et Mme Legrand, ma mère, les radio-amateurs, des gens du Crédit Agricole : un bateau rempli d'amis ! Je fais de grands signes pleins d'émotion.

La tour est à 50 mètres ; sur bâbord, une vedette des *coast guards* fait marcher sa lance à incendie en signe de bienvenue. 30 mètres... 10 mètres... Une longue sirène se déclenche, et des hourras retentissent.

Mes doigts se crispent sur la barre pour que ce contact avec mon bateau soit encore plus fort. « Bravo, *Crédit Agricole,* tu as fait du bon boulot, on a gagné, on a tout gagné. Bravo et merci. J'ai envie de t'embrasser, mais je le ferai plus tard ; cela aussi fait partie de notre intimité. »

Dès lors, je crois que mon temps ne va plus m'appartenir. Les *coast guards* prennent *Crédit Agricole* à couple. Ils m'aident à ranger le pont et à ferler la grand'voile. Quand le bateau arrivera à quai, il sera impeccable. C'est la ruée des journalistes, des photographes et des cameramen.

J'ai bien du mal à embrasser ma mère. Je retrouve son sourire détendu. Je crois que maintenant elle est soulagée. Je me souviens du départ : elle se demandait, en me souhaitant bonne route, si elle me reverrait un jour. « Tu vois, je suis rentré, et en pleine forme en plus ! »

M. Legrand vient me serrer dans ses bras. Avec la bousculade qui règne sur le pont, j'ai du mal à lui dire ma reconnaissance. Tout ce que je viens de vivre, c'est à lui et au Crédit Agricole que je le dois. Je ne trouve pas les mots, l'émotion, la joie... Le sponsor et son skipper, ces deux notions sont bien loin. Ce sont deux hommes, deux amis, qui se donnent une accolade.

Les radio-amateurs sont là aussi. Prosper qui m'embrasse comme son fils, il ne sait plus quoi dire. Je suis très ému. Enfin ces voix prennent un visage. Je suis trop heureux pour savoir si c'est ainsi que je les imaginais. Jacques et Pierre, mes amis, vous m'avez fait une surprise formidable d'être venus m'attendre ici. Je suis vraiment très touché.

On me signale un avion dans le ciel. Il traîne une banderole : *Happy birthday Philippe !* (Bon anniversaire, Philippe !) Absolument incroyable. Mes amis ont pensé à tout. Bien vite, je vais disparaître dans le tourbillon des journalistes, des interviews... *Crédit Agricole* reste à quai, le pont parsemé de quelques bouchons de champagne. La fête, pour lui, est finie. Je le regarde un peu tristement. Dans peu de temps, on reprendra la mer, on rentrera en France avec des amis à bord, et on aura tout notre temps. « Pour une fois, tu pourras te promener et connaître les petits mouillages sympas ; tu verras, sur notre chemin du retour, on s'arrêtera aux Açores. »

En attendant, l'heure est au bilan, aux réflexions, aux conclusions. Avec du recul, je me rends compte que la pratique de mon métier de scaphandrier m'aura beaucoup apporté, dans la façon de réussir mon tour du monde en solitaire.

Le plongeur seul par 150 mètres de fond (ce qui était normal en mer du Nord) a un travail bien précis à faire. Il sait qu'il lui faut trois jours de décompression pour revenir en surface, et en cela il est un peu comparable au navigateur solitaire qui est à plusieurs milliers de milles de la terre la plus proche. Il n'attend le salut de personne mais il est le seul à pouvoir faire quelque chose pour lui. Cet état d'esprit pousse à prendre des initiatives et des responsabilités. J'ai appris, au cours de ces heures de plongée profonde, à me dominer, à me maîtriser. Il a souvent fallu reculer ses limites en développant la connaissance de soi. Je crois que la plongée professionnelle est une école de volonté et de courage. Combien de fois, mort de fatigue ou de froid, n'ai-je pas eu envie de « remonter » ; et puis, je ne sais pour quelles raisons, je terminais mon travail.

J'ai retrouvé souvent ces sensations dans mon tour du monde. Aller au bout, se donner à fond, juste pour la beauté du geste. Et, à la voile, c'est d'autant plus excitant que c'est gratuit. Voire inutile. C'est moi qui m'impose ces limites, par défi. J'ai souvent ressenti une certaine dualité face à des situations particulières. D'un côté, par prudence, par paresse ou par sagesse, je me disais qu'il fallait affaler le spi. De l'autre, je constatais que l'on marchait à 11 nœuds et qu'on larguait tout le monde derrière. Et je pensais : « Tu es crevé. Le spi va exploser d'un moment à l'autre. Tu seras content quand tu les auras tous éclatés. À ce moment les copains, derrière, tu verras comment ils vont revenir. Et, toi, tu ferais mieux d'aller dormir, pour être en forme pour étaler ce coup de vent qui commence à peine. »

Et, bien évidemment, je n'affalais pas !

Un autre fait qui m'a marqué dans ce rapprochement entre mes camarades de plongée et le solitaire de ce tour du monde est l'amitié, la camaraderie qui nous unissent.

Après une plongée difficile où des problèmes étaient survenus, un compagnon m'expliquait comment il avait laissé le chantier, à quel endroit étaient les outils, comment il avait placé les tire-fort, les solutions qu'il avait essayées. Je me souviens de son regard quand il me disait : « Bonne chance et bon courage » alors que je m'équipais pour aller prendre la suite. Ce regard indéfinissable des gens qui viennent d'en baver et qui, à bout de forces, laissent la place à un autre. Un regard plein de respect, de fraternité et peut-être aussi de pitié. Quand ça n'allait pas, on était tous embarqués dans la même galère...

Ce regard, je l'ai retrouvé à Sydney, alors que je serrais la main des concurrents au moment où ils lançaient les amarres pour se rendre sur la ligne de départ. On arrivait de l'océan Indien, qui nous avait tous malmenés. Chacun y avait eu sa part de peur, d'angoisse, d'ennuis. On savait ce que souffrir voulait dire. Et on y retournait. On repartait pour le Pacifique sud avec en prime le cap Horn.

Cette camaraderie qui nous unissait tous reposait sur le respect que chacun avait pour l'autre.

Ce regard et ce sourire que nous nous adressions voulaient dire : on ne part ni pour l'argent, ni pour la gloire ; pour rien de quantifiable. On part pour le plaisir de s'imposer une difficulté et de la surmonter. Rien que des sensations spirituelles absolument inutiles. On est complètement fou, on le sait et en plus on trouve ça marrant. Ça valait bien un sourire ? non ?

Annexes

Un bateau pour un solitaire

par Philippe Jeantot

On ne peut réussir un tour du monde en solitaire sans un bateau parfaitement préparé. La préparation se divise en deux parties. La conception du bateau et sa finition. *Crédit Agricole* était conçu pour un solitaire. Il n'était pas fini comme je l'aurais voulu, mais tous les éléments composant son aménagement devaient être méticuleusement choisis selon des critères de résistance, fiabilité et service après-vente.

LE PLAN DE PONT

– 16 winches Barbarossa. Rien à dire. Ils ont fonctionné parfaitement. Après un tour du monde, ils sont neufs. Tout l'accastillage de pont, poulies de renvois, rail d'écoute, chariot et cloche de tangon, tout est en parfait état.

– Mât et gréement Normast. Malgré deux chavirages le mât a bien résisté. Tous les éléments sont soudés. Le profil un peu fin me faisait peur au départ. Mais bien haubanné, avec trois étages de barres de flèche et deux étages de bastaques, il était parfaitement retenu.

LES ENROULEURS PROENGIN

Je comptais beaucoup sur eux au moment du départ, j'avais peur qu'ils ne tiennent pas la distance. Ils se sont avérés parfaitement résistants, fiables. Je n'ai eu aucun problème. Plusieurs bateaux dans la course ont cassé les leurs. Le Proengin après 30 000 milles revient en bon état. Je ne conçois pas de repartir sur un bateau en solitaire sans ces enrouleurs. Pour moi c'est la solution d'avenir. Il faudra encore faire des progrès sur la coupe des voiles pour que celles-ci continuent à être performantes même enroulées à plus de la moitié.

LES VOILES HOOD

Malgré de petits problèmes de finition au départ, ces voiles ont tenu un tour du monde et sont toujours en bon état. Si j'avais eu le temps d'essayer la voilure avant le départ et de faire faire les modifications nécessaires, je n'aurais pas connu certains ennuis et tout se serait parfaitement passé. La prochaine fois, il faudra s'y prendre à l'avance.

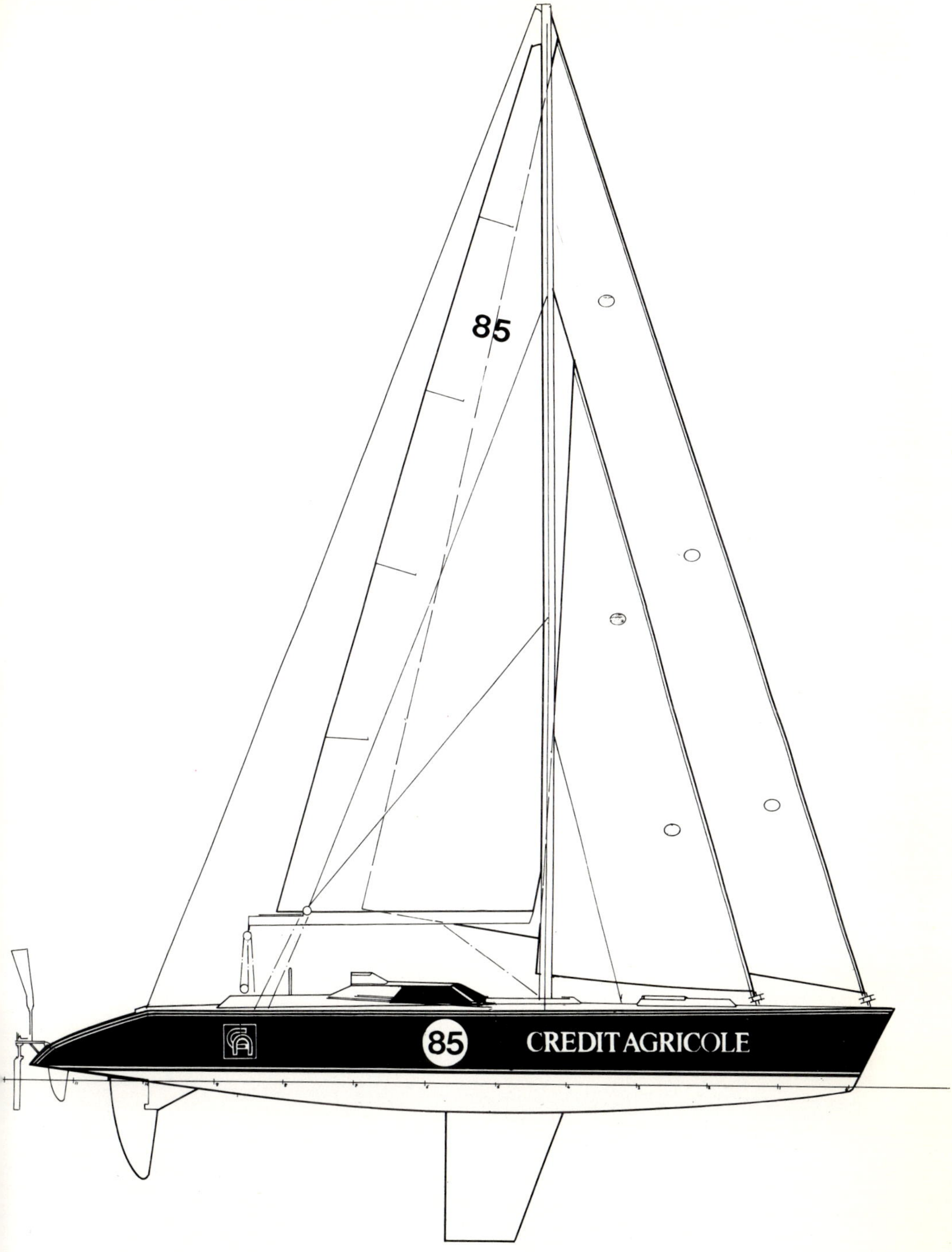

CARACTÉRISTIQUES
DE CRÉDIT AGRICOLE

Architecte : Guy Ribadeau-Dumas

Longueur : 17 m
Longueur de la flottaison : 14,50 m
Largeur maxi : 4,55 m
Gréement : cotre
Tirant d'eau : 3 m
Déplacement lège : 11,5 t
Lest : 5,5 t
Ballast : 1,5 t
Surface de voilure au près : 150 m²
Surface de voilure au portant : 400 m²
Matériau : aluminium

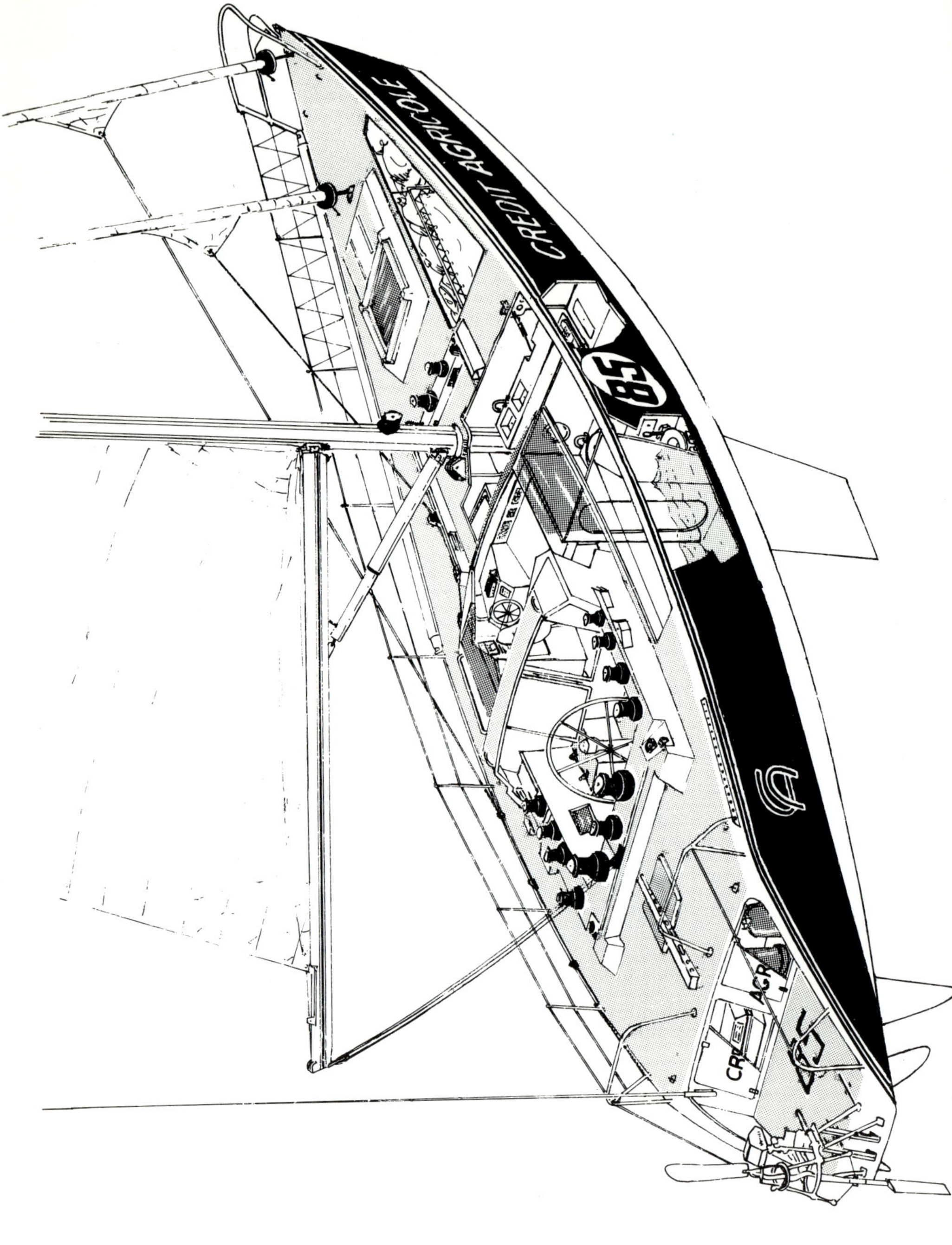
CREDIT AGRICOLE
85

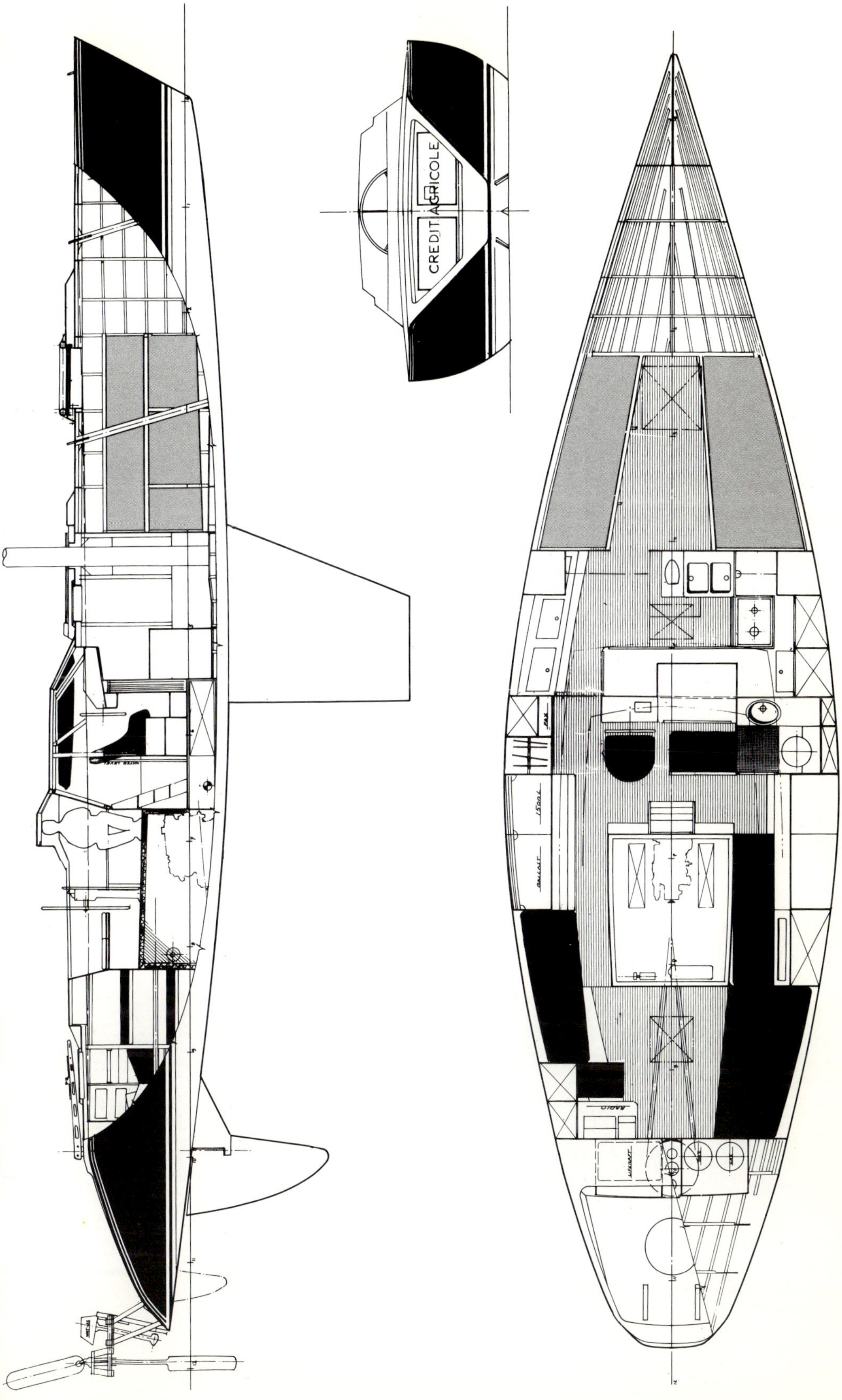

CREDIT AGRICOLE
RADIO
BALLAST
FAX
1500 l

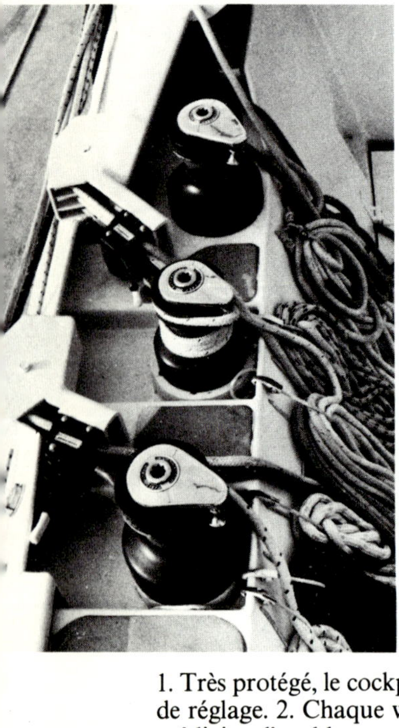

1. Très protégé, le cockpit permet d'effectuer toutes les manœuvres de réduction et de réglage. 2. Chaque winch est conçu pour recevoir trois manœuvres par l'intermédiaire d'un bloqueur. 3. Seules les drisses de voiles d'avant sont ramenées au pied du mât. (photos Guy Ribadeau-Dumas).

LES CORDAGES SEINE ET LYS

Certaines drisses cassaient souvent, plutôt par raguage. Tous les cordages ont eu une durée de vie remarquable. La majorité des cordages ont fait le tour du monde et sont toujours en parfait état. A l'étranger, j'ai racheté d'autres cordages qui se sont avérés nettement moins bons.

L'ÉLECTRICITÉ À BORD

Cette partie très importante ne pouvait supporter la moindre défaillance car trop de choses en dépendaient.

J'avais quatre façons de charger les batteries :

a) Panneaux solaires Motorola. Ils ont fonctionné parfaitement. Le problème est qu'en mer sur un monocoque, les voiles font souvent de l'ombre. Peut-être étaient-ils mal disposés de ce point de vue-là. J'avais quatre panneaux grands modèles qui débitaient au maximum 2,5 ampères en 12 volts chacun. Quand le soleil donne bien ça suffit largement.

b) Moteur principal Perkins 60 CV qui était le moteur de propulsion. A Newport j'avais démonté l'hélice et l'arbre d'hélice pour diminuer la traînée. Je me servais des 60 CV de mon moteur pour entraîner un alternateur. Une génératrice aurait suffi et j'aurais économisé 300 kg.

c) Groupe électrogène à essence Suzuki 750 watts. Très pratique pour tous les travaux de bord, en mer ou à l'escale. A l'étranger, les marinas ne sont pas toujours bien équipées. Il y a des problèmes de tension. Aux U.S.A. c'est du 110 volts, et les prises ne sont jamais les mêmes. Un groupe rend autonome au port, et permet de faire de grosses réparations en mer. A mon avis, c'est indispensable.

d) L'hydro-alternateur Wattas. Monté sur une chaise pour sortir l'hélice de l'eau quand il ne sert pas. Cet appareil s'est avéré très efficace. A 7 nœuds il débite 14 ampères en 13 volts. Très pratique pendant un contact radio pour donner plus de puissance aux batteries. Dès qu'on dépasse 20 nœuds, l'hélice tourne trop vite et il y a des problèmes d'entraînement.

– Les batteries Freedom. J'avais quatre batteries Freedom sans entretien de 100 watts chacune. Elles sont parfaites et augmentent la sécurité. Lors de mes deux chavirages j'étais sûr que l'électrolyte ne risquait pas de se renverser dans les fonds. Après un an, elles sont toujours en état et tiennent la charge aussi bien que le premier jour. Le fait qu'elles soient sans entretien simplifie les choses, et évite une détérioration lorsque l'on oublie de les vérifier et de refaire les niveaux.

– Électricité intérieure, Energy Marine. Les néons, les disjoncteurs bipolaires, les interrupteurs, rien n'a souffert et tout s'est avéré d'une remarquable fiabilité.

LA CUISINIÈRE ENO À GAZ

Je suis revenu des fours à pétrole, pénible d'utilisation et à la limite dangereux. L'entretien est fastidieux. Je suis conquis par le gaz quand il est bien installé. Recharger les bouteilles françaises, aux U.S.A., en Afrique du Sud et en Australie n'a posé aucun problème.

L'ÉLECTRONIQUE

C'est là que le navigateur solitaire peut s'entourer d'équipiers qui ne comptent pas dans le règlement. *Crédit Agricole* avait toutes les aides à la navigation et cet équipement à la pointe de la technique m'a beaucoup aidé à obtenir un meilleur rendement sur la route la plus courte.

– Navigateur par satellite Shipmate R5 5000 DS avec interfaces, loch et compas. Cet appareil n'a eu aucune panne et faisait un point très précis. Même avec deux brins d'antenne cassés, il continuait à faire un point aussi précis. Il m'a rendu des services énormes lors de navigation sans visibilité ou d'atterrissage délicat. J'ai sorti mon sextant une dizaine de fois, juste pour le plaisir.

– Le récepteur gonio Lo-Kata. Une petite merveille de simplicité d'utilisation et de précision. Très utile pour les atterrissages.

– L'ordinateur de bord Danavigate 7000. C'est l'ordinateur le plus performant du marché. Il fait tout. J'ai tous les paramètres extérieurs branchés sur le tableau principal, relié aux répétiteurs extérieurs ; vitesse du bateau, distance, profondeur, force du vent, direction du vent, cap au compas, heure, tension des batteries. Tout est programmable en position alarme basse ou haute. Il possède de nombreuses autres possibilités améliorant la surveillance de la marche du bateau. Cet appareil remplace un équipier à bord. Il veille en permanence.

– Nagrafax. Récepteur fac-similé de carte météo. Il a bien fonctionné et m'a rendu d'énormes services. Il était branché sur le récepteur radio Homer 5. J'ai eu quelques difficultés d'affichage digital et de commande de touche. Brookes est présent dans le monde entier et je n'ai eu aucun problème pour me faire dépanner.

RADIOS

Je possédais deux radios amateur : Yaesu FT One et Yaesu FT 7 B. Toutes deux ont marché parfaitement. J'avais également trois antennes :

– un long fil sur une boîte de couplage ;
– une antenne verticale multibande ;
– une antenne verticale, avec différents fouets selon la bande de fréquence.

J'ai pu assurer une liaison journalière pendant toute la durée de la course dans de bonnes conditions. Beaucoup plus facile et pratique d'utilisation que la B.L.U., pour une consommation de courant bien moindre.

Crédit Agricole

par Guy Ribadeau-Dumas

LA CONCEPTION DE CRÉDIT AGRICOLE

Les premières bases de *Crédit Agricole* ont été jetées au Salon nautique de Paris en janvier 1982.

Philippe désirait un bateau en alliage léger répondant à un double programme :
1° Participer à la Course autour du monde.
2° Utiliser ce bateau par la suite pour la croisière et le charter, avec des possibilités d'emménagements proches de celle du *Trinidad* de Jeanneau.

Pour cadrer avec son budget, ce bateau ne devait pas dépasser 15 mètres. Pour le roof et le cockpit, Philippe avait fait un schéma de disposition générale reprenant dans les grandes lignes les dispositions de *Bestevaer* ou de *Spaniel* : toutes les manœuvres rapportées à un cockpit partiellement abrité. Les panneaux solaires devaient être disposés sur le roof et, pour ménager une belle cabine arrière, le cockpit devait être central. Enfin, dès le début, il me demandait de mettre des dérives arrière pour améliorer la stabilité au portant. Un programme clair et précis, laissant libre cours à ce qui est mon domaine.

DÉFINITION DES CARACTÉRISTIQUES

Dès la première esquisse, ma main a glissé vers une longueur de 17 mètres. En matière de budget, Philippe avait raison, mais le maximum autorisé était fixé à 17,06 mètres, et je savais que Kenichie Horie, le « Tabarly japonais », et David White préparaient spécialement des bateaux au maxi contre lesquels un 15 mètres n'aurait théoriquement rien pu faire, la vitesse d'un bateau étant proportionnelle à la racine carrée de sa longueur à la flottaison. De plus, 2 mètres de jupe à l'arrière arrangeaient bien les choses pour affiner la silhouette avec un pont *flush deck* sous lequel devaient rentrer les quatre cabines, le carré et les trois toilettes projetées.

Pour ce qui est du déplacement (poids), il était fixé à un peu plus de quatre fois le poids de la coque et du pont terminés en utilisant les épaisseurs de tôle minimales pour une construction facile et économique, soit 11,5 tonnes lège.

Or ce déplacement, de 30 % inférieur à celui d'un bateau de course

I.O.R. (International Offshore Racing) de même taille, avec un rapport de lest de 50 %, ne pouvait donner une puissance à porter la toile importante au près et au largue. L'idée de placer des ballasts à eau de mer s'imposait. De fait ils permettent de conserver les qualités de vitesse au portant, tout en favorisant d'excellentes performances au près. En d'autres termes, grâce aux ballasts, on associe la puissance de voilure d'un déplacement lourd à la résistance à l'avancement d'un bateau sensiblement plus léger. La capacité de ces ballasts a été fixée à 1 500 litres de chaque bord, quantité raisonnable pour être pompée à la main.

Le franc-bord (hauteur de la coque sur l'eau) fixé par la hauteur sous le pont est élevé. Il a pour avantage d'améliorer la sécurité et le confort.

La largeur maxi devait être la plus importante possible pour obtenir une efficacité optimale des ballasts ; toutefois, il ne fallait pas aller trop loin pour que le bateau puisse se redresser facilement quel que soit l'angle de chavirage. En effet, un bateau très large peut rester stable mât en bas, comme un multicoque.

Le tirant d'eau (profondeur de la quille), très important, atteint 3 mètres. En augmentant ainsi l'allongement du plan de dérive, on améliore son efficacité au près. Le centre de gravité du lest est néanmoins placé assez haut pour conserver des mouvements assez doux, en particulier au tangage. Un lest à bulbe, par exemple, a été écarté pour cette raison.

La surface de voilure est aussi importante par rapport au déplacement que celle d'un bateau de course avec équipage, les performances dans les petits airs étant très importantes pour les premières et dernières étapes. Mal parti dans le petit temps du départ, Philippe devait rejoindre facilement toute la flotte peu après Brenton et s'échapper, pour ne plus être rattrapé.

FORMES DE CARÈNE

Toutes les sections transversales sont très plates, du brion au tableau arrière ; le fond est tracé à la règle. Les longitudinales et diagonales sont très tendues, sans aucune distorsion, et l'avant est en U marqué pour un bon passage dans la mer. Le résultat en est une bonne stabilité de forme, une coque ne tapant qu'exceptionnellement et des possibilités de survitesse importantes (24,7 nœuds dans la seconde étape). L'eau vient juste lécher le tableau arrière au portant lège, comme au près avec le ballast au vent rempli. En effet, les ballasts sont placés en arrière du centre de carène pour modifier l'assiette sur l'arrière.

Dans l'ensemble, les formes sous la flottaison sont proches de celles des planches à voile de compétition. La largeur de l'arrière est modérée pour limiter la tendance à enfourner et à sancir tout en permettant un équilibre de barre parfait à la gite. Les formes très tendues de l'avant sont associées à un centre de gravité très reculé réduisant la tendance à engager.

STABILITÉ DE ROUTE

Ce point est capital pour épargner le barreur autant que le pilote automatique et le régulateur d'allure. Outre l'équilibre de la carène, l'inertie du plan de dérive a été augmentée par un aileron devant le safran et les deux dérives arrière. Ces deux dérives sont inclinées de 30° vers l'extérieur, de façon que l'une gagne en efficacité ce que l'autre perd en sortant de l'eau à la gite. Elles sont rétractables pour éviter d'entraver un virement de bord délicat dans le mauvais temps. L'une d'entre elles a cassé net à ras de la coque dans la seconde étape malgré une fabrication en contre-plaqué de 35 millimètres. Malheureusement, celle qui l'a remplacée n'était pas identique, et le beau profil est devenu presque rectangulaire.

Enfin, le safran est compensé, c'est-à-dire que la partie située en avant de la mèche de gouvernail compense les efforts de la partie située en arrière, de telle sorte que la barre soit très légère à tenir et demande peu d'efforts au pilote automatique. Un Autohelm 3000, conçu pour des bateaux beaucoup plus petits, était suffisant dans la plupart des cas.

C'est la première fois qu'un bateau aussi extrême est mené en course en solitaire dans les « quarantièmes ». Philippe a eu besoin d'un peu de temps pour bien comprendre la combinaison de voilure à adopter pour que le bateau tienne sa route au portant dans ces mers énormes. Très tôt, les survitesses avaient eu raison de la pelle du régulateur et le pilote ne réagissait pas toujours assez vite ; il fallait trouver le juste équilibre.

La forme elliptique du safran donne une efficacité maximale pour une résistance de structure donnée et un minimum d'efforts sur la mèche, tant en flexion qu'en torsion.

La fixation de la crapaudine (palier inférieur de la mèche placé au bas de l'aileron) a cassé net lors du deuxième chavirage. Le bateau faisait route au près par 55 nœuds sous grand'voile à quatre ris et a été jeté brutalement au bas de la vague. Une analyse ultérieure de la tôle cassée m'a permis de constater qu'il y a d'abord eu rupture des soudures extérieures puis rupture horizontale suite à la fatigue de la tôle axiale ; enfin, rupture verticale, au moment du choc, d'une tôle de 100 × 12 millimètres. Ces soudures, trop légères, ne m'inspiraient pas toute confiance, mais, dans la hâte du départ, il n'avait pas été possible de les refaire. Dans le dossier des points à contrôler aux escales que j'avais envoyé à Philippe, j'avais encadré ce point en rouge ; mais, à Sydney, il n'avait rien remarqué.

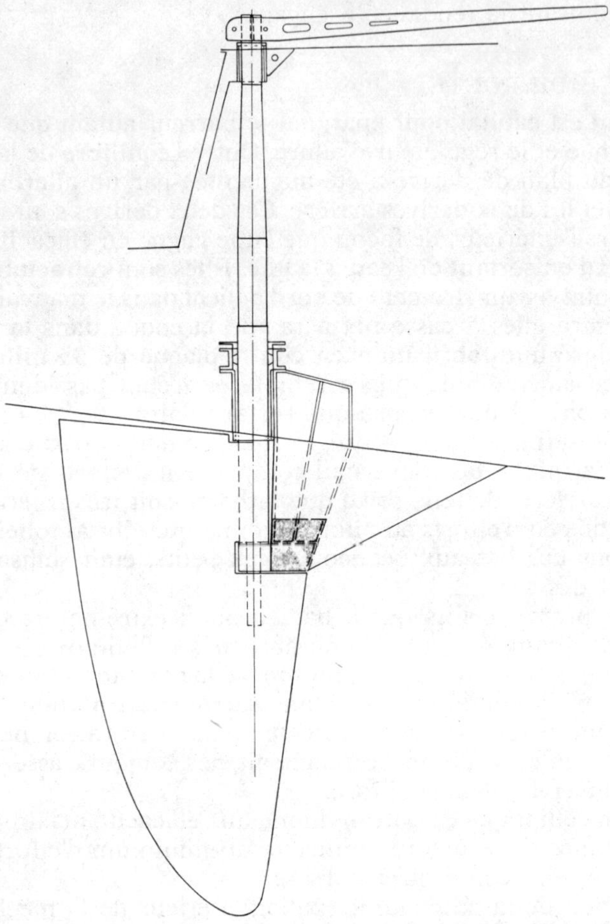

Les premiers signes ont été une barre durcie, et la mèche est descendue de 1 centimètre. Philippe me l'ayant signalé par radio, je n'ai pu que diagnostiquer la rupture de crapaudine, ce qu'il a contrôlé en plongeant. La crapaudine soutenait le gouvernail vers le bas ; sa rupture a fait entrer en jeu une seconde butée placée au niveau du pont sur la barre franche ; le jeu entre les deux est de 1 centimètre. Philippe ne se souvenait plus de ce montage, invisible de l'extérieur, et a eu peur que le gouvernail ne glisse ; c'est la raison pour laquelle il a monté des câbles.

La mèche de gouvernail a été calculée pour tenir en cas de rupture de cette pièce sensible. Avec 125 millimètres de diamètre à la sortie de coque, elle peut résister avant déformation jusqu'à 15 nœuds en portance maxi et avant rupture jusqu'à 20 nœuds. Il peut paraître difficile de s'astreindre à de telles limites, sur un bateau partant si facilement en survitesse dans des mers ne demandant que cela. En fait, ces limites supposent que le safran ait une portance maximale, soit une incidence de 15° environ sans ventiler, conditions rarement réunies. En fait, cela laissait une bonne marge de sécurité et, effectivement, la mèche ne s'est déformée ni au moment de la rupture ni par la suite. À Rio, elle était encore bien rectiligne. Elle a pu se cintrer, étant conique de haut en bas mais n'en a pas gardé de déformation permanente. Pour réparer, l'aileron a été ouvert et la pièce axiale changée contre une pièce identique, mais les soudures axiales, premières fautives, ont été largement renforcées.

GRÉEMENT

Pour gagner, il faut être rapide et tenir quoi qu'il arrive ; ce qui est vrai pour le safran l'est aussi pour le gréement. Ce sont les deux points les plus fragiles.

Si tout a été fait pour que la coque ait des mouvements doux, soit légère, n'ait pas trop de stabilité de poids, c'est un peu pour elle, un peu pour Philippe, un peu pour le safran, mais, avant tout, pour le mât. Prévu pour le choc brutal avec la mer d'un *knock down*, il est de faible section pour offrir le minimum de résistance et prendre des cintres importants.

Une hauteur faible, liée au déplacement, trois hauteurs de barres de flèche et des angles de tire de haubans très ouverts, liés à deux hauteurs de bastaques, assurent un minimum de contraintes sur le profil.

Personne n'était là pour bien voir ce qui se passait, mais lors des deux chavirages à 120° antennes, anémomètre et girouette ont été emportés ; le mât a tenu. Lorsque la poulie de bastaque a cassé dans la première étape, rien n'a bougé non plus.

Le gréement dormant est entièrement en monotoron (plusieurs fils inox) plutôt qu'en monofil (un seul fil), avant tout pour des questions d'économie et de délais.

CONSTRUCTION

Crédit Agricole est un coffre-fort. Les efforts subis par un bateau privé de barreur sont nettement plus importants, les vagues les plus mauvaises ne pouvant être négociées. C'est un peu comme une voiture que l'on laisserait sous pilote automatique à travers le désert dans Paris-Dakar.

Ayant beaucoup couru dans les courses I.O.R., j'ai souvent pu me rendre compte de la façon dont se comportent les bateaux en course dans le très mauvais temps. Notamment au cours du Fastnet 1979, où je skippais le 3/4 tonner *Côte de Beauté*, et lors d'un convoyage effectué dans des conditions pires encore.

Pour *Crédit Agricole*, la marge de sécurité, comparée à celle prise sur un bateau de course I.O.R., réside dans le largage possible de lest et une charge plus faible en équipage et en vivres. Le pourcentage du poids coque et pont sur le déplacement, ballast compris, est voisin de celui d'*Antarès* vainqueur des Seahorse Maxi Series en 1981.

La majeure partie des tôles et profilés sont en 3 et 4 millimètres, mais les points sensibles sont particulièrement renforcés. Ces renforts sont dessinés de telle sorte qu'ils reprennent les efforts en traction ou compression avec un minimum d'efforts à la flexion. La rupture de la fixation de crapaudine illustre bien la faible tenue en fatigue d'une pièce soumise à des flexions au lieu de cisaillement, après que deux soudures se furent rompues.

L'épaisseur réduite du bordé et la structure relativement lâche ont fait qu'avec la mer deux ou trois panneaux entre lisses et membrures se sont déformés ; c'est peu, et rassurant quant à la légèreté d'ensemble et sans danger de rupture. Quelques coups de marteau suffiront à y mettre bon ordre.

Le bordé de pont en 3 millimètres est fait pour résister au poids d'un homme, sans déformation, ce qui entraîne une résistance à la rupture largement suffisante.

Le travail du chantier Nautalu est très soigné quant aux soudures.

BALLASTS

Ces ballasts à eau de mer sont analogues à ceux qu'avait Eric Tabarly sur *Pen Duick V* pour la Transpac. Ils sont trois fois plus importants, avec 1 500 litres et peuvent être remplis avec une pompe électrique ou une pompe à main. Une vanne de 100 millimètres permet de passer toute l'eau d'un bord à l'autre par gravité en quelques minutes avant le virement de bord. L'efficacité en matière de couple de redressement est énorme. En effet, pour un maximum de gite de 30° et, à cet angle, une faible efficacité, cette tonne et demie fait encore le même effet que le même poids disposé au bas du lest à – 3 mètres. En dehors du fait que l'on peut se libérer de ce lest à tout instant, il a le gros avantage de ne pas augmenter le moment de tangage.

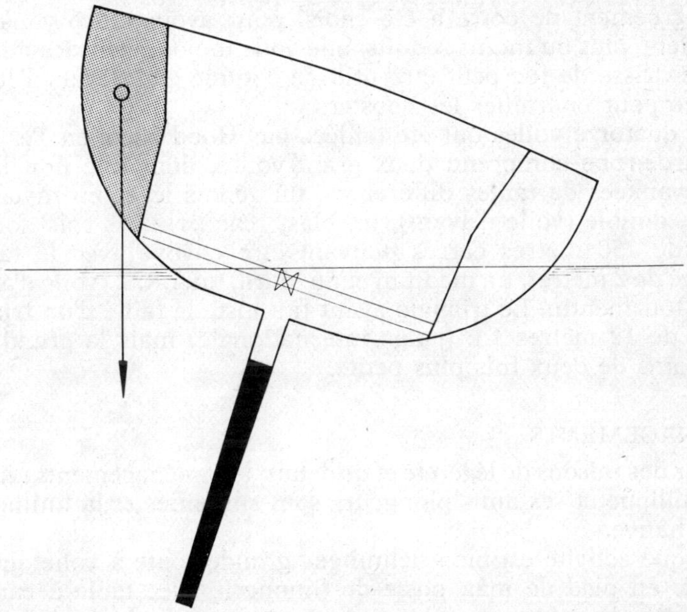

PONT

Les spécifications de Philippe étaient sur ce point très précises : un cockpit analogue à ceux de *Bestevaer* ou de *Spaniel,* mais central. Cette position permet de le faire profond et très abrité tout en gardant un roof et une casquette esthétiques. Onze winches Barbarossa self-tailing et vingt-deux bloqueurs entourent le cockpit de telle sorte qu'avec les enrouleurs toutes les manœuvres, sauf les envois de spi, peuvent être effectuées du cockpit.

Les rouleaux de capot avant sont extérieurs au lieu d'être intérieurs, comme cela s'est toujours fait jusqu'à présent ; un progrès simple mais déterminant pour pouvoir rentrer et sortir seul des voiles importantes. La plage arrière, sur la jupe, est très pratique pour utiliser le régulateur et manœuvrer la génératrice Wattas. De plus, elle donne accès à deux grands coffres : l'un contenant la survie et l'autre deux grandes bouteilles de gaz. À noter que l'évacuation de ces coffres se fait sans problème.

La barre franche de secours est fixe et reçoit les commandes de régulateur sur un chariot permettant de régler la longueur du levier. Un détail qui justifie à lui seul le cockpit central.

VOILURE

Le gréement de cotre a été choisi pour avoir, entre yankee et trinquette plus ou moins réduits, une voile toujours efficace au près.

Une drisse de foc peut être utilisée comme étai devant l'étai de yankee pour endrailler les boosters.

Les quatorze voiles ont été taillées par Hood Nice, en Térylène. La garde-robe comprend deux grand'voiles, dont une non lattée, deux yankees de tailles différentes, un génois léger en mylar, un M.P.S. double (voile d'avant), un blast reacher, trois spis dont un léger de 250 mètres carrés pouvant être envoyé avec le tangon allongé de 2 mètres, un médium et un lourd, un A.R.S. (voile d'avant) et un tourmentin. Le triangle avant fait juste la taille d'un triangle avant de 12 mètres J.I. (jauge internationale) mais la grand'voile est moins de deux fois plus petite.

AMÉNAGEMENTS

Pour des raisons de légèreté et de délais, les aménagements réalisés par Philippe et ses amis plongeurs sont simplifiés et la finition est assez hâtive.

Chaque activité est bien délimitée : grande soute à voile, grande cuisine en pied de mât, poste de timonerie avec table à carte et couchette de quart sous le roof avec une très bonne visibilité extérieure, compartiment moteur très vaste sous le cockpit, toilette avec douche et une grande cabine arrière comprenant quatre couchettes pour les convoyages et un coin radio près de la base des antennes.

Arrivant au chantier un jour, je vois que la couchette basse tribord de la cabine arrière fait 1,40 mètre au lieu de 0,70 mètre de large. Je demande à Philippe : « Qu'est-ce que tu vas faire de ça ? » Réponse : « Ça, c'est pour Rio ».

ÉQUIPEMENT ÉLECTRONIQUE

L'équipement électronique de *Crédit Agricole* est très complet, pour faciliter la tâche autant que possible.

Les girouettes, anémomètres, loch, speedomètre, sondeur, cap compas, sont reliés au Danavigate, un petit ordinateur permettant d'optimiser la vitesse. D'autre part, chacune de ces données est munie d'une alarme basse et d'une alarme haute programmable à l'avance, reliée à une grosse sonnerie. Cela pour réveiller Philippe à chaque modification de vitesse ou de vent.

Pour la navigation, il a un système de point par satellite. Celui-ci donne un point très précis à chaque passage du satellite et établit une estime afin d'avoir un point à tout moment. Il remplace le sextant et permet un gain de temps appréciable.

Pour les approches aux arrivées par mauvaise visibilité, comme c'était le cas à Newport, il avait une gonio.

Un détecteur de proximité permet de repérer l'approche d'un cargo et son gisement par quart, en avant ou en arrière, à droite ou à gauche.

Les informations météo sont reçues sur des cartes en fac-similé avec un Nagrafax offert par la Comex.

Tout ce matériel ainsi que les radios amateur et V.H.F. ont parfaitement fonctionné jusqu'à l'arrivée. Sauf rupture des antennes et instruments de tête de mât dans les chavirages.

PERFORMANCES

Dans l'ensemble, comme dans le détail, tout a été fait pour une vitesse maximale. J'ai dessiné une chaise d'hélice démontable pour pouvoir retirer pilote et génératrice. Le moteur devait lui aussi être démonté, mais, en fin de compte, comme il est placé très bas, cela n'aurait pas changé grand-chose, et j'ai préféré le laisser plutôt que de monter un groupe électrogène.

Les calculs de performances donnent *Crédit Agricole* aussi rapide qu'*Antarès*, le vainqueur des Maxi Series 1981 dans la moyenne des conditions, malgré 2 mètres de moins. Libéré de la jauge I.O.R., c'est un bateau très rapide pour sa longueur, ce qui explique les moyennes tenues, voisines de celles des multicoques. Une semaine à 1 552 milles, soit 9,2 nœuds, et une journée à 260 milles, soit 10,8 nœuds.

Crédit Agricole n'est vraiment proche d'aucun monocoque existant et procède d'une conception originale, à mi-chemin entre l'I.O.R. et les U.L.D.B. (Ultra Light Displacement Boat). Il fallait répondre à une utilisation vraiment nouvelle qu'est la compétition en solitaire passant par les « quarantièmes » avec la possibilité d'utiliser des ballasts.

Reste à affiner cette conception ou trouver autre chose pour faire un 18,30 mètres, nouvelle longueur maxi prévue pour le prochain B.O.C. Challenge.

La construction de *Crédit Agricole* un travail d'équipe

par Daniel Rodrigues

Fabriquer en quatre mois un bateau de 17 m de long, tel était le pari que nous lançait Philippe Jeantot. Nous n'avions que peu de temps pour nous décider et, au cas où nous répondrions par l'affirmative, nous devions être certains de pouvoir tenir les délais. Après nous être assurés que nos fournisseurs étaient en mesure d'effectuer les livraisons de matériel en temps et en heure et avoir investi dans des machines de plus grosse capacité, nous rappelions Philippe : « c'est oui ! » « Bon, alors rendez-vous chez Ribadeau-Dumas à Paris pour plus de détails... »

Cette première discussion nous permit de cerner la majorité des problèmes concernant la construction du bateau. En arrière-plan, trois notions devaient rester gravées dans nos esprits : solidité, efficacité et délai...

Dès la réception des premiers plans, l'équipe des traceurs se mit à l'ouvrage. Le traçage est une étape délicate dont dépend toute la fabrication du bateau. De plus, si les formes finales ne correspondent pas aux plans c'est le traçage qui en est responsable. Après ce long travail de préparation et parallèlement à la construction des gabarits, nous nous sommes attaqués au montage du châssis qui allait permettre de fixer la structure. L'aluminium nous fut livré à la date prévue par la filiale de Pechiney Cegedur, Brossette aluminium. Le problème de l'approvisionnement en matière première étant réglé, nous pouvions attaquer immédiatement l'ossature du bateau. Les travaux progressaient à grands pas et nous étions toujours dans les délais ! Terminés, les couples étaient aussitôt montés sur le châssis et peu à peu, le bateau prenait forme...

Après la mise en place et le réglage de la structure transversale vint celle de la structure longitudinale. Celle-ci est constituée de lisses en T de 40 × 40 × 4 soudées dans les encoches des couples, et d'une poutre en tôle épaisse permettant de raidir le fond du bateau, de répartir les efforts du mât et d'éviter une flexion trop importante du bateau. C'est à ce stade que l'on s'aperçoit de la bonne qualité du tracé. Il est toujours nécessaire d'épontiller tous les deux couples environ pour éviter un certain tassement de la coque pendant la pose du bordé. Les premières tôles en préparation furent celles du fond. Le formage s'effectua avec notre rouleuse à olives. Pour quelques tôles comme celles du brion d'étrave, nous avons dû les terminer au maillet ce qui nous permit d'avoir des courbes parfaites. Les lignes du bateau étaient bien tendues et nous avons pu utiliser des plaques très grandes. Grâce à elles, il nous a été possible de diminuer le nombre des soudures et par voie de conséquence d'obtenir moins de déformations et de contraintes. Il nous a fallu une semaine pour couvrir complètement le bateau. Grâce à un pointage extérieur très rapproché des tôles la soudure était quasi parfaite, sans risques de décalage d'épaisseur au niveau des joints. En effet, lors de la soudure, si les points sont trop éloignés, les tôles en chauffant se déforment et des erreurs d'accostage apparaissent.

Mais voilà qu'une autre étape très importante se présentait : celle de la soudure. Elle s'effectue avec des postes semi-automatiques sous atmosphère d'argon. Grâce à ses qualités le bateau aura une résistance à toute épreuve dans les mers les plus dures. Nous avons commencé par souder l'intérieur de la coque ainsi que les T sur la structure transversale. Les joints intérieurs ont été effectués avec un maximum d'intensité pour obtenir une pénétration extérieure parfaite. Chaque soudure a été passée au test du ressuage permettant de constater le moindre défaut. Cette épreuve se faisait toujours en présence de Philippe. A présent il nous fallait restituer à la coque ses formes de départ en la décabossant là où la soudure avait déformé les tôles. C'est un travail délicat et bruyant mais grâce auquel on évite une utilisation excessive d'enduit.

Après le ponçage, il ne nous restait plus qu'à préparer le retournement du batcau. En effet nous avions décidé de ne monter la quille et le safran qu'au moment où la coque se retrouverait dans sa position normale. Grâce à l'aide de notre pont roulant et de palans disposés de façon judicieuse, l'opération s'effectua très rapidement.

Dans le même temps se préparaient toutes les pièces qui serviraient à tenir le gréement. La mise en place des ballasts ne se fit pas sans mal. En effet, ils étaient structurés par des chicanes verticales, et horizontales évitant à l'eau de se déplacer trop rapidement à l'intérieur. L'ajustage de ces renforts sur le bordé ainsi que sur la tôle intérieure et la mise au point de l'étanchéité nous demandèrent plus de temps que prévu. Un peu plus haut, la structure du pont avait été mise en place et nous commencions à le couvrir en tôles de 3 mm d'épaisseur. En utilisant des feuilles entières d'AG4 MC de 4 mètres par 2 mètres, nous avons pu avancer très vite. Les varangues de lest étant prêtes, il restait à monter la quille. Celle-ci étant très fine nous avons dû souder un maximum de raidisseurs pour éviter qu'elle ne puisse se décaler lors de la pose du bordé et surtout lors de la soudure.

C'est à cette époque que Philippe vint au chantier où aidé d'amis, il allait préparer et monter les emménagements.

Encore quelques pièces à monter et nous pourrions commencer le traitement peinture. C'est pourquoi nous axions tout notre travail sur la fabrication du châssis moteur avec son tube d'étambot ainsi que sur les divers passecoque et autres dalots. Les journées de travail s'allongeaient et le bateau était de plus en plus peuplé. Le bordé de pont était virtuellement terminé et il ne nous restait en gros œuvre que le cockpit et le petit roof qui allait servir de timonerie intérieure et de protection au barreur lors des veilles par mauvais temps. Nous laissions une ouverture sur l'avant du roof pour permettre aux menuisiers de rentrer les plaques en contre-plaqué des emménagements.

Pour éviter aux personnes travaillant sur le bateau de se gêner, nous avions décidé avec Philippe de terminer la chaudronnerie en commençant par l'avant. Cela n'allait pas sans poser quelques problèmes d'organisation car l'approvisionnement du matériel n'était pas aussi parfait que nous l'avions souhaité.

Restait encore l'accastillage de pont. Le bateau était conçu pour un solitaire, il fallait ramener toutes les drisses et les écoutes au cockpit. C'est un travail long et fastidieux, nous étions obligés de fabriquer des boîtes en réas et de les ajuster les unes après les autres jusqu'aux winches en passant par les bloqueurs au niveau de l'hiloire de cockpit. Parallèlement, le safran en AG4 de 150 mm de diamètre nous était livré et nous dûmes faire préparer en vitesse toutes les pièces mécaniques qui allaient servir à son montage définitif. Il ne restait qu'à poser les dérives arrière pour achever la finition de la peinture. Nous avions décidé de lester la coque à l'eau pour faciliter le déplacement du bateau et le refroidissement de la quille lors du coulage du plomb. Il nous restait encore mille petites choses à préparer et le pont du bateau ressemblait à une fourmilière.

La date de la mise à l'eau approchait à grands pas et nous avons dû, pendant les quinze derniers jours travailler jour et nuit pour respecter nos engagements. Les finitions de pont étant terminées, nous avons pu nous attaquer à la plomberie intérieure et surtout au branchement de toutes les tuyauteries du système de fonctionnement des ballasts. La mise en place du moteur ne nous posa pas de problèmes majeurs malgré le retard dans la livraison de certaines pièces.

Enfin le jour J arriva et c'est vers cinq heures du matin que le transporteur vint chercher *Crédit Agricole* pour l'amener dans son élément naturel. Pari gagné... N'est-ce pas Philipe ?

La course autour du monde en solitaire

par Jean-Charles Durand

LA PREMIÈRE COURSE AUTOUR DU MONDE EN SOLITAIRE

1968 : le *Sunday Times* offre un globe en or au premier circumnavigateur du monde en solitaire et sans escale. Le yacht doit arriver au port d'où il est parti, dans une latitude nord (au nord de 40°N.) et passer par les trois caps de Bonne Espérance, Leeuwin et Horn. Seules conditions : partir d'un port de Grande-Bretagne après le 1er juin et avant le 31 octobre et s'engager à ne recevoir aucune assistance extérieure et à n'embarquer après le départ ni fuel, ni eau, ni équipement. Le vainqueur recevra un prix de 5 000 livres sterling. Le président du jury n'est autre que Sir Francis Chichester.

Sur les neuf participants à cette aventure, seul Robin Knox-Johnston a ramené son vieux ketch *Suhaili* en Angleterre après trois-cent-treize jours de navigation. *Victress*, le trimaran de 12 m de Nigel Tetley s'est désagrégé dans l'Atlantique après avoir viré les trois caps, Crowhurst s'est vraisemblablement suicidé en mer et les autres concurrents, à l'exception de Bernard Moitessier qui renonça à l'or et aux honneurs pour poursuivre sa « longue route », abandonnèrent en chemin pour causes d'avaries sérieuses.

LA COURSE AUTOUR DU MONDE EN SOLITAIRE 1982-1983

Organisée par la Marina de Goat Island (Newport, Rhode Island, U.S.A.) sous les auspices de la Slocum Society, de la commission du Yachting de l'état de Rhode Island et du Yacht Club de Goat Island, patronnée par le groupe B.O.C. (British Oxygen Corporation), à qui elle empreinte son nom (Boc Challenge around alone) la course autour du monde comprend quatre étapes. Newport-Cape Town ; Cape Town-Sydney : Sydney-Rio-de-Janeiro ; Rio-de-Janeiro-Newport. Le comité de course est présidé par Robin Knox-Johnston, vainqueur de la course de 1968.

Les bateaux sont divisés en deux classes : classe I : de 13,40 m à 17 m ; classe II : de 9,75 m à 13,40 m.

Sur les 400 demandes d'informations, 34 seulement ont été suivies d'une inscription. Le 28 août 1982, sur la ligne de départ, on ne dénombrait plus que 17 concurrents : 8 en classe I, 9 en classe II ; soit 5 Américains, 3 Anglais, 3 Français, 1 Africain du Sud, 1 Australien, 1 Tchèque, 2 Néo-Zélandais et 1 Japonais.

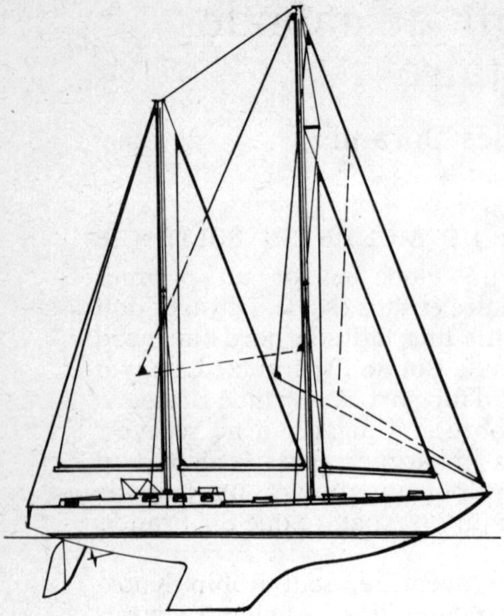

GIPSY MOTH V
(G.-B.)

Skipper : Desmond Hampton

Longueur : 17,06 m
Gréement : ketch
Année de construction : 1970
Architecte : Robert Clark
Matériau : bois
Conservateur d'allure : Cunning

Ce ketch est le dernier des bateaux de Sir Francis Chichester. *Gipsy Moth* a été coupé à l'arrière pour ne pas dépasser la taille maximum autorisée pour cette course. Poids maximum également : 16,7 tonnes. Desmond Hampton a 41 ans. En 1977, il a fait la deuxième étape le Cap-Perth de la Parmelia sur *Gipsy Moth* ; en 1978, Tour de Grande-Bretagne sur *Wild Rival* ; en 1980, Ostar sur *Wild Rival*.
Gipsy Moth a été détruit dans la seconde étape, au sud de Sydney.

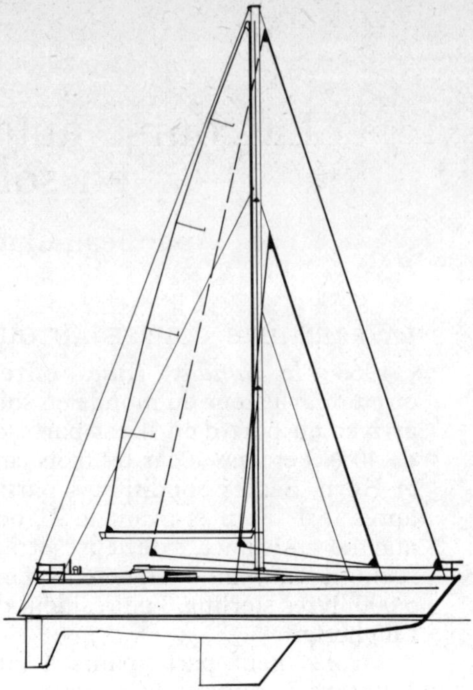

GLADIATOR
(U.S.A.)

Skipper : David White

Longueur : 17 m
Gréement : cotre
Année de construction : 1981
Architecte : Alan Gurney
Matériau : polyester
Conservateur d'allure : Aries
Pilote électrique : Autohelm

Gladiator a été construit par David White et spécialement conçu pour la course. Ses possibilités de réglage sont peu étendues ; winches regroupés autour du cockpit.
David White, trente-huit ans, a participé à l'Ostar 1976 et à la Twostar 1981. Il abandonnera à Cape Town.

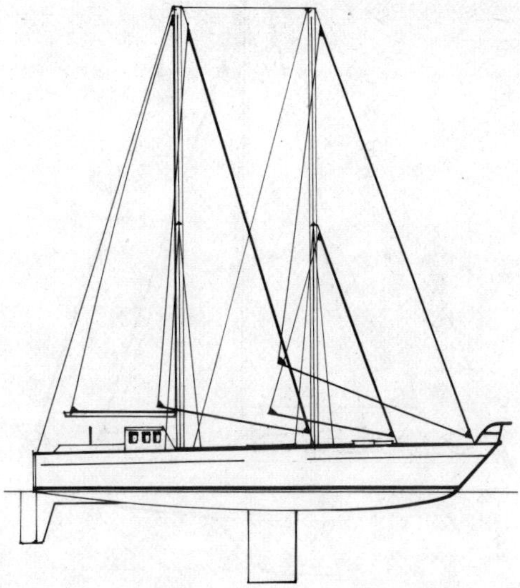

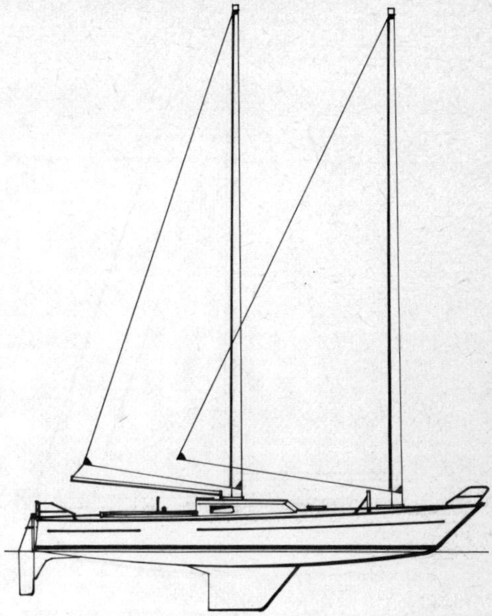

SPIRIT OF PENTAX
(G.-B.)

Skipper : Paul Rodgers

Longueur : 16,75 m
Gréement : goélette
Année de construction : 1979
Architecte : Mike Dunham
Matériau : bois
Conservateur d'allure : Aries

Spirit of Pentax ne semble pas être le bateau idéal pour ce type de course en solitaire. Pas d'échelons de mât, mais un poste de pilotage intérieur.
Paul Rodgers, trente-sept ans, a tenté avant cette course un double tour du monde sur ce même bateau. Il abandonne au cours de la seconde étape.

LADY PEPPERELL
(U.S.A.)

Skipper : Anthony Lush

Longueur : 16,45 m
Gréement : goélette
Année de construction : 1982
Architecte : Cherubini
Matériau : polyester
Pas de conservateur d'allure
Pilote électrique : Autohelm

Lady Pepperell est un bateau de la série « Huntes 54 » avec un gréement Lush. La toile se réduit par enroulement vertical. Pas de foc. Pas de spi.
Anthony Lush, trente-trois ans, a participé à l'Ostar 1976 et à l'Ostar 1980.
Lady Pepperell a coulé au cours de la seconde étape.

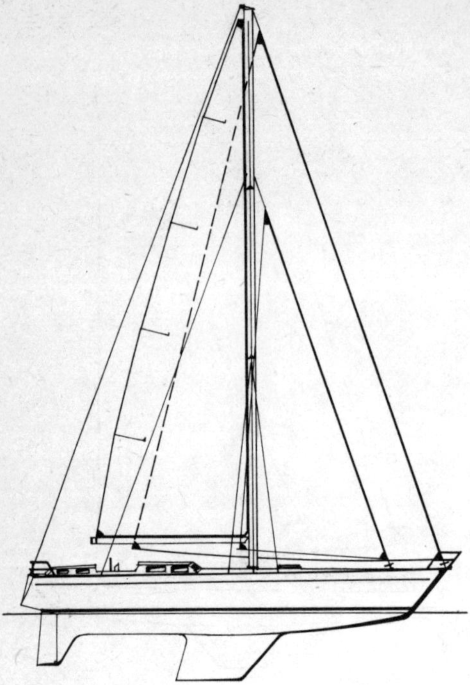

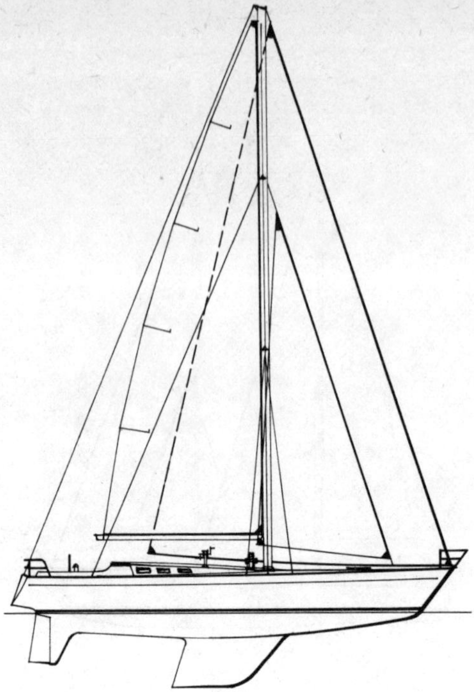

LEDA PIER ONE
(AUS.)

Skipper : Neville Gosson

Longueur : 16,16 m
Gréement : cotre
Année de construction : 1974
Matériau : aluminium
Conservateur d'allure : Flemming
Pilote électrique : Gostmaster

Leda Pier One a été construit par Neville Gosson en 1974. Il l'a revendu en 1979 et racheté pour cette course. Deux enrouleurs.
Neville Gosson, cinquante-cinq ans, a parcouru 50 000 milles en course croisière depuis 1948.

PERSEVERANCE OF MEDINA
(G.-B.)

Skipper : Richard Broadhead

Longueur : 15,95 m
Gréement : cotre
Année de construction : 1973
Architecte : Britton Chance
Matériau : polyester
Conservateur d'allure : Aries, Sailomat
Pilote électrique : Solent

Perseverance of Medina est un dériveur modifié, loué par Broadhead pour l'occasion. Il n'est pas adapté à la course en solitaire : pas d'enrouleurs, pas d'échelons fixés au mât, pas de poste de pilotage.
Richard Broadhead, vingt-neuf ans, a fait des croisières au Brésil et en Grande-Bretagne depuis quatre ans.

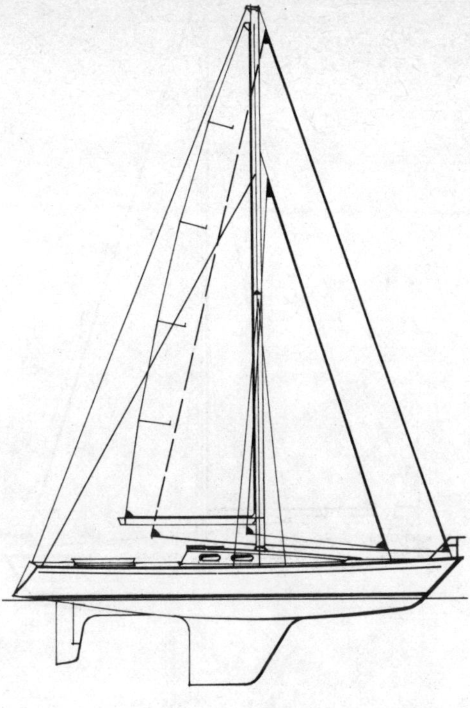

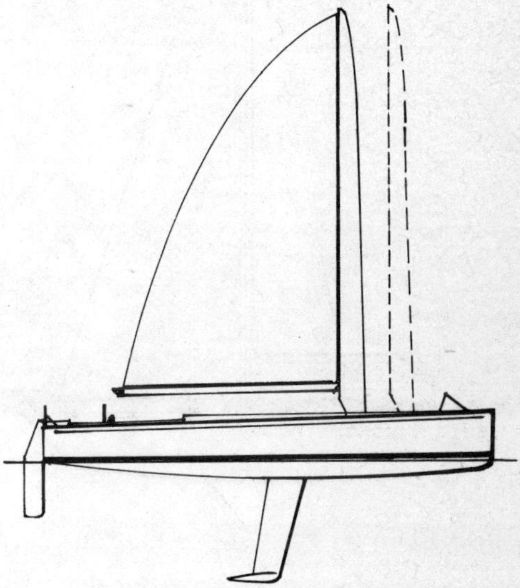

ALTECH VOORTREKKER
(AF. S)

Skipper : Bertie Reed

Longueur : 15 m
Gréement : cotre.
Année de construction : 1967
Architecte : Van de Stadt
Matériau : bois
Conservateur d'allure : Aries

Altech Voortrekker a été construit pour la Transat 1968, où il finit second. Pas d'enrouleur, d'échelons de mât, ni de poste de pilotage.
Bertie Reed, trente-huit ans, connaît parfaitement son bateau. Quinzième à l'Ostar en 1980, douzième au tour de Grande-Bretagne en 1981.

DATSUN SKYLINE
(N.Z.)

Skipper : Greg Coles

Longueur : 13,50 m
Gréement : Catboat
Architecte : Richard Glaneville
Matériau : fibre de carbone

Ce bateau étonnant, dessiné et conçu spécialement pour la course est équipé d'un mât aile présentant la particularité de se déplacer dans le sens de la longueur de la coque !
Greg Coles, Néo-Zélandais habitant en Afrique du Sud, partira très en retard sur ses concurrents et abandonnera au Cap.

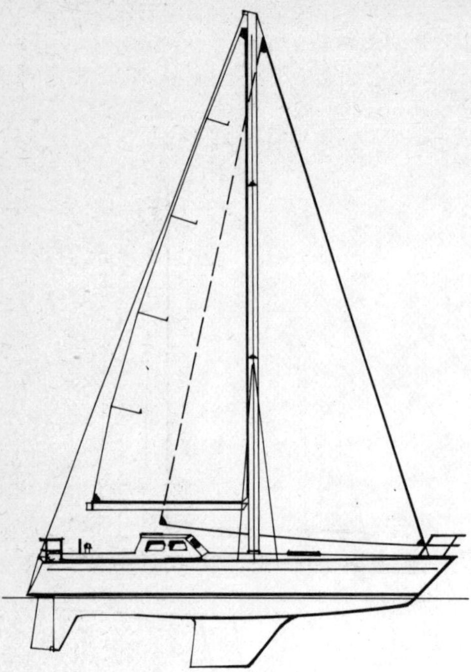

NIKE II
(TCH.)

Skipper : Richard Konkolski

Longueur : 13,40 m
Gréement : Cotre
Année de construction : 1979
Architecte : Richard Konkolski
Matériau : bois
Pas de conservateur d'allure
Pilote électrique : Wagner

Nike II a été dessiné et construit par son skipper pour l'Ostar 1980. Il pèse 10 tonnes et est bien conçu pour une course en solitaire quoique son cockpit soit mal protégé.
Richard Konkolski, trente-neuf ans, écrivain, architecte et ingénieur tchèque, est venu aux États-Unis avec sa femme et son fils, et a demandé la nationalité américaine. Il a participé à l'Ostar en 1972, 1976 et 1980. Il a fait le tour du monde sur *Nike II* en 1972.
Nike II est devenu *Nike III* au cours de la troisième étape, Konkolski ayant trouvé un sponsor en Australie.

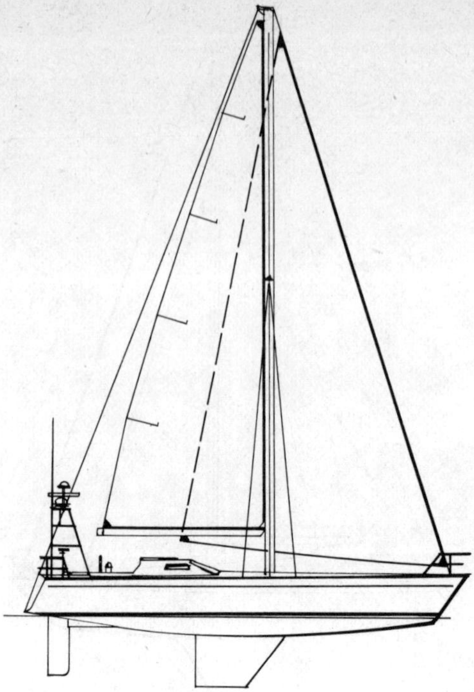

KODEN OKERA V
(JAP.)

Skipper : Yukoh Tada

Longueur : 13,30 m
Gréement : sloop
Année de construction : 1981
Architecte : Yukoh Tada
Matériau : polyester-Airex
Conservateur d'allure : Hassler
Pilote électrique : Autohelm

Koden Okera V est un prototype pesant 6 tonnes, à la carène très plate qui garantit le surf. Enrouleur de foc, étai de secours et manœuvres sont ramenés au cockpit pour un solitaire. Durant la course, son skipper a eu des problèmes permanents de stabilité de route.
Yukoh Tada a cinquante-deux ans. Il a fait la traversée du Pacifique en solo en 1975 et une expédition polaire en 1978.

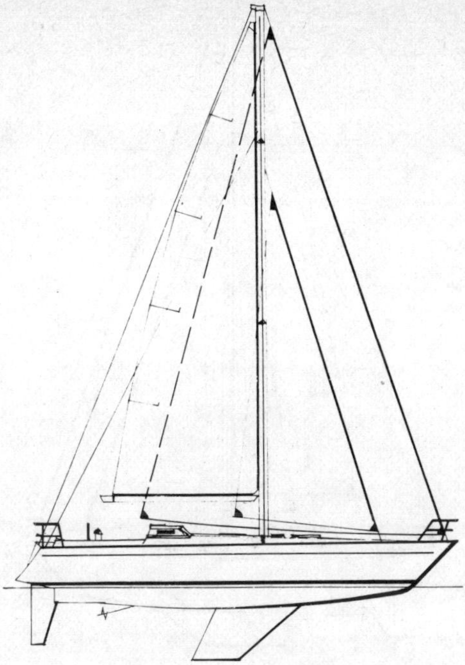

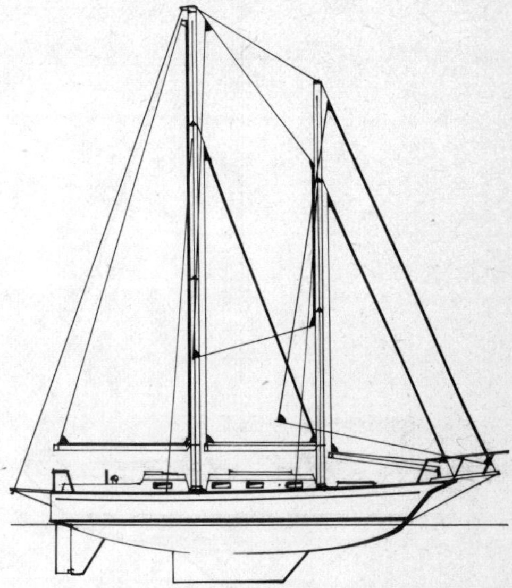

SKOIERN III
(FR.)

Skipper : Jacques de Roux

Longueur : 13,10 m
Gréement : cotre
Année de construction : 1979
Architecte : Dominique Presles
Matériau : aluminium
Conservateur d'allure : Sailomat
Pilote électrique : Autohelm

Skoiern III est un bateau de 6 tonnes qui avait été construit pour la Transat Lorient – les Bermudes – Lorient. Pas de barre intérieure.
Jacques de Roux, quarante-cinq ans, a derrière lui trente années de course.
En 1979, il a été treizième de la Twostar. *Skoiern III* a coulé au cours de la troisième étape, avant le passage du Horn alors qu'il menait sa classe.

CITY OF DUNEDIN
(N.-Z.)

Skipper : Richard McBride

Longueur : 12,80 m
Gréement : goélette
Année de construction : 1981
Architecte : Colin Childs
Matériau : acier
Conservateur d'allure : construit par McBride
Pilote électrique : Autohelm

City of Dunedin est un bateau très lourd de 14 tonnes. McBride a mis cinq ans à construire son bateau. Celui-ci possède des échelons de mât, un poste de pilotage et un gréement divisé.
Richard McBride, trente-huit ans, a une expérience nautique restreinte par rapport aux autres concurrents.

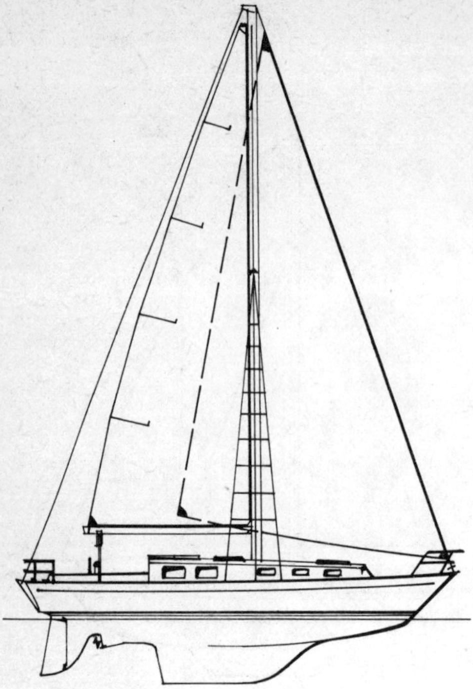

DRIFTWOOD
(U.S.A.)

Skipper : Thomas Lindholm

Longueur : 12,50 m
Gréement : sloop
Année de construction : 1971
Architecte : Bruce King
Matériau : polyester
Conservateur d'allure : Bendix

Driftwood est un bateau de série « Ericson 41 ». Il possède un enrouleur. Pour la course, des échelons ont été posés sur le mât et les manœuvres sont ramenées au cockpit.
Thomas Lindholm, cinquante et un ans, a fait la Transpacifique en 1978. Il abandonnera la course dès le troisième jour.

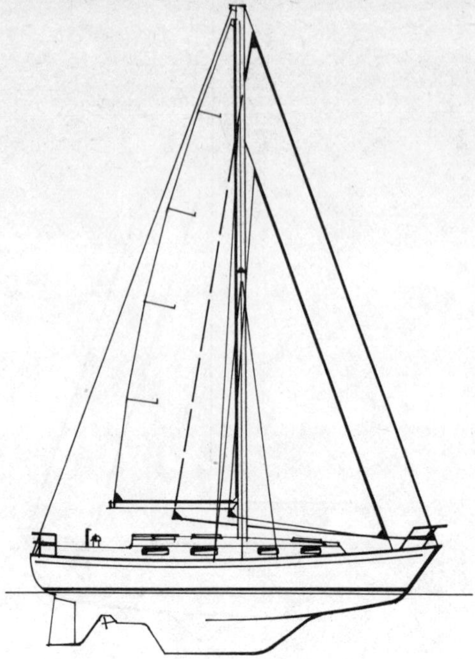

MOONESHINE
(U.S.A.)

Skipper : Francis Stoke

Longueur : 12,03 m
Gréement : cotre
Année de construction : 1982
Architecte : William Garden
Matériau : polyester – Airex
Conservateur d'allure : Aries
Pilote électrique : Autohelm

Mooneshine est un « Fast Passage 39 » de série. Francis Stoke, cinquante-sept ans, est le revendeur de ces voiliers, qu'il connaît parfaitement.
Stoke a participé à l'Ostar sur *Valiant*. Il finit troisième en 1976 et onzième du Gipsy Moth Trophy en 1980.

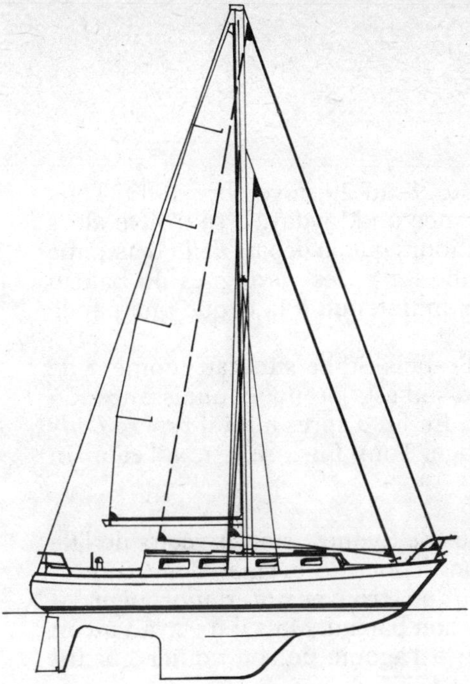

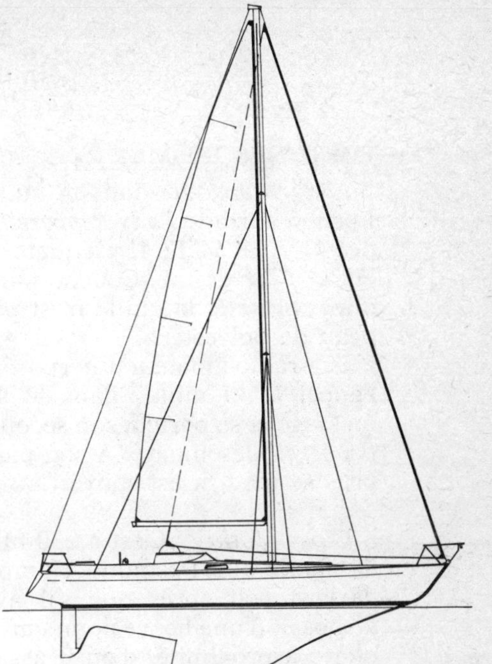

FANTASY
(U.S.A.)

Skipper : Dan Byrne

Longueur : 12,01 m
Gréement : cotre
Année de construction : 1981
Architecte : Robert Penny
Matériau : polyester
Conservateur d'allure : Aries
Pilote électrique : Alfa Marine

Fantasy est un « Valiant 40' » de série, amélioré pour la course, bateau de croisière capable de résister aux « quarantièmes ».
Dan Byrne, cinquante-trois ans, a participé à la Transpacifique en 1980 et a parcouru 3 500 milles en solo sur *Fantasy*.

RATSO II
(FR.)

Skipper : Guy Bernardin

Longueur : 11,90 m
Gréement : cotre
Année de construction : 1978
Architecte : François Chevalier
Matériau : aluminium
Conservateur d'allure : Navik
Pilote électrique : Autohelm

Ratso II a été dessiné en 1978 par François Chevalier en prévision de l'Ostar. Resté aux États-Unis après la Twostar.
Ont été ajustés pour cette course un étai supplémentaire, un enrouleur et une barre franche. C'est le plus petit bateau de la course.
Guy Bernardin a trente-huit ans. Il a parcouru 50 000 milles en solitaire et participé à l'Ostar en 1980 et à la Twostar en 1981.

Trois océans pour une victoire

FORTUNES DE MER

Lady Pepperell : dans la nuit du 28 au 29 novembre 1982, Tony Lush, à bord de *Lady Pepperell,* lance un Mayday. Il se trouve alors par 41°20 et 54°12. Il y a quatorze jours que le départ de la deuxième étape a été donné. Couché par une lame, les varangues du bateau ont explosé et la quille n'est plus maintenue à la coque que par la peau de polyester.

Par radio-amateur interposé, Francis Stoke situé au moment de l'appel à 40 milles dans le sud-sud-est, prend connaissance du message et se porte à son secours. En fin d'après-midi il repère *Lady Pepperell* désemparé. A son passage, Tony Lush se jette à l'eau. Un bras se tend, il est sauvé.

Gipsy Moth V : C'est à 250 milles de Sydney, sur les récifs de l'île de Gabo, que Desmond Hampton échoue le dernier des *Gipsy.* Il déclara peu après que s'il avait pu trouver un remorqueur, il disposait d'une heure pour sauver son bateau. Mais il n'y avait qu'un phare à proximité, d'où il assista à l'agonie de son voilier qui fut achevé à la tronçonneuse.

Skoïern III : dans la matinée du 8 février 1983, le satellite Argos relève un appel de détresse provenant du bateau en aluminium de Jacques de Roux. Il se trouve alors par 55°29 S et 126°35 O. au cœur d'une dépression chariant des vents de 50 à 70 nœuds. Il raconte : « A la suite d'un choc très violent, le bateau s'est retourné, l'eau s'est engouffrée par le panneau de descente... Lorsqu'il se remet d'aplomb, le niveau d'eau a dépassé la dernière marche de la descente et le mât est cassé à 1,50 m au-dessus du pont. La partie cassée du mât pilonne la coque provoquant une déchirure. L'eau envahit le bateau à raison de 10 cm à l'heure. » Désormais Jacques de Roux devra pomper.

Le lendemain, Richard Broadhead, grâce à Argos, se porte à sa hauteur et le récupère. Trois jours plus tard, l'escorteur de la Marine Nationale, *Enseigne de vaisseau Henry,* le recueille et le conduit à Papeete.

Glossaire des termes de marine

Ce glossaire ne s'adresse pas aux marins, mais à ceux pour qui les termes de marine ne sont pas familiers.

ABATTRE.
Écarter l'avant du voilier de la direction d'où vient le vent ; contraire de *lofer.*

ABATTÉE.
Action d'abattre.

AMURE.
Bord du bateau d'où vient le vent.

ATTERRIR.
Arriver en vue d'une terre, d'une île ou d'un phare.

BAILLE À DRISSE.
Baquet servant à ranger les drisses (cordages).

BALCON.
Ensemble de tubes métalliques ceinturant l'étrave ou l'arrière du voilier et formant rembarde.

BALLAST
Grand caisson que l'on remplit d'eau de mer pour lester le bateau.

BARRES DE FLÈCHE.
Tiges soudées ou boulonnées sur le mât et destinées à écarter les galhaubans de ce dernier.

BASTAQUE.
Câble métallique largable maintenant le mât sur l'arrière (bastaque, tribord et bâbord).

BÔME.
Espar horizontal sur lequel est amarrée la bordure inférieure de la grand'voile.

BOOSTER.
Voile papillon double qui peut s'utiliser soit ailes repliées soit ailes déployées au vent arrière, remplaçant ainsi le spinnaker.

BORDER.
Tendre une écoute.

BOUT AU VENT.
Se dit d'un voilier dont l'avant se situe dans la direction d'où vient le vent.

CADÈNE.
Pièce de métal soudée sur les flancs de la coque et sur laquelle sont fixées les haubans et les galhaubans.

CAPE (À LA).
Allure qu'utilise un voilier par gros temps ; généralement sous voiles réduites (cape courante) ou sans voile (cape sèche).

CARÉNAGE.
Action de nettoyer la carène.

CARÈNE.
Partie immergée de la coque.

CHANDELIERS.
Tubes de métal fixés tout autour du pont supportant les filières.

CHOQUER.
Relâcher la tension d'un cordage, d'une écoute.

COCKPIT.
Abaissement du pont réservé à la manœuvre.

CRAPAUDINE.
Ferrure du talon de la quille portant l'extrémité de la mèche d'un gouvernail.

DRISSE.
Cordage passant dans une poulie en tête de mât et destiné à hisser une voile.

DROSSE.
Filin métallique reliant la barre à roue au gouvernail.

ÉCOUTE.
Cordage destiné à orienter une voile et placé à l'extrémité volante de celle-ci.

EMPANNER.
Faire passer, volontairement ou non, les voiles d'un bord à l'autre, au vent arrière.

ÉTAI (LARGABLE).
Câble reliant la tête du mât à l'étrave.

ÉTARQUER.
Tendre au maximum une voile, une drisse.

ÉTRAVE.
Partie avant de la coque.

FERLER.
Plier une voile.

FILIÈRES.
Filins d'acier entourant le pont et supportés par les chandeliers.

FOC.
Voile triangulaire placée à l'avant du bateau.

GALHAUBAN.
Filin d'acier reliant la tête du mât à chaque flanc de la coque.

GARCETTE.
Petit bout servant à prendre les ris.

GITE.
Inclinaison prise sous la force du vent.

GÉNOIS.
Grand foc dont le point d'écoute est situé en arrière du mât.

GONIOMÈTRE.
Instrument de navigation radio permettant la localisation à l'aide des radiophares.

GRÉEMENT.
Ensemble de la mâture et des filins qui la maintiennent en place.

GUINDANT.
Côté d'une voile enverguée sur un mât ou endraillée sur un étai.

HALE-BAS.
Palan ou vérin reliant la bôme au pied du mât.

HANCHE.
Arrondi des flancs arrière d'un bateau.

HAUBAN.
Filin reliant le mât à la hauteur des barres de flèche à chaque flanc de la coque.

JOCKEY-POLE.
Petit tangon servant à déborder les écoutes de spi.

JUPE.
Décrochement arrière d'un voilier.

LARGUER.
Choquer, lâcher complètement.

LOCH.
Appareil servant à mesurer la distance parcourue par le bateau.

LOF.
Action de lofer.

LOFER.
Dévier la route en allant dans la direction d'où souffle le vent. Contraire d'*abattre.*

LOXODROMIE.
Route de navigation représentée sur la carte par une droite (contrairement à ce que l'on pourrait penser, ce n'est pas la plus courte ; voir *orthodromie*).

MYLAR.
Pellicule très légère en fibre synthétique utilisée pour les voiles de tout petit temps.

NŒUD.
Mesure de vitesse, un mille (1 852 m) à l'heure.

ORTHODROMIE.
Route de navigation suivant l'arc de grand cercle. (Voir Loxodromie).

PANNE (EN).
Se dit d'un voilier qui n'a plus de vitesse ou que l'on a arrêté (voile à contre).

PASSAVANT.
Intervalle entre le roof et les filières.

PATARAS.
Filin d'acier reliant la tête du mât à l'arrière du voilier.

POINT D'AMURE.
Point d'accrochage fixe d'une voile dans sa partie basse (opposé à point de drisse et point d'écoute).

POINT DE DRISSE.
Point d'attache supérieur d'une voile.

POINT D'ÉCOUTE.
Point d'attache des écoutes.

POMME.
Extrémité supérieure du mât.

PRÈS (AU).
Allure où le voilier se dirige le plus possible vers la direction du vent, voiles très bordées.

RALINGUE.
Cordage ou filin cousu sur le côté d'une voile.

REACHER.
Foc de largue (vent de travers) ayant un point d'écoute placé haut.

RIDOIR.
Petite cage d'acier destinée à allonger ou à raccourcir un filin (hauban, pataras, etc.).

RIS (prendre des).
Méthode de réduction de la voilure par bande horizontale.

SAFRAN.
Partie immergée du gouvernail.

SANCIR.
Se dit d'un bateau passant cul pardessus tête (en plaçant son étrave à grande vitesse dans le creux d'une vague).

SPEEDOMÈTRE.
Appareil servant à mesurer la vitesse d'un bateau.

SPI ou SPINNAKER.
Grande voile d'avant en tissu très léger ressemblant à un ballon, pour les allures arrivées.

STARCUT.
Spinnaker de largue.

TANGON.
Sorte de perche servant à déborder le point d'une écoute d'un foc ou d'un spi.

TOURMENTIN.
Petit foc de toile très solide, pour le mauvais temps.

TRINQUETTE.
Voile triangulaire d'avant endraillée sur un bas étai, placée entre la grand'voile et le foc.

WINCH.
Sorte de treuil destiné à tendre un cordage, étarquer une drisse, border une écoute.

YANKEE.
Foc de près dont le point d'écoute est haut placé.

Table des matières

CRÉDITS PHOTOGRAPHIQUES

Page de titre : Klein/Sipa Press.

Cahiers couleurs :
Photo n° 1 : François Chevalier.
Photos n° 2 – 3 – 4 – 8 – 12 – 21 : Crédit Agricole.
Photos n° 6 – 7 – 10 – 14 – 15 : Patrick Rivière/Gamma.
Photos n° 5 – 9 – 11 – 13 – 16 – 17 : Philippe Jeantot/Sygma.
Photos n° 18 – 19 – 22 : Tannenbaum/Sygma.
Photos n° 20 – 23 : Piquemal/*Figaro*/Gamma.

Cahier noir :
Plans et photos Guy Ribadeau-Dumas.

Cartes et dessins conçus et réalisés par François Chevalier.

Documentation fournie gracieusement par les *Cahiers du Yachting.*

Achevé d'imprimer le 14 décembre 1983.
Photocomposition et impression par Maury-Imprimeur S.A. à Malesherbes (45)
Hors-textes noir et couleurs par Auclair à Bagneux (92)
Couverture par Grou-Radenez à Paris (75)
Brochage par la S.P.B.R. à Chevilly-Larue (94)
N° d'édition : 1667 – N° d'impression : L83/14144
Dépôt légal : décembre 1983. Imprimé en France